Cyrus Avramian

Die letzte Nacht – Mein Leben als iranischer Kindersoldat

Cyrus Avramian

Die letzte Nacht
Mein Leben als iranischer Kindersoldat

HERDER

FREIBURG · BASEL · WIEN

Dieses Buch widme ich allen verstorbenen Kindern,
die durch das islamische Regime damals ums Leben kamen.

MIX
Papier aus verantwor-
tungsvollen Quellen
FSC® C106847

© Verlag Herder GmbH, Freiburg im Breisgau 2012
Alle Rechte vorbehalten
www.herder.de

Satz: Layoutsatz Kendlinger, Mediendesign
Herstellung: fgb · freiburger graphische betriebe
www.fgb.de

Printed in Germany

ISBN 978-3-451-30535-1

Ich schreibe dies in der Hoffnung, mich innerlich zu beruhigen. Vielleicht bringt dieser Text den gesuchten Frieden in mein Leben. Ich schreibe dies, um daran zu erinnern, dass es im einundzwanzigsten Jahrhundert immer noch auf dieser Erde Lager und Gefängnisse gibt, in denen Menschen allein aus religiösen Gründen festgehalten, gefoltert und getötet werden. Ich schreibe dies in der Hoffnung, Licht ins Dunkel zu bringen: Mögen verriegelte Fenster und verschlossene Türen aufgehen und Licht hinein scheinen. Das Licht der Freiheit. Das Licht der Hoffnung. Das Licht, das Frieden und Fröhlichkeit bringt. Das Licht einer Zukunft, in der alle Menschen unabhängig von Religion, Stamm, Rasse oder Hautfarbe nebeneinander und miteinander friedlich leben. Möge dieses Licht das Gewissen in jedem von uns erwecken, möge es jeden von uns mitzureißen.

Ich schreibe dies in der Hoffnung, dass wir Menschen einander ertragen lernen und einander so annehmen, wie wir sind. Dass wir unseren Kindern vorleben, dass Menschen unterschiedlich sind und wir dies tolerieren müssen. Nur durch gegenseitige Akzeptanz, Respekt und Toleranz kann eine Gemeinschaft gelingen.

Die Menschen auf unserer Erde sehen unterschiedlich aus, sie sprechen unterschiedliche Sprachen und üben unterschiedliche Religionen aus. Unterschiede hat es schon immer gegeben. Sie kommen in allen möglichen Formen in der Natur vor, und sie bereichern unsere Umgebung und unser Leben. Vielfalt ist die Grundlage der Natur.

Es lebe die Individualität jedes einzelnen Menschen und seine Einzigartigkeit. Es lebe der Unterschied – und die Vielfalt. Es lebe die Freiheit, die Toleranz und die Demokratie.

Inhalt

Kapitel 1
Die letzte Nacht

Wieder einmal hatte die Geschichte kein Ende. Großmutter war vorher einfach eingeschlafen. Es machte nichts. Ich wusste, wie das Märchen ausging, die Geschichte vom schlauen Fuchs und dem eingebildeten Raben kannte ich auswendig, erzählte sie mir Großmutter doch jeden Abend vor dem Schlafen. Spannend an der Geschichte war nur noch, an welcher Stelle der Handlung meine Großmutter wohl diesmal wegdösen würde. An jenem Abend war sie kaum über den Anfang hinausgekommen. Der Fuchs hatte den Raben gerade erst getroffen. Ich musste lächeln, so schnell hatte es meine Großmutter noch nie geschafft. Ich küsste sie sanft auf die Wange und betrachtete im Schein der Nachttischlampe die vielen feinen Linien auf ihrer Stirn. Als hätte sie jemand mit einem sehr dünnen Stift sorgfältig eingezeichnet, so akkurat waren sie. Bei manchen Bäumen kann man anhand der Kreise in ihrem Stamm ihr Alter ablesen, hatte mir Mutter erklärt. Ich fragte mich, ob das bei Menschen mit den Falten auch so ist, ob jede Falte für ein Jahr steht. Doch dann müsste ich fünf Falten im Gesicht haben und Großmutter etwa achtzig. Das hielt ich beides für unwahrscheinlich. Ich zog die Decke über den schmalen Körper meiner Großmutter und knipste das Licht aus.

Vor dem Fenster war es fast so hell, als wäre noch Tag und nicht Nacht. Der Schnee, der meterhoch den Garten bedeckte, glitzerte durch die Dunkelheit bis in Großmutters Zimmer. Ich kletterte aus dem Bett und ging zum Fenster. Wie eine dicke Schicht Schlagsahne auf einem Teller mit Obst hatte sich der Schnee über all die Pflanzen und Sträucher gelegt, die den Garten im Sommer so bunt machten und duften ließen. Jetzt konnte man nur ahnen, was sich unter den einzelnen Schneehügeln befindet. Dort hinten, das müssten die Granatäpfel sein, dort vielleicht die Sträucher mit den Himbeeren? Aber wo waren die weißen Rosen mit den unglaublich langen Stielen? Und die dunklen, die fast schwarz waren? Ich konnte mich nicht erinnern. Ich wünschte, es wäre wieder Sommer und ich könnte morgen nach dem Frühstück durch den Garten schlendern und den ganzen Tag damit verbringen, all die Blüten und Blätter zu bewundern und den süßen Duft tief einzuatmen. Es gab Pflanzen, die rochen nur am Morgen gut, andere brauchten die Mittagshitze, um ihr Parfüm zu produzieren, und wiederum andere pressten erst in der Dämmerung ihren Duft in die Luft. Der Jasmin zum Beispiel, wie liebte ich den Geruch von Jasmin! Jasaman heißt er auf Persisch (Farsi), ich mochte dieses Wort.

Der Garten war die Leidenschaft meiner Mutter. Sie verbrachte unendlich viel Zeit damit, die Blumen auszusuchen, anzuordnen und zu pflegen. „Der Garten ist dein viertes Kind", hatte Großmutter mal zu Mutter gesagt, „du lebst für deinen Garten." Im Winter, wenn der Schnee alles zudeckte und Mutter nicht mal mehr Hecken oder Sträucher stutzen konnte, ließ sie sich hochglänzende Gartenzeitschriften aus Europa schicken und verbrachte Stunden damit. Immer wieder blätterte sie diese durch, machte sich nebenbei allerhand Notizen und besprach später mit unseren beiden Gärtnern ihre Pläne für die neue Saison. Als ich in dieser Nacht am Fenster stand, fiel mir auf, dass ich sie in diesem Winter noch kein einziges Mal mit diesen Magazinen gesehen hatte.

Ich entdeckte Spuren im Schnee. Sie führten direkt zum Gartentor. Es müssen die Stiefel von Darius gewesen sein. Mutter hatte ihn am Abend zum Tor geschickt, damit er prüft, ob es tatsächlich verschlossen ist. Es ist ein gutes

Stück bis zum Gartentor, Darius muss ganz schön gefroren haben. Doch mein großer Bruder war stark, vermutlich hat es ihm nicht viel ausgemacht. Ich suchte nach weiteren Spuren im Schnee. Nach Spuren, die ich noch nie zuvor gesehen hatte, nach besonders großen und tiefen Spuren, die nicht von einem Menschen und nicht von einem Tier stammten: Ich suchte nach den Spuren eines Monsters.

Ich wusste nicht, wie es aussah. Ich wusste nur, dass es irgendwo da draußen herumschlich und uns beobachtete. Seitdem sie von Revolution sprachen, war es da. Revolutionsmonster nannte ich es. Anfangs stellte ich es mir vor wie einen Drachen aus diesen Märchen, in denen der Prinz das Monster töten muss, um seine Prinzessin zu bekommen. Riesengroß war es in meiner Vorstellung und hatte viele Köpfe sowie einen langen Schwanz. Nur würde es aus seinen Nasenlöchern kein Feuer spucken, sondern Kugeln schleudern. Die Schüsse hörte man schließlich jeden Tag. Manchmal sah ich im Fernsehen, wen sie getroffen hatten. Meine Mutter hatte mir zwar verboten, fernzusehen. Aber wenn Großmutter vor dem Gerät saß und Mutter beschäftigt war, konnte ich trotzdem gucken. Ich sah Körper erschossener Menschen. Manchmal sah ich auch, wie sie noch lebten und dann von den Kugeln getötet wurden. Als ich einige dieser Toten gesehen hatte, glaubte ich nicht mehr, dass es ein Drache war. Diese Märchen waren sehr alt, diese Kugeln sehr modern. Ich stellte mir das Monster dann wie einen dieser wabbeligen Außerirdischen vor, die man manchmal in den Hollywoodfilmen sieht, für die ich eigentlich noch zu klein bin: ein riesiges, hässliches Wesen mit etwa zwanzig Meter langen Armen, die jeden zu fassen kriegen, der nicht schnell genug weg ist. In dem großen Salzsee in der Nähe der Stadt Ghom würden die Toten versenkt, erzählten sich die Erwachsenen, wenn sie glaubten, dass keine Kinder mithörten. In dem Salz würden sich die Körper auflösen und niemand, so schloss ich daraus, würde dem Monster auf die Schliche kommen.

Onkel Ariel weiß, wie das Monster aussieht. Ihn hat es schon geholt. Direkt vom Campus der Universität, wo er als Professor arbeitet. Als meine Mutter davon erfahren hatte, war sie gleich zu Tante Roya gelaufen. Tante Roya hatte erst vor ein paar Monaten Zwillinge bekommen, Arian und Arash. Sie hatte sie in der Schweiz entbunden, wo unsere gesamte Familie damals Urlaub machte. Ich erinnere mich noch sehr gut daran, wie ich die winzigen Wesen, die von Kopf bis Fuß in Weiß gekleidet waren, das erste Mal sah. Sie waren so klein, dass ich Angst hatte, sie anzufassen. Sie müssten noch ganz schön wachsen, dachte ich, bis wir miteinander spielen könnten. Denn das war meine Hoffnung, als ich die Babys sah: dass ich endlich Spielkameraden bekommen würde. Meine beiden Geschwister waren schon zwanzig und einundzwanzig und hatten natürlich meistens Besseres vor, als mit einem Fünfjährigen zu spielen. Ich wünschte mir, dass die beiden Jungs schnell wachsen würden. Und tatsächlich waren sie jedes Mal, wenn ich sie sah, ein bisschen größer geworden. Als Tante Roya vor ein paar Tagen mit ihnen bei uns war, konnten sie sogar schon laufen. Ich schätzte, dass es nicht mehr lange dauern würde, bis ich endlich mit ihnen spielen könnte. Doch als meine Mutter an jenem Tag, als Onkel Ariel vom Campus geholt wurde, sein Haus erreicht hatte, fand sie dort niemanden mehr vor. Das Monster hatte auch Roya und die Zwillinge schon entführt. Kreidebleich im Gesicht kam meine Mutter zurück. Sie setzte sich auf einen Stuhl und starrte eine halbe Ewigkeit vor sich hin, ohne irgendetwas um sich herum wahrzunehmen.

Auch in unserer Fabrik war das Monster schon. Der Vater des ersten Ehemannes meiner Mutter hatte das Unternehmen einst aufgebaut und die Marke Mahan gegründet.

Waschpulver, Seifen und Reinigungsmittel wurden in unserer Fabrik unter diesem Namen produziert. Die Produkte von Mahan waren im ganzen Land bekannt und standen in jedem Supermarktregal. Mutters Ehemann, Arman, hatte als Manager in der Fabrik gearbeitet, sein Vater war der Inhaber und Direktor. Doch eines Tages geschah etwas ganz Furchtbares. Der Mann meiner Mutter und ihre Schwiegereltern waren gerade auf dem Weg ans Kaspische Meer, wo sie meine Mutter mit meinen beiden Halbgeschwistern im Ferienhaus der Familie erwartete. Der Wagen verunglückte, alle Insassen kamen dabei ums Leben. Von einem Tag auf den anderen hatte meine Mutter ihren Mann verloren, ihre Schwiegereltern – und ihr glückliches, sorgloses Leben. Als meine Mutter mir erzählte, wie sie die Nachricht vom Tod ihres Mannes erfahren hatte, kamen ihr die Tränen. Es dauerte eine ganze Weile, bis sie weitersprechen konnte.

Onkel Ariel, der Bruder Armans, der zu der Zeit in den USA studierte, hatte die eine Hälfte der Firma geerbt, meine Mutter die andere. Die Geschäfte in der Fabrik leitete fortan Herr Goldmann, ein Deutscher und ein guter Freund der Familie, der jahrelang als Chemiker in der Fabrik gearbeitet hatte und den auch ich gut kannte, weil er mit seiner Frau oft bei uns zum Abendessen vorbeikam. Nach dem Tod der Geschäftsführer hatte Herr Goldmann schnell dafür gesorgt, dass alles so weiter lief wie zuvor – wenn nicht sogar noch besser, wie meine Großmutter einmal bemerkte. Ohne die Goldmanns hätte die Fabrik geschlossen und die über tausend Mitarbeiter hätten entlassen werden müssen, da niemand aus der Familie die Leitung der Firma übernehmen konnte. Herr Goldmann war es auch, der meiner Mutter vorschlug, in der Firma zu arbeiten. Das würde sie ablenken und helfen, ihre Trauer zu überwinden. Außerdem hätte sie ein zusätzliches Einkommen. Meine Mutter fand die Idee gut. Sie arbeitete sich schnell in die Bürotätigkeit ein und koordinierte bald sämtliche Bestellungen aus dem ganzen Land. Jeden Tag ging sie für einige Stunden in die Firma. Jeden Tag, bis der Anruf kam. Das war vor einer Woche. Die Fabrik sei konfisziert, hieß es. Ich kannte das Wort nicht, ich wusste nicht, was es bedeutet. Es bedeutete, dass Mutter danach nicht mehr zur Arbeit ging.

Wir blieben ohnehin alle im Haus und verließen es nur, wenn es unvermeidbar war. Ich war seit Wochen nicht mehr draußen gewesen. Aber es war nur eine Frage der Zeit, bis das Monster uns finden würde. Ich ahnte, es würde bald kommen. Vielleicht heute. Etwas Unheilvolles lag in der Luft. Auch Mutter schien es zu spüren. Am Nachmittag hatte sie mich zur Seite genommen, sich vor mich hingekniet und so fest an sich gedrückt, dass ich fast keine Luft mehr bekam. Wie sehr sie mich lieb hat, hat sie gesagt und ich habe Tränen in ihren Augen gesehen. Dann fasste sie mich an den Schultern und schaute mich ernst an:

„Hör gut zu, Cyrus, was ich dir jetzt sage. Und versprich mir, dass du immer an meine Worte denken und dich an sie halten wirst!"

Ich konnte mich nicht erinnern, dass meine Mutter jemals so ernsthaft mit mir gesprochen hatte. Sie war keine strenge Mutter, selbst wenn ich mal etwas falsch gemacht hatte und sie mich eigentlich ausschimpfen sollte, war sie stets liebevoll zu mir. Doch in diesem Moment war ihr Tonfall hart und bestimmt, gleichzeitig lag etwas Verzweifeltes in ihrer Stimme, als sie sagte: „Du wirst ab jetzt nur noch Persisch sprechen, verstanden? Und wenn dich jemand fragt, ob du Jude bist oder Christ oder Muslim, dann sagst du, dass du Muslim bist. Hast du mich verstanden?"

Ich hatte gar nichts verstanden, aber ich nickte. Warum durfte ich auf einmal nicht mehr in meiner Muttersprache reden? Weshalb musste ich ab sofort behaupten, ich sei ein Muslim? Wir sprachen Hebräisch zu Hause. Wir waren Juden, alle – bis auf meinen Vater, aber der lebte nicht bei uns. Mein Vater war Muslim, auch wenn man ihm das nicht unbedingt ansah. Er hatte helle Haare, blaue Augen und war viel größer als andere Iraner. Er fiel immer auf in der Fabrik, wenn er als Kunde dort war – und erst recht, als er begann, meiner Mutter den Hof zu machen und häufiger den Weg in ihr Büro nahm, um auf einen Kaffee vorbeizuschauen. Die beiden verliebten sich ineinander und wollten heiraten. Es war nicht üblich, dass Juden und Muslime untereinander heirateten. Aber meine Eltern scherten sich weder um die Tradition noch um das Gerede und feierten schließlich eine typisch jüdische Hochzeit mit allem, was dazu gehört: Unter dem traditionellen Hochzeitsbaldachin, der Chuppa, gaben sie sich das Ja-Wort, tranken gemeinsam aus dem Weinglas, das mein Vater nach alter Tradition und in Erinnerung an die Zerstörung des Tempels in Jerusalem feierlich zerbrach und wurden am Ende von den Gästen mit Reis, Münzen, Walnüssen und Würfelzucker beworfen. Doch nach der Hochzeit zogen die beiden nicht zusammen. Meine Mutter wollte kein Risiko eingehen. Sie wollte nicht, dass das Leben ihrer Kinder durch ihre Liebe zu meinem Vater Nachteile erfahren könnte. Es wurde viel getuschelt über die ungleiche Beziehung. Viele meinten, mein Vater wolle sich nur bereichern, warum sonst sollte ein Muslim eine verwitwete Jüdin heiraten? Dass es aus Liebe sein könnte, kam ihnen nicht in den Sinn. Mein Vater hatte sich dann ein Haus in der Stadt Karaj, etwa dreißig Kilometer von der Fabrik entfernt, gekauft und war dort eingezogen. Er kam regelmäßig in unserer Villa vorbei. Ein gutes Jahr nach der Hochzeit, kurz vor Weihnachten 1974, wurde ich geboren. Meinen Vater sah ich etwa einmal in der Woche. Wenn er kam, hatte er immer Geschenke und Süßigkeiten dabei. Er war ein bisschen wie ein Weihnachtsmann für mich, nur kam er zum Glück öfter. Wenngleich nicht oft genug: Ich liebte meinen Vater und wünschte mir, dass er bei uns im Haus wohnen würde. Jedes Mal, wenn er uns verließ, weinte ich. Einmal hatte meine Mutter ihm angeboten, bei uns zu schlafen. Sie meinte, dass die Mitglieder der Partei, der mein Vater angehörte, verfolgt wurden und er nicht sicher sei. „Rastakhis" hieß die Partei, es war die Partei der Schah-Anhänger. Er solle doch in der Fabrik oder bei uns übernachten, sagte meine Mutter. Ich wurde schon hellhörig und freute mich darauf, dass mein Vater endlich einmal bei uns übernachten würde. Doch er lehnte ab und ging. An jenem Abend sollte ich ihn das letzte Mal in meinem Leben gesehen haben.

Im Gegensatz zu meinen Geschwistern hatte ich also einen muslimischen Vater. Aber nicht einmal das konnte an der Tatsache etwas ändern, dass ich Jude bin. Nach dem Talmud gilt jeder als jüdisch, der von einer jüdischen Mutter geboren wurde. Warum sollte ich mich also auf einmal als Muslim ausgeben? Meine Mutter drehte sich von mir weg und wischte sich die Tränen aus dem Gesicht. In diesem Moment war mir klar, dass ich sie mit meinen Fragen lieber nicht belasten sollte. Ich ging zu meiner Großmutter. Seit dem Tod meines Großvaters einige Monate zuvor lebte sie bei uns. Meine Mutter hatte darauf bestanden, dass sie nicht allein in dem großen Haus bleiben und stattdessen zu uns kommen sollte. Ich war unendlich glücklich darüber, dass Großmutter bei uns wohnte. Nicht nur, weil ich nachts in ihrem Bett schlafen durfte, sondern weil sie auch immer für mich da war, wenn mich etwas bedrückte. Sie saß gerade im Salon auf dem Sofa und las in einem Buch. Ich fragte sie, warum ich kein Jude mehr sein durfte. Großmutter musste das doch sehr eigenartig finden, sie war eine sehr gläubige Jüdin. Von ihr hatte ich gelernt, wie man betet und die jüdischen Traditionen lebt. Meine Mutter und meine Geschwister waren nicht so religiös.

Doch Großmutter hatte keine Antwort auf meine Frage. Sie legte das Buch zur Seite und strich mir nachdenklich über den Kopf. Dann sagte sie: „Glaub mir, Cyrus, es wird alles wieder gut. Mach dir keine Sorgen und halte dich an das, was deine Mutter dir gesagt hat." Dann sagte sie noch, sie habe mich lieb bis zum Himmel.

Es wird alles wieder gut, es wird alles wieder gut, murmelte ich in jener Nacht vor mich hin, als ich mich an den vertrauten Körper meiner Großmutter schmiegte, um es ihr nachzutun und auch endlich einzuschlafen. Ich schloss die Augen und erzählte mir in Gedanken nun selbst die Gute-Nacht-Geschichte, bei der meine Großmutter eingeschlafen war. Dabei sah ich ihn direkt vor mir, den schlauen Fuchs, wie er hungrig durch den Wald schlich und auf einmal den Raben auf einem Baum sitzen sah – mit einem großen, leckeren Stück Käse im Schnabel. Der Käse roch sehr gut, und der Fuchs überlegte, wie er den Raben überlisten könnte. Also verwickelte er den Vogel in ein Gespräch. „Weißt du, Herr Rabe", sagte der Fuchs, „ich kannte deinen Vater sehr gut. Er war außergewöhnlich musikalisch und konnte sehr schön singen. Du hast bestimmt sein Talent geerbt, ich wette, du kannst auch so gut singen." Als der Rabe das hörte, blähte er stolz seine Brust. Das Kompliment nahm er gern entgegen. „Na komm, sing mal, nur ganz kurz!", bat der Fuchs. Der Rabe ließ sich nicht lange bitten. Doch sobald er seinen Schnabel öffnete, um zu singen, fiel der Käse heraus und direkt in das Maul des Fuchses. Der schlaue Fuchs verabschiedete sich, noch ehe der Rabe den ersten Ton treffen konnte. Als der Rabe merkte, was geschehen war, schaute er fassungslos dem Fuchs hinterher: Er hatte nicht nur den leckeren Käse verloren, sondern auch seinen Stolz. Bis zu diesem Moment nämlich hatte sich der Rabe für das schlaueste Wesen auf der Erde gehalten. Jetzt musste er einsehen, dass der Fuchs sehr, sehr viel schlauer war als er.

Das Klingeln riss mich aus dem Schlaf. Auch Großmutter war sofort wach. Wir standen hastig auf und eilten ins Wohnzimmer, wo sich auch die anderen schon eingefunden hatten. Offensichtlich hatte keiner von uns richtig geschlafen. Da das Gartentor abgeschlossen war, wie Darius erst wenige Stunden zuvor noch einmal überprüft hatte, konnte es nicht über die Sprechanlage geöffnet werden. Meine Mutter und Darius zogen sich warm an und liefen hinaus, um das Tor aufzuschließen. Suzan, Großmutter und ich blieben im Haus und schauten ihnen nach. Es hatte in der Nacht erneut geschneit, der Schnee ging meiner Mutter bis zu den Knien. Mühsam kamen sie voran, es dauerte eine halbe Ewigkeit, bis sie am Tor waren. Kurz darauf hörte ich laute, fremde Stimmen und dazwischen die meiner Mutter. „Was wollen Sie, wo wollen Sie hin?", rief sie verzweifelt, „ich habe ein kleines Kind im Haus und meine alte, kranke Mutter. Sie leidet unter Herzschwäche. Bitte warten Sie! Bitte!"

Doch die Eindringlinge ließen sich nicht aufhalten, wenig später standen sie in unserem Haus: vier Männer in dunkelgrünen Uniformen und zwei Frauen im schwarzen Tschador. Jeder von ihnen hatte ein Maschinengewehr im Anschlag, mit dem er auf uns zielte. Ich starrte die sechs Fremden mit ihren Gewehren an. Sollte so das Revolutionsmonster aussehen? Oder waren es nur seine Gehilfen, die uns holen mussten? Ich hatte große Angst. Ich versteckte mich hinter Großmutter und zog einen Zipfel ihres Nachthemdes wie einen Vorhang vor mein Gesicht, in der Hoffnung, dass die Fremden mich nicht sehen könnten, wenn ich sie auch nicht sah. Großmutter beugte sich zu mir herunter und versuchte mich zu beruhigen. Dann winkte sie Suzan heran und bat sie, mit mir auf ihr Zimmer zu gehen. Suzan nahm mich an die Hand und schickte sich an, den Salon zu verlassen, als ihr einer der Männer – er war der größte von ihnen und hatte einen dichten Vollbart – den Weg versperrte.

„Du bleibst hier", herrschte er sie an. Dann drehte er sich zu den anderen um: „Ihr bleibt alle hier. Keiner bewegt sich von der Stelle!"

Während er das sagte, zielte er mit dem Lauf seines Gewehres nacheinander auf jeden Einzelnen von uns. Dann blieb er stehen und nickte seinen Kameraden zu. Einer der Männer blieb an seiner Seite, die anderen verließen den Salon und liefen durch das Haus. Offensichtlich suchten sie irgendetwas. Wir hörten, wie sie die Treppen nach oben rannten, Türen aufstießen, Möbel verrückten. Ich versuchte, aus den Geräuschen, die sie machten, zu schließen, wo sie sich gerade befanden. Neben dem großen Wohnzimmer, in dem wir jetzt standen, gab es noch drei weitere Zimmer im Erdgeschoss, eins davon war das Zimmer meiner Großmutter, das ich so liebte. Hier gab es eine ganze Schrankwand voll mit Büchern. Auf dem Parkett lag ein bunter Seidenteppich mit Blumenmotiven darauf, und am Fenster stand ein Tisch mit zwei Stühlen. Als ich hörte, wie Bücher dumpf auf den Boden knallten, wusste ich, dass sie in Großmutters Zimmer waren. Im ersten Stock gab es zwölf Räume und es war schwieriger, die Fremden da zu lokalisieren. Die Zimmer von Darius und Suzan waren dort. Auch das meiner Mutter und die Räume für die Gäste. Ich hörte, wie die Tür zur Terrasse geöffnet wurde und fragte mich, was sie da wohl suchten? Da gab es nur Schnee, nichts weiter. Erst im Sommer stand dort wieder der schöne große Schaukelstuhl aus Korb, den meine Mutter auf einer Reise in Venedig gekauft hatte. Ich war damals zwei Jahre alt und kann mich nicht mehr an Venedig erinnern. Aber meine Mutter hat mir Fotos gezeigt. Auf einem dieser Bilder stehe ich auf einem großen Platz inmitten von hunderten Tauben. Den Schaukelstuhl liebte ich sehr. Ich wünschte, ich könnte mich jetzt darin verstecken.

Auf einmal rief eine der Frauen, die sich in der Küche zu schaffen gemacht hatten, nach dem Bärtigen:

„Bruder, bitte kommen Sie mal in die Küche! Hier steht ein merkwürdiges schwarzes Gerät. Vielleicht ist das ein Funkgerät, mit dem sie mit Israel Kontakt halten."

Der Bärtige stürmte in die Küche. Sie sprachen laut und aufgeregt miteinander, ich verstand aber kein Wort. Schließlich kam der Bärtige zurück und stellte die Kaffeemaschine auf den Tisch. Ich hatte ja keine Ahnung, wozu dieses Gerät noch in der Lage war, außer diese braune Brühe zu fabrizieren, welche die Erwachsenen jeden Morgen tranken. Wussten diese Menschen nicht, wozu man so ein Gerät tatsächlich brauchte? Ich staunte. Der Bärtige richtete wieder sein Gewehr auf uns. Minuten lang standen wir so. Keiner wagte, sich zu bewegen. Unser Wohnzimmer war sehr groß, es hatte drei unterschiedliche Bereiche, die mit kurzen Wänden voneinander getrennt wurden. In dem einen stand ein großer Esstisch, an dem acht Personen Platz hatten, in dem anderen ein sehr viel größerer mit 18 Stühlen. In dem dritten Bereich stand eine große Couch über Eck, auf der wir oft abends saßen. Es gab auch einen Fernseher. Jetzt standen wir alle neben dieser Couch, und niemand kam auf die Idee, sich hinzusetzen.

Die Fremden, die unser Haus durchsucht hatten, waren jetzt zurück und meldeten, dass niemand außer uns im Haus sei. Der Bärtige, offensichtlich der Kommandoführer, machte ein paar Schritte auf meine Mutter zu, das Gewehr weiterhin im Anschlag: „Wem gehört diese Villa?"

„Mir", antwortete sie, „sie wurde nach dem Tod meines Ehemannes auf meine Kinder und mich überschrieben."

„Was noch zu beweisen wäre", raunte der Mann und schritt an meiner Mutter vorbei weiter durch den Raum, wobei er jedem von uns tief und misstrauisch in die Augen schaute. Meine Mutter hatte sich zu Großmutter umgedreht und sprach leise auf Hebräisch zu ihr: „Mutter, falls sie dich fragen, wo du wohnst, sag bitte, dass du hier lebst. Gib ihnen ...“

Weiter kam sie nicht.

„Halt den Mund du schmutziges Weib“, schrie der Bärtige sie an, „hier wird nicht Israelisch gesprochen. Wir sind in einem islamischen Land. Seid ihr etwa blind? Habt ihr von der Islamischen Revolution noch gar nichts mitbekommen? Wisst Ihr nicht, dass euer Schah von uns aus dem Land getrieben wurde und dass jetzt der Islam den Iran regiert?“ Mutter zuckte zusammen und schwieg. Ich verstand langsam, warum sie mich am Abend zuvor so eindringlich gebeten hatte, ab sofort nur Persisch in der Öffentlichkeit zu sprechen.

Der Bärtige wollte die Reisepässe der gesamten Familie sowie den Kaufvertrag des Hauses sehen, und die zwei Frauen begleiteten meine Mutter ins Arbeitszimmer, wo die Dokumente waren. Meine Mutter war kaum weg, da stürmten zwei der Männer ins Wohnzimmer und wedelten mit ein paar alten Modemagazinen, die sie in Suzans Zimmer gefunden haben mussten. Der Bärtige triumphierte: „Na, was haben wir denn da?“ Genüsslich blätterte er in den Zeitschriften. „Ich wusste doch, dass ihr alle Taghouti seid.“

Taghouti, Teufelsblumen, so nannte man die Leute, die unter dem Schah zu Reichtum gekommen und ihm treu waren. Ich musste bei dem Wort an die Blumen mit den Trompetenblüten in Mutters Garten denken. Sie dufteten außergewöhnlich gut, brauchten aber sehr lange, bis sie endlich aufgingen und ihren lieblichen Geruch entfalteten. Eines Tages konnte ich es nicht mehr abwarten und wollte den Blüten mit meinen Fingern helfen, damit sie sich schneller öffneten. Als meine Mutter das sah, eilte sie zu mir und zog mich von den Blumen weg. In der Blüte lebten winzige, aber sehr giftige Schlangen, erklärte sie mir, die würden mich in den Finger beißen, wenn ich ihn da reinsteckte. Ich bekam sofort Angst und fasste die Blumen nicht mehr an. Teufelsblumen stellte ich mir nun vor wie diese Trompetenblüten – mit kleinen, gemeinen Schlangen in der Blüte. Aber was hatten die mit uns zu tun?

„Die Zeitschriften sind meine", hörte ich Suzan sagen. Ich bewunderte ihren Mut. Wie ich sie überhaupt immer bewunderte, meine schöne, kluge Schwester, die mich liebte wie ihr eigenes Kind, und das, obwohl wir nur zur Hälfte Geschwister sind. Natürlich gehörten die Hefte ihr. Suzan war Anfang zwanzig. In diesem Alter interessieren sich Mädchen nun mal für schöne Kleider. Ich war gern dabei, wenn Suzan mit ihren Freundinnen zusammen saß und in den Zeitschriften blätterte. Ich fand zwar die Bilder darin langweilig und auch, dass man die Schnittmuster, dieses Wirrwarr aus mal durchgezogenen, mal gestrichelten Linien, unbedingt bunt ausmalen sollte – was Suzan und ihre Freundinnen natürlich anders sahen. Außerdem nahmen mich die Mädchen nicht mehr wahr, sobald sie über Rocklängen und Stofffarben diskutierten. Aber ich fühlte mich wohl in ihrer Mitte – geborgen und beschützt. Und es passierte dann doch alle paar Minuten, dass eine der Freundinnen plötzlich feststellte, dass ich ja auch noch da war, mich daraufhin belustigt in die Wange kniff und sagte, wie süß ich doch sei.

Der Bärtige ging auf Suzan zu: „Wo hast du diese schmutzigen Zeitschriften her?"

„Ich habe sie schon lange, es sind alte Zeitschriften. Einige der Schnitte gefallen mir gut, deswegen habe ich sie aufgehoben. Ich möchte mir ein paar neue Kleider nähen lassen."

Die Schneiderin von Suzan und meiner Mutter war Dauergast in unserem Haus. Es war eine Muslimin, die ein

Kopftuch trug sowie weite, schlabbrige Blusen und Röcke. Ich wunderte mich jedes Mal, wie eine so altmodisch gekleidete Frau derart schicke, meistens sehr figurbetonte Kleider nach westlichem Muster schneidern konnte, wie sie es für Suzan und meine Mutter tat. Warum konnte sie da nicht auch für sich selbst solche schönen Sachen machen? Meine Mutter war wie Suzan sehr modebewusst. Während beispielsweise im Iran viele Frauen am liebsten Gold- und Silberschmuck trugen, und zwar oft in rauen Mengen um Arme und Hälse gewunden, bevorzugte meine Mutter Schmuck, der farblich auf ihre Garderobe abgestimmt war. Sie hatte herrlich schimmernde Edelsteine in allen Farben. Aus Brasilien und Australien stammten die, erzählte sie, und zeigte mir auf dem Globus, wo diese Länder lagen. Meine Mutter interessierte sich sehr für andere Länder und Kulturen. Sie schaute oft ausländische Fernsehkanäle und kannte sich in der Geschichte und Politik fremder Länder genauso gut aus wie in deren Kunst- und Modeszene. Von ihr lernte ich, wie die Hauptstädte in Europa hießen, und auch die Namen der Präsidenten, die dort herrschten. Ich wusste, dass Washington die Hauptstadt der USA war und der Präsident Jimmy Carter hieß. Ich wusste, dass Paris die Hauptstadt von Frankreich war und dort ein Mann namens Valéry Giscard d'Estaing regierte. Und ich wusste, dass Deutschland jetzt aus zwei Staaten bestand – nach dem furchtbaren Krieg, von dem Großmutter manchmal noch erzählte.

„Du solltest dich schämen", fuhr der Bärtige Suzan an und riss mich aus meinen Gedanken. „Junge Menschen haben auf den Straßen ihr Leben für die islamische Revolution geopfert und du sammelst amerikanische Modemagazine!"

Er blätterte weiter in dem Heft.

„Lässt du dir tatsächlich solche Röcke schneidern?", schrie er und tippte auf das Bild einer Frau, die einen Minirock trug. Suzan zuckte die Achseln und blieb ruhig.

„Diese Magazine sind weder amerikanisch noch schmutzig", sagte sie und schaute dem Bärtigen dabei herausfordernd in die Augen, „es sind ganz normale und legale Zeitschriften."

Das war zu viel. Mit schnellen Schritten ging der Mann auf Suzan zu und verpasste ihr eine so kräftige Ohrfeige, dass sie nach hinten kippte, auf die Lehne des Sessels fiel und dann auf den Boden rutschte, wo sie schließlich liegen blieb. Ich weinte. Meine Mutter hörte das, kam ins Wohnzimmer geeilt, die beiden fremden Frauen ihr hinterher, und half Suzan beim Aufstehen. Auch Darius eilte Suzan zu Hilfe. Großmutter, die sich ebenfalls schon in ihre Richtung begeben hatte, aber bald feststellen musste, dass sich schon ihre Tochter und ihr Enkel um Suzan kümmerten, blieb schließlich vor dem Bärtigen stehen. Da ich die ganze Zeit über an ihrem Rockzipfel hing, stand ich nun auch da. Ich versteckte mich hinter Großmutter, während sie sich vor dem Mann aufbaute und sagte:

„Hören Sie, wir sind zwar Juden, aber wir leben seit Tausenden von Jahren in diesem Land. Als die ersten Juden in Persien lebten, existierte der Islam noch gar nicht." Sie holte Luft und fuhr fort, ihre Stimme bebte: „Nur weil das Land jetzt islamisch wird, bedeutet das noch lange nicht, dass Minderheiten in unserer Gesellschaft keinen Platz mehr haben. Wir müssen lernen, zusammen zu leben. In der Fabrik, die mein Schwiegersohn aufgebaut hat, arbeiten viele muslimische Angestellte. Wir haben muslimische Freunde und Bekannte. Wir kommen alle miteinander gut zurecht."

Der Bärtige schien durch Großmutter hindurchzuschauen, als wäre sie ein Geist, der nur für mich und die anderen sichtbar ist. Er tat einfach so, als gäbe es meine Großmutter nicht. Die Papiere, die meine Mutter aus dem Arbeitszimmer geholt hatte und die ihm nun von einer der Frauen gereicht wurden, nahm er hingegen sehr wohl wahr.

Er sah sie sich aufmerksam an. Doch meine Großmutter war noch lange nicht fertig:

„Mein Sohn, Gewalttätigkeit ist kein guter Anfang. Gewalt schadet dem Islam und sät Hass in unserer Gesellschaft. Gewalttätige Menschen wie Sie, die Alten und Schwachen, schutzlosen Kindern und Frauen mit ihrer Macht und ihren Gewehren Angst einjagen und so brutal zuschlagen, sind keine Vorbilder. Und sie sind keine Werbung für den Islam. Das sage ich Ihnen als eine alte und erfahrene Großmutter. Was Sie tun, ist unrecht und verletzt die Würde des Menschen."

Der Bärtige schaute nun doch auf, registrierte meine Großmutter mit einem kurzen, abschätzenden Blick, als würde er jetzt erst merken, dass sie vor ihm steht, um sie dann sofort wieder zu ignorieren. Er drehte sich zu meiner Mutter um und sagte: „Für eine Witwe mit nur drei Kindern besitzen Sie aber ein ziemlich großes Haus mit einem großen Garten, und dann auch noch in Niavaran, der teuersten Lage der Stadt. Woher hatten Sie das Geld für den Kauf? Ohne Hilfe aus Israel konnten sie diese riesige Villa doch unmöglich bezahlen. Wie oft wurden Sie von Israel unterstützt?"

Meine Mutter rang sichtbar nach Luft: „Mit wem, denken Sie, sprechen Sie gerade? Ich bin eine einfache Mutter und keine Diplomatin!"

Bis zu diesem Moment hatte ich meine Mutter nur als sehr ruhige, bedachte und höfliche Frau erlebt, die in Gesprächen niemals laut wurde. Immer hatte sie sich und die Situation unter Kontrolle. Immer, nur jetzt nicht mehr. Sie schrie fast:

„Erst klingeln Sie uns mitten in der Nacht aus unseren Betten und dringen schwer bewaffnet ohne Erlaubnis in unser Haus. Dann schlagen Sie grundlos meine Tochter und beleidigen mich. Und nun behaupten Sie auch noch, wir bekämen finanzielle Unterstützung vom Staat Israel! Was zum Teufel wollen Sie von uns? Wir sind eine ganz normale Familie. Bitte geben Sie mir die Dokumente zurück und verlassen Sie unser Haus!"

Meine Mutter hatte die eine Hand nach vorn gestreckt, um die Papiere in Empfang zu nehmen, die andere wies auffordernd Richtung Haustür. Ich schaute sie an, sie kam mir stark und unverletzlich vor, wie eine Löwin, die ihre Kinder verteidigt.

„Wir werden noch sehen, wer hier das Haus verlassen muss", sagte der Bärtige kühl und widmete sich wieder unseren Pässen. Mutter ließ die ausgestreckte Hand sinken und verschränkte die Arme vor ihrem Körper. Es war auf einmal ganz still. Nur das Rascheln des Papiers war zu hören, wenn der Bärtige die Seiten umblätterte.

„Na, was haben wir denn da?", rief der nun schon zum zweiten Mal an diesem Abend, nur dass er diesmal noch mehr triumphierte als nach dem Fund von Suzans Zeitschriften. Er zeigte auf einen Stempel im Reisepass. Ich glaubte, den Davidstern zu erkennen.

„Wie oft waren Sie denn schon in Israel?", herrschte er meine Mutter an, „Wie lange sind Sie dort geblieben? Haben Sie in Ihrem Judenstaat Bargeld bekommen?"

Meine Mutter schüttelte resigniert den Kopf. Die Familie war vor einigen Jahren tatsächlich nach Israel gefahren. Wir nannten es Pilgerreise, aber an den heiligen Stätten waren wir gerade mal einen Tag. Die restliche Zeit lagen wir faul am Strand. Für meine Mutter und meine Großmutter war es eher eine Kur statt eine religiös motivierte Reise. Noch Wochen danach schwärmten sie, wie gut ihnen das milde Klima getan hätte. Ich selbst kann mich an Israel kaum noch erinnern, dafür umso mehr an die Mickymaus-Zahnbürste und die schicken Sportschuhe, die ich dort bekam. In der Schweiz, wo wir im Jahr darauf die Ferien verbrachten und wo Roya ihre Zwillinge entband, hatte es mir jedenfalls besser gefallen. Suzan und ich haben jeden Tag die Schwäne vom Genfer See gefüttert. Ich war fasziniert von den riesigen, weißen Vögeln und hatte großen Respekt vor ihnen.

Bevor meine Mutter erklären konnte, was wir in Israel gemacht hatten, kam einer der Männer, die das Haus durchsucht hatten, zurück in den Salon und knallte ein Set Spielkarten auf den Tisch. Die Karten musste er in Darius' Zimmer gefunden haben, sein Vater hatte sie von einer seiner zahlreichen Europareisen mitgebracht. Es waren ganz normale Spielkarten, aber jetzt offensichtlich ebenso verboten wie die Zeitschriften von Suzan. Auch die drei Gitarren von Darius sowie Suzans Geige wurden von den Männern in den Salon gebracht. Inzwischen waren alle sechs Fremden in unser Wohnzimmer zurückgekehrt und schienen sehr zufrieden über ihre Fundstücke. Die Kaffeemaschine, Suzans Zeitschriften, die Spielkarten, die Instrumente und die Israel-Stempel in unseren Pässen waren offensichtlich Grund genug, uns dem Revolutionsmonster vorzuwerfen. Sie waren die kleinen Schlangen in den Blüten der Taghooties, der Teufelsblumen, für die man uns hielt.

Darius wurde als Erster abgeführt. Einer der Männer ging auf ihn zu, ergriff seinen Arm und zerrte ihn in Richtung Haustür. Fassungslos schaute ich zu. Warum wehrte sich mein Bruder nicht? Er war so groß und so stark. Er machte jede Woche Sport, ging zum Schwimmen und zum Tennis. Er hatte trainierte Muskeln. Er konnte sich doch befreien! Oder wenigstens etwas sagen! Er war der Mann im Haus. Er musste irgendetwas tun, er konnte sich nicht einfach so abführen lassen! Aber Darius machte gar nichts. Ich sah, wie sich die Tür hinter ihm schloss und verstand die Welt nicht mehr.

„Du gehst mit dem Kleinen zum Auto", sagte der Bärtige zu einer der beiden Frauen. Der Kleine, das war ich. Ich krallte meine Hände fester in das Nachthemd meiner Großmutter. Mutter kam zu mir gelaufen, ging auf die Knie und umklammerte mich.

„Glauben Sie mir, wir sind keine Spione oder politisch Aktive! Wir sind eine ganz normale jüdische Familie", flehte sie den Bärtigen an, während sie mich eng umschlungen festhielt. „Und wenn es sein muss und Sie uns dann in Ruhe lassen, würden wir heute noch zum Islam konvertieren."

Niemanden interessierte das. Eine der beiden Frauen griff meinen rechten Unterarm.

„Nun lasst ihn endlich los", sagte sie zu meiner Mutter und meiner Großmutter, „bei uns ist er allemal besser aufgehoben als in dieser verwöhnten Taghoutie-Familie."

„Bitte lassen Sie ihn bei mir", Mutter zog mich fester an sich, die Tränen quollen ihr aus den Augen, „Sie sind doch auch eine Frau, und vielleicht haben Sie selbst ein Kind. Mein Sohn ist erst fünf Jahre alt. Sie können mir doch nicht mein Kind wegnehmen. Wir haben nichts gemacht, wir haben rein gar nichts verbrochen!"

Die Fremde zog an meinem Arm. Großmutter umgriff mich nun auch mit beiden Armen, während meine Mutter versuchte, die Hand der anderen mit Gewalt zu lösen.

„Fass mich nicht an, du schmutzige Jüdin, du dreckiges Weib!", schrie die Frau meine Mutter an.

In diesem Moment brach Großmutter zusammen und stürzte zu Boden. Suzan wollte ihr zu Hilfe eilen, wurde aber von einem der Männer aufgehalten, der sie auch sofort in Richtung Tür drängte und das Durcheinander um mich und Großmutter nutzte, um Suzan unbemerkt abzuführen. Sie hatte keine Chance gegen den kräftigen Griff des Fremden. Widerwillig ging sie mit, nicht ohne sich an der Haustür noch einmal zu uns umzudrehen. Ihr Blick verweilte auf der am Boden liegenden Großmutter, bis sich die Tür hinter ihr schloss.

Großmutter rang hilflos nach Luft. Ich weinte und schrie, so laut ich konnte: „Großmutter, Großmutter." Sie durfte nicht sterben. Ich wollte sie nicht verlieren. Was sollte ich nur ohne sie machen? Ich sah meine geliebte Großmutter am Boden liegen und fragte mich verzweifelt, was ich nur tun könnte? Was würde der schlaue Fuchs machen? Dem fiel doch immer irgendetwas ein. Mutters Blicke wanderten von Großmutter zu der Fremden, die mich festhielt, und wieder zurück. Sie wusste nicht, was sie tun sollte. Würde sie Großmutter helfen, müsste sie mich loslassen, und die Fremde würde mich mitnehmen. Würde sie mich weiterhin festhalten, könnte sie Großmutter nicht helfen, und sie würde vielleicht sterben.

Auf einmal war es ganz still. Großmutter stöhnte nicht mehr, reglos lag sie da. Mutter ließ meinen Arm los und stürzte zu ihr. „Mutter, Mutter es wird alles wieder gut", sagte sie auf Hebräisch zu ihr, „aber wach auf Mutter, bitte, wach auf!"

Sie schüttelte Großmutter an den Schultern, so wie man es mit bewusstlosen Menschen tut. Mutter hoffte wohl, dass Großmutter nur ohnmächtig war. Doch selbst ich wusste, dass sie nicht mehr atmete. Die Fremde zog mich fort. Keiner hielt mich mehr fest. Meine Füße folgten der anderen, aber mein Blick blieb bei meiner Mutter und meiner Großmutter. Mir tat der Hals weh, so sehr verrenkte ich meinen Kopf nach hinten, um sie ja nicht aus den Augen zu verlieren. Dann schloss sich die Haustür. Ich hatte sie verloren.

Wir liefen durch den Schnee Richtung Gartentor. Ich war immer noch im Schlafanzug und hatte weder Socken noch Schuhe an. Der Schnee reichte mir fast bis zum Bauch, bei jedem Schritt umfing mich eisige Kälte. Alle paar Meter drehte ich den Kopf und schaute zurück zum Haus. Was ging da wohl gerade vor sich? Wie ging es Großmutter? War sie vielleicht tatsächlich nur ohnmächtig, und Mutter konnte sie retten?

Auf einmal sah ich meine Mutter. Sie kam aus dem Haus gestürmt und rannte auf uns zu. Die Frau, die mich festhielt, erschrak so sehr über das plötzliche Auftauchen meiner Mutter, dass sie mich losließ. Ich lief meiner Mutter entgegen und direkt in ihre Arme. Es war die innigste und wärmste Umarmung, die ich je in meinem Leben erfahren hatte.

„Er ist doch noch ein Kind", rief meine Mutter der anderen Frau über meine Schulter zu, „er braucht seine Mutter, er muss bei mir bleiben!"

„Du glaubst doch nicht, dass du im Haus bleiben darfst", die Frau lachte höhnisch auf, „du bist doch die Hauptschuldige. Du hast die Kinder mit nach Israel mitgenommen. Du kommst natürlich nicht ungeschoren davon."

Inzwischen war auch der Bärtige aus dem Haus getreten. In der einen Hand hatte er das Schlüsselbund unseres Hauses, in der anderen sein Walkie-Talkie, in das er unablässig hineinsprach. Ich konnte nicht verstehen, was er sagte, weil Mutter und die Frau so laut waren. Die Fremde war inzwischen auch bei uns angelangt und hatte wieder meinen Arm fest im Griff. Wieder wurde an mir von beiden Seiten gezerrt. Auf einmal war der Bärtige bei uns und schlug meiner Mutter so heftig ins Gesicht, dass sie nach hinten in den Schnee fiel.

„Nein, nein, nein", schrie ich hysterisch: „Sie ist meine Mutter, bitte schlagen Sie sie nicht, bitte tun Sie ihr nicht weh!"

Doch meine Mutter war schnell wieder auf den Beinen. Mit einem Satz sprang sie die Fremde von hinten an, und wir fielen alle drei auf die Erde. In diesem Moment konnte ich mich aus dem Griff der Frau befreien. Ich stand sofort auf und versuchte, Mutter auf die Beine zu helfen. Da kam der Bärtige von hinten und trat mit seinem schwarzen Stiefel meine Mutter so fest in die Seite, dass sie erneut auf den Boden fiel. Sie schrie auf, hielt sich den Bauch, drehte sich zur Seite und erbrach. Es war Blut. Der weiße Schnee um sie herum färbte sich so schnell dunkel, als hätte jemand ein Fass Tinte ausgegossen. Die Frau, die noch am Boden gelegen hatte, rappelte sich hoch. Sie klopfte sich den Schnee von ihrem schwarzen Gewand, griff erneut meine rechte Hand und zog mich hinter sich her Richtung Gartentor.

Mutter lag auf der Erde, hielt ihren Bauch und zuckte vor Schmerzen. Wir liefen ein paar Schritte. Und als wir das Gartentor fast erreicht hatten, war Mutter auf einmal wieder hinter uns. Sie lief gekrümmt, aber trotz der Schmerzen schien sie unglaublich viel Kraft und Energie zu haben. Inzwischen war auch die zweite Frau der anderen zu Hilfe gekommen. Beide gingen nun auf meine Mutter los, schlugen sie und traten sie auf eine derart brutale Art und Weise, die ich nicht beschreiben kann. Mir fehlen die Worte. Ich stand einige Momente wie gelähmt, dann ging ich dazwischen. Ich versuchte, mit meinem Körper den meiner Mutter zu bedecken, um sie zu schützen. Natürlich bekam ich dadurch auch einiges ab. Aber das machte mir nichts. Im Gegenteil, ich war froh über jeden Tritt, der mich und nicht sie traf, über jeden Schlag, den ich von ihr abwenden konnte. Eine ganze Weile ging das so. Eine Ewigkeit.

Irgendwann hörten die beiden Frauen auf. Sie hatten vermutlich keine Kraft mehr. Ich streichelte Mutters Gesicht und küsste sie, um sie zu beruhigen. Ich schmeckte ihr Blut. Da erst fiel mir auf, dass alles voller Blut war: ihr Mund, ihr Kleid, der Schnee. „Mutter, steh auf!", bettelte ich. Ich fürchtete, wenn sie liegen bleiben würde, so wie Großmutter, würde sie auch bald aufhören zu atmen, so wie Großmutter. Tatsächlich mühte sie sich aufzustehen und nahm mich dann in die Arme. „Vergiss nicht, was ich dir gesagt habe!", flehte sie mich an und küsste mich. Dann verließen sie ihre Kräfte und sie sank erneut in den Schnee.

Der Bärtige ging zu ihr und trat ihr in den Bauch. Immer und immer wieder, bis sie sich gar nicht mehr bewegte. Dann packte eine der Frauen Mutters Haare und zog sie daran auf dem Boden hinter sich her bis zum Auto. Sie hinterließ eine blutige Spur im Schnee. Ihr Blut und der frische Schnee glänzten im gelben Licht der Straßenlaterne.

Ich sah hilflos zu. Ich wollte um Hilfe schreien und machte meinen Mund auf. Doch ich bekam keinen Ton heraus. Ich war sprachlos. In diesem Augenblick hatte ich die Fähigkeit verloren zu sprechen.

Ich zitterte am ganzen Körper. Dann merkte ich, wie meine nackten Füße warm und nass wurden. Der Schnee unter meinen Sohlen begann zu schmelzen. Ich hatte mich eingenässt, ohne es zu merken. Meine Schlafanzughose war von oben bis unten nass. Die Frau, die mich an der Hand hielt, bemerkte es nicht und zog mich zu dem Geländewagen, der vor dem Gartentor auf uns wartete. Sie stieß mich auf die Rückbank, setzte sich neben mich und zog die Tür zu. Ich saß da wie gelähmt. Ich hätte mich gern umgedreht und durch das Rückfenster einen letzten Blick auf meine Mutter geworfen. Doch ich konnte mich vor lauter Angst nicht bewegen. Ich war ganz allein unter Fremden. Das erste Mal in meinem Leben.

Kapitel 2
Schaschoo

Wir fuhren durch die Straßen Teherans und bewegten uns immer weiter weg von meiner Familie, meinem Heim, meinem alten Leben. Nur meine Gedanken waren noch dort. War Großmutter tatsächlich tot? Wäre sie vielleicht noch am Leben, wenn man uns erlaubt hätte, einen Arzt zu rufen? Was machten sie mit ihr gerade? Muss auch Mutter sterben? Sie hatte Blut erbrochen, war das nicht ein Zeichen dafür, dass ihr Leben in Gefahr ist? Wo hatten sie meine Mutter hingebracht? Kümmerte sich dort jemand um ihre Verletzungen? Und wo waren Suzan und Darius? Wann würde ich meine Familie wiedersehen?

Es wurde hell, als wir nach etwa zwei Stunden Fahrt anhielten. Wir stiegen aus. Erst jetzt fiel mir auf, dass ich barfuß war und keine Jacke trug. Doch ich spürte die Kälte nicht. Mir war ganz warm. Es war alles so unwirklich. Vielleicht war ich gar nicht wach und lief gerade durch einen ziemlich finsteren Alptraum, statt über die realen Straßen von Teheran. Das würde auch erklären, warum ich nicht fror: In einem Traum ist es schließlich egal, ob man warm genug angezogen ist. Da läuft man auch schon mal barfuß durch den Schnee und merkt es gar nicht.

Wir gingen in ein von außen eher unscheinbares Haus, das aber zu einem ganzen Komplex von Gebäuden zu gehören schien. Gleich am Eingang wurde ich einem großen, bärtigen Mann übergeben. Der zeigte mir den Waschraum, befahl mir, mein Gesicht und die Hände sauber zu machen und verschwand dann wieder. Ich wusch mir das Blut aus dem Gesicht. Es war das Blut meiner Mutter. Auch auf dem Schlafanzug hatte es dunkelrote Flecken hinterlassen. Ich versuchte, sie auszureiben. Der Raum war nicht gut geheizt, ich stand ohne Schuhe auf den kalten Fliesen und merkte nun doch, wie kühl es war. So langsam wie die Kälte in meinem Körper, so langsam machte sich in meinem Kopf die Gewissheit breit, dass es wohl doch kein Alptraum war, in dem ich mich befand. Das ganze Leid, was ich erfahren hatte, es war furchtbar real.

Der Mann kam zurück und warf mir ein Paar Badelatschen vor die Füße. Meine Füße waren so dreckig, dass ich beim Laufen Spuren hinterließ. Also wusch ich sie erst und zog dann die Badeschuhe an. Sie waren mir zu groß. Der Mann brachte mir als Nächstes eine Unterhose, eine Hose und ein Hemd. Ich wusste nicht, wie ich mich verhalten sollte. Sollte ich mich etwa für die Kleidung bedanken? Aber selbst wenn ich es gewollt hätte, ich hätte keinen Ton herausgebracht. Die Ereignisse der letzten Nacht hatten mir die Sprache verschlagen. Mir fielen keine persischen Wörter mehr ein. Nicht mal an meinen Namen konnte ich mich erinnern. Ich stand starr wie eine Säule in einem römischen Bad mitten in diesem kalten Waschraum.

„Warum bewegst du dich nicht?“, schrie der Mann. „Komm, zieh dir die neuen Sachen an, und gib mir die schmutzigen!“

Ich zog das Oberteil meines Pyjamas aus und das neue Hemd an. Als ich dem Mann das alte Hemd reichte, schrie er: „Die Hose aber auch!“

Also zog ich die Pyjamahose und meine Unterhose aus und nahm die neue Unterhose in die Hand, um sie anzuziehen. Plötzlich stand der Mann vor mir und gab mir eine kräftige Ohrfeige. Ich stürzte zu Boden. Der Mann beugte sich über mich, griff an mein linkes Ohr und zog mich daran nach oben, bis ich stand. Dann kam er mit seinem Gesicht ganz nah an meins, so dass ich seinen Atem riechen konnte: „Hör mir gut zu! Ich weiß ja nicht, wie es dort war, wo man dich hergeholt hat. Aber da, wo du jetzt bist, zieht man in Anwesenheit anderer Menschen die Unterhose auf gar keinen Fall aus!"

Ich zitterte vor Angst und zog schnell die Hose hoch. Wie ein trauriger, kleiner Soldat stand ich vor dem großen bärtigen Mann stramm – und weinte. Meine Tränen tropften auf die neuen, blauen Badelatschen. Ich hatte die frische Hose noch keine zwei Minuten an, als ich sie schon wieder nass machte. Es war das zweite Mal an diesem Tag, dass ich einnässte, ohne es verhindern zu können.

„Was ist das?", fragte der Mann. Ich war immer noch nicht in der Lage zu sprechen und fixierte das Muster der Fliesen auf dem Boden. Es war eine Art Mosaik. Da, wo ich stand, formierte sich eine kleine Pfütze.

„Heb den Kopf!", herrschte mich der Mann an, und als ich das tat, setzte es erneut eine Ohrfeige. Wieder fiel ich auf den Boden. Wieder machte ich mir in die Hose. Aber diesmal war es schlimmer, es war Kot. Der Mann merkte es nicht. Bevor er es riechen konnte, ging er zur Tür, machte sie hinter sich zu und schloss sie ab. Ich war erleichtert, dass er weg war, auch wenn ich fürchten musste, dass er jeden Moment wieder zurückkommen und mich schlagen könnte. Reglos blieb ich auf dem Boden liegen. Ich konnte auch nichts anderes tun, ich hatte keine Kraft mehr.

Nach etwa einer Stunde stand ich auf. Ich wollte die neue Hose auswaschen. Meine eigene Schlafanzughose und die nasse Unterhose lagen noch auf dem Boden. Also zog ich die Hose aus und meine eigene Unterhose, die immer noch nass war, sowie meine alte, ebenso feuchte Pyjamahose wieder an. Dann wusch ich die neue Hose im Waschbecken aus. Danach drehte ich die Hose straff ein und drückte sie so aus, wie ich es bei Mutter gesehen hatte, wenn sie Sachen mit der Hand wusch. Dann wollte ich die Hose irgendwohin hängen, aber ich traute mich nicht. Also hielt ich sie mit meinen beiden zitternden Händen vor meinen Körper. So stand ich da, ein menschlicher Wäscheständer. Ich fror, ich hatte Angst, und meine Ohren taten von den Schlägen weh. Irgendwann konnte ich nicht mehr stehen und setzte mich auf den Boden. Nach etwa zwei Stunden legte ich mich auf die kalten Kacheln, die Hose immer noch mit beiden Händen umklammert. Ich zitterte nun mehr als zuvor und musste ständig niesen.

Tausend Dinge gingen mir durch den Kopf. Warum hat man meine Familie auseinandergerissen? Warum war uns niemand zu Hilfe geeilt, als die Fremden unser Haus stürmten? Es muss doch jemand gesehen haben. Gibt es keine Gesetze, die uns schützen? Wo steht, dass die Juden plötzlich keine Rechte mehr haben? Warum sind wir Juden weniger wert als andere Menschen? Wenn Muslim sein von so großem Vorteil ist, warum waren wir dann keine Muslime? Wie könnten wir Muslime werden? Was musste man dafür tun? Und was ist eigentlich so schlimm an Israel? Warum glaubte der Bärtige, wir hätten dort Geld bekommen? Ich hatte tausend Fragen und keine Antworten. Ich fühlte mich hilflos, wie ein Insekt, das sich in einem Spinnennetz verfangen hat.

Stundenlang muss ich auf dem nackten Boden des Waschraums gelegen haben, als plötzlich jemand die Tür aufschloss. Ich sprang auf und stand stramm. Meine Unterhose und meine Pyjamahose, die ich anhatte, klebten feucht und kalt an meinem Körper, und die neue Hose, die ich gewaschen hatte und immer noch in den Händen hielt, war noch nasser. Ich traute mich nicht, nachzusehen, wer den Raum betrat. Also heftete ich meinen Blick wieder auf den Fußboden.

Als sich die Schritte näherten, machte ich mir erneut in die Hose. Das dritte Mal an diesem Tag. Wie war das überhaupt möglich? Seit dem letzten Abend hatte ich weder etwas gegessen noch getrunken. Wo kam das ganze Wasser her? Ich sah zu, wie zuerst meine neuen blauen Badelatschen, dann der Boden um sie herum nass wurden. Die frisch ausgewaschene Hose in meiner rechten Hand zappelte in der Luft zwischen meinen zitternden Händen. Mir wurde ein Pullover, eine weitere Unterhose und eine frische Hose gebracht. Dann führte man mich zur Dusche. Ich zog mich bis auf die Unterhose aus und duschte. Als ich fertig war, zog ich das Handtuch vom Haken herunter und trocknete ich mich damit ab. Es stank widerlich und muss seit Wochen nicht gewaschen, aber von vielen Menschen benutzt worden sein. Dann wollte ich das Handtuch wieder zurückhängen, aber ich war zu klein, um an den Haken zu kommen. Der Mann nahm mir das Handtuch aus der Hand und hängte es wieder auf. Ob ich stumm sei, fragte er mich. Ich schaute auf seine schwarzen Schuhe. Als seine rechte Hand sich bewegte, zuckte ich zusammen. Er führte seinen Zeigefinger unter mein Kinn und drückte es damit nach oben, so dass er mir ins Gesicht schauen konnte. Erst jetzt sah ich, dass es derselbe Mann war, der mich hierher gebracht hatte. Meine Tränen fielen auf seine Hand. Er fragte mich, ob ich ihn hören konnte. Ich versuchte gar nicht erst zu sprechen. Aber selbst zu nicken gelang mir nicht.

„Keine Angst! Du brauchst nicht so zu zittern, du bist ein Mann. Ein Mann macht sich nicht in die Hosen. Er geht auf die Toilette, wenn er muss."

Aus der Ferne hörte ich den Muezzin rufen. Es war inzwischen Mittagszeit und ich hatte Hunger und Durst. Immerhin fror ich nicht mehr so. Die trockenen Kleidungsstücke fühlten sich gut an, und mir wurde langsam wärmer. Der Mann öffnete die Tür und führte mich durch den Hinterhof auf ein Haus zu, das wie eine Schule aussah. Ich hatte zwar noch nie eine Schule betreten, aber ich wusste aus dem Fernsehen, wie eine aussah. Der Mann lief vor mir her. In den viel zu großen Badelatschen konnte ich nicht so schnell laufen. Ich musste die Schuhe ganz knapp über den Boden schieben, damit ich nicht herausrutschte. Langsam schlurfte ich dem Mann hinterher. Es dauerte eine Weile, bis ich den Dreh raus hatte und nicht mehr auf die Erde sehen musste, damit ich nicht stolperte. Ich warf meinen Kopf in den Nacken und schaute in den Himmel. Wolken, nichts als Wolken. Eine grauer als die andere. Doch das konnte nicht sein. Akribisch suchte ich mit meinen Augen den Himmel ab, als wäre es eine dieser unübersichtlichen Zeichnungen für Kinder, auf denen sich eine kleine Maus versteckt hat, die man finden muss. Doch ich suchte keine kleine Maus. Ich suchte meine Mutter. Ich erwartete, dass sie in jedem Augenblick vom Himmel fiel, um mich zu retten. Es konnte doch nicht sein, dass sie mich im Stich lässt, hier im kalten Schnee mit den brutalen Fremden. Sie musste doch bald auftauchen und mich hier herausholen. Vielleicht würde sie an einem aufgespannten Regenschirm elegant auf die Erde schweben, so wie Mary Poppins in dem lustigen Musical aus Amerika. Oder mit Hilfe durchsichtiger Flügel auf dem Rücken, wie Tinkerbell, die kleine Fee von Peter Pan. Doch so sehr ich mich auch anstrengte und jede einzelne Wolke mit den Augen absuchte – meine Mutter wollte und wollte einfach nicht vom Himmel fallen.

Am Haus angelangt, klingelte der Mann an einer Tür. Der Mann, der daraufhin im Türrahmen erschien, war etwas jünger, aber wie der andere trug er einen dichten, schwarzen Vollbart. Die beiden wechselten leise ein paar Worte, die ich nicht verstehen konnte. Dann drehte sich der Mann, der mich hergebracht hatte, um und ging zurück.

„Komm rein, schnell", sagte der andere zu mir, „sonst kommt die ganze kalte Luft herein. Na los, mach hin!"

Als ich das Haus betrat, konnte ich nicht glauben, was ich dort sah. Da waren etwa zweihundert Kinder in einem

Korridor, alle zwischen vier und sieben Jahren. Wie konnte es sein, dass ich diese Kinder nicht schon von draußen gehört hatte? Normalerweise hätten vier von ihnen gereicht, um eine Straße komplett zu beschallen. Aber hier waren Hunderte – und man hörte keinen Mucks. Eine unheimliche Stille lag in diesem Flur. Keines der Kinder sagte etwas. Schweigend gingen ein paar ältere Kinder am Ende des Korridors in einen Raum. Schweigend warteten die jüngeren in einer Schlange vor einem Fenster.

Der Mann führte mich in sein Büro. „Ist dir dermaßen kalt, dass du so sehr zitterst?", fragte er mich und musterte mich von oben bis unten. An meinem Gesicht verweilte sein Blick, er schaute prüfend: „Warum sind deine Augen grün? Hast du etwa eine ausländische Mutter?" Ich senkte den Blick. „Na, ich gebe dir erst mal eine Jacke, dann wird dir warm."

Doch es war weniger die Kälte, die mich zittern ließ, es war die Angst. Der Mann brachte mich in ein Zimmer am Ende des Korridors. Es muss sich bei dem Gebäude tatsächlich um eine Schule gehandelt haben. Denn der Raum sah aus wie ein Klassenzimmer, nur dass hier keine Tische standen, sondern zwölf gerollte Matratzen auf dem Boden lagen. Er zeigte auf die in der Ecke neben dem Fenster und sagte: „Das ist dein Bett, die Bettdecke ist mit der Matratze gerollt." Dann erklärte er mir die Grundregeln meines neuen Lebens: „Du darfst nur dein eigenes Bett benutzen, nicht die Matratzen der anderen. Jeden Morgen, bevor die Größeren von euch zum Gebet gehen, rollst du die Matratze so auf, wie du es hier siehst. Frühstück, Mittagessen und Abendessen holst du dir vom Küchenfenster. Du bringst dein Tablett hierher ins Zimmer, nimmst vor deiner eigenen Matratze Platz und isst dort. Wenn du fertig bist, bringst du das Tablett wieder zurück zum Küchenfenster. Hast du mich verstanden?"

Ich schaute auf meine Schlappen und reagierte nicht. Immer noch war ich nicht in der Lage zu sprechen oder zumindest zu nicken. Der Mann ergriff meinen Oberarm und führte mich daran zu dem Fenster, vor dem die anderen Kinder in der Schlange standen und mich nun neugierig anschauten. Auf der anderen Seite des Fensters wurde das Essen portioniert und dann durchgereicht. Von denjenigen, die das taten, sah man nicht viel mehr als die Hände und den Oberkörper bis zur Brust. Ihre Gesichter konnte man nicht sehen. Der Mann stellte sich vor das erste Kind in der Schlange und nahm für mich eine Portion Mittagessen in Empfang – Linsensuppe mit Kartoffeln und ein Stück Fladenbrot –, reichte es mir, und ich tat, was er mir vorhin erklärt hatte: Ich nahm das Tablett in die Hand, ging in das Zimmer und setzte mich vor mein aufgerolltes Bett. Weil meine Hände zitterten, verschüttete ich ein bisschen Suppe auf das Tablett, wobei das Fladenbrot nass wurde. Langsam kamen auch die anderen Kinder, eins nach dem anderen, mit ihren Tabletts ins Zimmer und setzten sich vor ihre gerollten Betten. Da keine Erwachsenen mehr da waren, wagte ich, die anderen Kinder anzuschauen. Sie sahen unendlich traurig aus. Der Junge, der mir gegenüber saß und in etwa so alt war wie ich, zeigte mit seinem rechten Zeigefinger auf meine linke Wange und sagte, dass sie rot sei. Ich fühlte selbst, dass die linke Seite meines Gesichtes wärmer war als die rechte. Das kam von den festen Ohrfeigen, die ich im Waschraum einstecken musste. Ich sagte nichts und starrte in den Teller mit der Suppe. Alle fingen an zu essen. Nur ich nicht. Ich hatte Hunger und Durst, aber ich wusste, ich würde keinen Bissen herunterbekommen. Ich weinte lautlos. Meine Tränen fielen in die Suppe. Der Junge, der mir gegenüber saß, rutschte kurz zu mir herüber, hielt ein Bonbon vor mein Gesicht und sagte: „Nimm, das ist für dich. Ich habe es gestern vom Abendessen aufgehoben. Nimm schon!"

Ich schaute ihn kurz an und nahm es, ohne mich zu bedanken. Das war sonst nicht meine Art, aber mir fehlte offensichtlich selbst in den Momenten die Sprache, in denen ich mich sicher fühlen konnte und es jemand gut mit mir meinte. Es tat mir leid. Ich hätte dem Jungen gern gesagt, dass dieses geschenkte Bonbon das erste Gute war, das mir an diesem Tag widerfahren ist.

Nach dem Essen brachten die Kinder ihre Tabletts wieder zurück zu dem Küchenfenster und kamen zurück ins Zimmer. Der Junge, der mir das Bonbon geschenkt hatte, fragte mich, wie ich heiße. Ich machte meinen Mund auf, um „Cyrus" zu sagen, bekam aber keinen Ton heraus. Nur Tränen, die mir nun hemmungslos über die Wangen liefen. „Ich heiße Vigen", sagte der Junge.

Plötzlich klingelte es. Es war ein Klingeln, wie ich es sonst nur von den Schulen aus den Filmen im Fernsehen kannte, laut und schrill und alarmierend. Alle sprangen auf und verließen fluchtartig den Raum. Ich blieb vor meiner Matratze sitzen, schaute auf das Essen, das immer noch unangetastet vor mir stand, und weinte. Etwa eine Stunde verging, und von den Kindern war nichts zu hören. Ich hatte Angst, mich im Zimmer zu bewegen. Ich traute mich auch nicht, mich hinzulegen, obwohl ich furchtbar müde war. Als ich im Flur Schritte hörte, drückte ich das Kreuz durch, um anständig gerade zu sitzen. Der Mann, der mich in das Zimmer geführt hatte und offensichtlich so was wie ein Aufpasser für die Kinder war, machte die Tür auf: „Wieso hast du dein Essen nicht angerührt? Wartest du etwa darauf, dass deine Mama kommt und für dich kocht? Oder glaubst du vielleicht, du wirst gleich wieder heim gefahren, wo das Essen schon auf dem Tisch steht?"

Der Mann stand nun vor mir: „Sieh mich an, wenn ich mit dir rede! Du Hundesohn, steh auf!"

Ich stand auf und sah ihn an. Ich zitterte, ich weinte – und machte mir erneut in die Hose.

„Du wirst dich hinsetzen und dein Mittagessen essen, hast du mich verstanden?"

Ich nickte.

„Gut", sagte er, „morgen werde ich deine Haare schneiden."

Dann verließ er das Zimmer. Ich setzte mich mit meiner nassen Hose wieder vor meine Matratze und nahm den Löffel. Doch vor lauter Tränen sah ich die Suppe nicht mehr. Es war unmöglich, so zu essen. Ich ließ den Löffel sinken und weinte hemmungslos. Irgendwann kamen meine Zimmerkameraden zurück. Sie setzten sich vor ihre Matratzen und schauten apathisch vor sich hin. Kaum einer sprach mit einem anderen Kind, und wenn, dann wurde geflüstert. Stundenlang verharrten die Kinder in dieser unheimlichen Tatenlosigkeit. Als es dunkel wurde, klingelte es wieder. Alle gingen aus dem Zimmer, um das Essen zu holen. Ich blieb zurück und starrte auf den Boden. Als die anderen wieder da waren, kam Vigen zu mir und überreichte mir erneut sein Bonbon. Ich nahm es und schenkte ihm einen dankbaren Blick. Er erwartete nicht mehr, dass ich irgendetwas sagte. Inzwischen, so entnahm ich den wenigen Gesprächen im Raum, hielten mich alle für stumm.

Nach dem Abendessen schaute ein Mann zur Tür herein, den ich vorher noch nicht gesehen hatte. Er schien den anderen Aufpasser abgelöst zu haben und übernahm nun die Nachtschicht. Der Nachtwächter war viel älter und größer als der andere, sein Bart war grau. Er muss sofort bemerkt haben, dass ich neu war: Ich war das einzige Kind, dessen Schädel nicht rasiert war. Die Kinder rollten ihre Matratze auf und gingen mit dem, was sie anhatten, ins Bett. Ich machte es ihnen nach. Das Licht war kaum erloschen, da fing ein Kind neben mir an zu weinen. Kurz danach hörte ich ein zweites Kind schluchzen, dann ein drittes und ein viertes. Der Junge neben mir, der noch etwas kleiner war als ich, weinte etwa eine Stunde lang, dann schlief er ein. Ich versuchte, in der Dunkelheit sein Gesicht zu erkennen und fragte mich, ob er wohl Ähnliches durchgemacht hatte wie ich. Er war der Kleinste und wie es aussah, auch der Jüngste von uns zwölf.

Auch ich versuchte schließlich zu schlafen. Obwohl ich mir immer noch wünschte, dass ich es die ganze Zeit schon tat. Ich würde doch bestimmt gleich aufwachen, zu Hause, in dem Bett neben der geliebten, schlafenden Großmutter. Ich schloss die Augen und stellte mir vor, ich läge neben ihr in diesem gemütlichen, weichen Bett mit den filigran einge- schnitzten Blumen im Gestell. Ich müsste doch nur meine Hand ausstrecken, um das Holz zu spüren und mit meinem Zeigefinger die Schnitzereien zu ertasten, wie ich es so oft getan hatte. Und konnte ich sie nicht atmen hören, meine Großmutter, und in der Dunkelheit sehen, wie sich ihr Brustkorb unter der Decke gleichmäßig hebt und senkt?

Kurz vor Sonnenaufgang riss mich ein lautes Klingeln aus dem Schlaf. Ich setzte mich auf und brauchte eine Weile, bis ich begriff, wo ich war. Meine Hose war nass, mein ganzes Bett war nass. Ich erinnerte mich, wie ich nachts auf Toilette gehen wollte, obwohl ich gar nicht musste – vorsorglich, denn ich spürte schon lange nicht mehr, wann es für mich Zeit war, aufs Klo zu gehen. Ich hatte mitbekommen, wie eines der Kinder nachts zur Toilette gegangen war. Es war also nicht verboten. Dennoch hatte ich mich nicht getraut und war liegengeblieben. Im Schlaf musste ich mich dann erneut eingenässt haben.

Die Kinder, die älter waren als sechs, so viel hatte ich am Vortag schon erfahren, mussten sich nun im Waschraum schnell Hände, Gesicht und Füße mit kaltem Wasser waschen. Es war die rituelle Reinigung für das erste Gebet des Tages. Die Kinder unter sechs Jahren brauchten das nicht zu tun, da sie noch nicht zum Gebet mussten. Sie durften allerdings nicht in ihren Betten liegen bleiben, sondern mussten sich vor ihre aufgerollten Matratzen setzen. Wer über und wer unter sechs Jahren war, wurde von den Wächtern übrigens geschätzt, das wahre Alter zählte nicht. Alle waren also wach und hatten sich hingesetzt oder den Raum verlassen. Nur der Junge neben mir blieb reglos auf der Matratze liegen. Nach einigen Minuten kam der Nachtwächter herein, um zu kontrollieren, ob alle großen Kinder aufgestanden und zum Gebet gegangen waren. Als er sah, dass einer der Jungen noch im Bett lag, verzog er die Miene. Er ging zu ihm und legte seine Hand auf dessen Stirn. Dabei stand der Mann direkt neben mir. Ich senkte den Kopf und fixierte den Teppichboden in der Hoffnung, dass er mich nicht bemerkte. Ich wollte mir nicht ausmalen, was wohl passieren würde, wenn er feststellte, dass ich ins Bett gemacht hatte.

Der Wächter verließ das Zimmer und kam kurz darauf mit einem Glas Wasser zurück. Er setzte sich neben das Kind, schob eine Hand unter dessen Kopf, um ihn damit vorsichtig anzuheben, und sagte fast zärtlich: „Trink Kleiner, trink!" Ich wunderte mich, wie freundlich der Mann war. Doch meine Angst blieb. Als er das Zimmer verlassen hatte, standen einige Kinder auf und gingen ebenfalls hinaus. Das ermutigte mich, mit ihnen zu gehen. Im Waschraum wusch ich meine Hände und das Gesicht und fühlte mich etwas besser als am Tag zuvor. Als ich den Waschraum verließ, warteten schon ein paar Kinder vor dem Küchenfenster auf das Frühstück. Meine Zimmerkameraden reihten sich ein und ich schloss mich ihnen an. Ich war der Letzte in der Schlange. Als ich mein Frühstück bekam und mich mit dem Tablett in der Hand umdrehte, um zu meiner Matratze zu gehen, stellte ich fest, dass alle anderen Kinder aus meinem Zimmer auf mich gewartet hatten, damit wir gemeinsam den Korridor entlang zu unserem Raum liefen und keiner zurückblieb. Es tat gut, all die anderen dort auf mich warten zu sehen. Denn es gab mir das Gefühl, nicht alleine zu sein. In diesem Moment wurde mir klar, dass wir alle im selben Boot saßen. Die Trennung von unseren Familien, die Brutalität der Wächter, die Kälte und der Dreck – all das war in der Gruppe besser auszuhalten als alleine. Der Anblick meiner wartenden Zimmerkameraden hat mir Mut gemacht – und Hoffnung.

Da der Junge neben mir krank war und sein Frühstück nicht holen konnte, hatte ich die Hälfte von meinem Tee und dem Fladenbrot für ihn aufgehoben. Als wir mit dem Frühstück fertig waren, kamen die Sechsjährigen aus dem Gebetsraum zurück und holten ihr Frühstück. Es war noch dunkel draußen. Einige von uns legten sich auf den dünnen Teppichboden, um auszuruhen. Auf unsere Matratze durften wir tagsüber schließlich nicht. Das Zimmer war nicht gut geheizt, die meisten von uns husteten und niesten. Und ich fragte mich, wie wohl die anderen Zimmer aussahen. Waren sie genauso klein und voll wie unseres? Wie viele Kinder lebten dort? War es dort auch so kalt? Und was war mit den anderen Gebäuden auf dem Gelände, die ich am ersten Tag gesehen hatte, als man mich hierherbrachte? Lebten dort auch Kinder? Waren sie so alt wie wir? Ich würde es vermutlich nie erfahren: Der Zutritt zu den anderen Räumen war streng verboten. Und raus vor die Tür durften wir erst recht nicht.

Das kranke Kind neben mir stöhnte immer lauter. Ich nahm mein Teeglas und das Stück Fladenbrot mit dem Schafskäse, das ich von meinem Frühstück aufgehoben hatte, und versuchte, den Kleinen zu wecken. Von meiner Mutter wusste ich, dass man Tabletten nicht auf nüchternen Magen schlucken sollte. Der Junge musste etwas essen, damit das Medikament in seinem Bauch besser wirken konnte, dachte ich. Also klopfte ich vorsichtig auf seine Schulter, um ihn zu wecken. Der Kleine wachte auf, hustete mir ins Gesicht und versuchte, sich zu orientieren. Sein Körper war sehr viel wärmer als meiner. Ich reichte ihm die Tasse Tee, und er nahm ein paar Schluck. Als ich mich umdrehte, um ihm das Stückchen Brot zu geben, sah ich, dass der Wächter in der Tür stand. Er schaute zuerst den Kleinen, dann mich an – und in dem Moment machte ich mir vor lauter Angst erneut in die Hose. Das wäre an sich schon schlimm genug gewesen, doch ich machte nicht nur meine Hose, sondern auch das Bett des Kranken nass.

Der Wächter kam näher, legte erneut seine Hand auf die Stirn des Kleinen und fragte mich, ob er die Hälfte von dem Brot schon gegessen hätte. Bevor ich in der Lage war, etwas zu erwidern, sagte Vigen, der mir gegenübersaß, dass ich nicht antworten könne, da ich stumm sei. Und dass ich die Hälfte von meinem Frühstück für das kranke Kind aufgehoben hatte. Der Mann musterte mich mit einem oberflächlichen Blick. Dann sagte er zu mir: „Gut gemacht!", und in Richtung Vigen: „Aber wenn das nächste Mal jemand von euch krank ist, musst du als Mobser das sofort im Wächterbüro melden. Und nur du als Mobser darfst das Essen für diejenigen holen, die krank sind und im Bett liegen. Hast du verstanden?" Vigen, der – wie ich auf diesem Weg erfuhr – unser Mobser war, also eine Art Gruppensprecher, nickte. Vigen war demnach unser Vermittlungsmann zu den Aufpassern. Ich beneidete ihn nicht um den Job.

Draußen wurde es langsam hell, und ich erwartete jeden Moment, dass der Aufpasser vom Vortag die Tür aufmachte und mich abholte, um mir die Haare zu rasieren. Ich wusste nicht, wie spät es war. Weder im Zimmer noch auf dem Korridor hing eine Uhr. Aber wozu auch? Mit der Uhrzeit konnten wir sowieso nichts anfangen. Keiner von uns hatte es eilig. Zeit war das Einzige, was es hier im Überfluss gab. Ich hatte schon am ersten Tag gelernt, dass der Tagesablauf durch die Klingel, die im Korridor hing, bestimmt wurde. Langes Klingeln signalisierte die Gebets- und Frühstückzeit. Bei kurzem Klingeln mussten sich alle so schnell wie möglich im großen Gebetsraum versammeln.

Dem Jungen neben mir ging es nach dem Essen noch schlechter als zuvor. Ich hätte ihm so gern etwas Wasser geholt, aber ich hatte kein Glas. Wenn wir Wasser trinken wollten, mussten wir unseren Kopf unter den Hahn im Waschraum halten. Becher gab es nicht, und das leere Teeglas vom Frühstück hatte ich bereits am Küchenfenster abgeben müssen. Die Haut des Jungen glühte, im Gesicht hatte er rote Punkte. Und er stöhnte ununterbrochen und warf sich von einer Seite auf die nächste, immer wieder schob er die Bettdecke weg. Inzwischen hatten alle bemerkt, dass etwas mit dem Kleinen nicht stimmte. Einer fing an, leise vor sich hin zu weinen, ein anderer tat es ihm nach, und kurz darauf tropften auch meine Tränen auf den Teppich. Vigen stürmte zur Tür, um den Aufpasser zu holen. Es war der jüngere Mann – der, der mich am Tag zuvor als Hundesohn beschimpft hatte und mir die Haare schneiden wollte. Doch er hatte jetzt nur Augen für das kranke Kind. Er nahm es auf seine Arme und verließ das Zimmer. Wir sollten den Jungen nie wiedersehen.

Es vergingen ein paar Stunden, in denen wir nur tatenlos herumsaßen. Weder gab es Spielzeug noch sonst irgendetwas, mit dem wir uns hätten beschäftigen können. Keiner sprach ein Wort. Ich schaute auf den leeren Platz neben mir und weinte lautlos. Die fremde Matratze war nass von meinem Urin, der süßliche Gestank stand schwer in der Luft und hatte den ganzen Raum erfüllt. Ich überlegte, wie ich mein ständiges Einnässen in den Griff bekommen könnte.

Oder was ich zumindest tun könnte, damit wenigstens die anderen nicht unter dem Gestank litten. Die Wächter würden mir sicher nicht stündlich eine frische oder trockene Hose geben. Mir fehlte ohnehin der Mut, danach zu fragen. Also blieb nur eine Lösung: Ich musste weg von den anderen. In Einzelhaft am besten. Aber allein der Gedanke war unerträglich. Ich hatte gerade meine Familie verloren. Ich wollte nun nicht auch noch diese wunderbaren Zimmerkameraden verlieren, die aufeinander warteten, miteinander ihr Essen teilten und sich umeinander sorgten. Ich sah aber keine andere Möglichkeit.

Die Tür flog auf und der Aufpasser kam herein.

„Hey du", sagte er zu mir, „komm schnell hierher!"

Ich blieb sitzen. Der warme Urin lief an meinen Schenkeln herunter. Meine Beine waren wie gelähmt, ich konnte sie nicht bewegen. Ich zitterte am ganzen Körper und Tränen tropften in meinen Schoß.

„Aha", schrie der Mann, „gestern warst du nur stumm, heute bist du auch noch taub, und morgen wirst du dann wohl blind sein!" Inzwischen stand er vor mir: „Hör zu, ich habe nicht vor, dir deinen Kopf abzureißen. Ich will nur deine Haare schneiden."

Das beruhigte mich jedoch keineswegs. Ich hatte Todesangst aufzustehen. Ich wusste, dass sitzen bleiben und den Befehl zu verweigern das Schlimmste war, was ich machen konnte. Aber was sollte ich tun? Ich konnte nicht anders. Ich war einfach nicht fähig aufzustehen. Der Wächter wartete nicht lange. Er ergriff mein linkes Ohr, das mir noch vom Vortag wehtat, und zog mich daran erst nach oben und dann hinter sich her bis zur Tür. „Dir werde ich zeigen, was für Konsequenzen eine Befehlsverweigerung hat", sagte er, „komm mit!"

Ich trippelte hinter ihm her, während er mein Ohr weiterhin fest im Griff hielt. Im Wächterbüro angekommen, ließ er es endlich los und machte die Tür hinter uns zu. Dann nahm er einen Bleistift und setzte sich auf einen Stuhl.

„Komm her!", befahl er. Ich ging zu ihm. Er ergriff meine zitternde linke Hand, legte mir den spitzen Bleistift hochkant zwischen meine Finger und drückte meine Hand so fest er konnte zusammen. Mir wurde übel vor Schmerz und ich schrie so laut, dass es vermutlich bis in den Himmel zu hören war. „Ma, Mmmmm-aa, Mmmmmaaaa-aaaa-maaaa", stotternd rief ich nach meiner Mutter. Der Wächter lächelte, während ich schrie. Es schien ihm Spaß zu machen, mich, einen Fünfjährigen, zu quälen. Meine nackten Füße wurden warm und nass von meinem Urin, der wieder unkontrolliert aus mir herausfloss, wie jetzt auch der Kot, der schwer in meiner Hose lag. Meine Finger schmerzten, meine Tränen fielen auf meinen Pullover, und der Rotz lief mir aus der Nase in meinen Mund.

„Für ein stummes Kind kannst du aber gut schreien, sehr gut sogar. Das gefällt mir", sagte der Mann. „Und das nächste Mal, wenn ich dich rufe, stehst du sofort auf. Du bewegst dich auf der Stelle, verstanden?"

Ich stand da und zitterte. In dem Moment bemerkte er, was in meiner Hose geschehen war. In seinem Gesicht zuckte es, er rümpfte die Nase und schaute nach unten auf die Stelle, wo ich stand. An das, was danach geschah, habe ich keine Erinnerung. Als ich wieder zu mir kam, lag ich auf dem Boden und wusste nicht mehr, wo ich war. Mein rechter Arm und mein Kopf taten weh, meine Wange glühte. Der Mann muss mir eine so kräftige Ohrfeige verpasst haben, dass ich über den Stuhl nach hinten auf den Boden geflogen war. Obwohl ich ihm ins Gesicht geschaut hatte, was mir ohnehin sehr schwer fiel bei all meiner Angst, hatte ich die Bewegung seiner Hand nicht gesehen. So unheimlich schnell muss er zugeschlagen haben. Der Wächter zog mich wieder an meinem linken Ohr hoch, bis ich stand, dann sagte er:

„Du Hundesohn, hier ist mein Büro und keine Toilette. Ich werde dir zeigen, was für Konsequenzen es hat, ins Büro des Wächters zu pinkeln, du stummer Hundesohn, du, du", er rang nach Worten, „du Schaschoo!"

Schaschoo ist ein persisches Schimpfwort und heißt auf Deutsch so viel wie Hosenscheißer oder Bettnässer. Schaschoo wurde in diesem Moment mein neuer Name. Ich war nicht mehr Cyrus, benannt nach Kyros, den Großen, den legendären Perserkönig und Befreier des jüdischen Volkes aus dem Babylonischen Exil, dem zu verdanken war, dass seinerzeit 42 360 Menschen, die nach der Eroberung Jerusalems durch Nebukadnezar II. in Babylon leben mussten, in die Region Judäa zurückkehren konnten. Ich war nicht mehr Cyrus, benannt nach jenem verehrten und friedliebenden König, dessen Edikt man gar als die „erste Charta der Menschenrechte" interpretiert. Nein, ich war nicht mehr Cyrus. Ich war Schaschoo, der Hosenscheißer. Und Menschenrechte spielten hier auch keine Rolle.

Der Mann ließ mein Ohr los und führte mich auf den Flur. Dort gingen gerade zwei Männer vorüber, die jeweils zwei durchsichtige Müllsäcke trugen. Die Säcke waren prall gefüllt mit bunten Kleidungsstücken. Die Männer waren keine Aufpasser, sie mussten von draußen kommen, von der Außenwelt. Ich wollte mich bemerkbar machen, wollte schreien, sie um Hilfe bitten, aber ich blieb weiterhin sprachlos. Während die beiden Männer am anderen Ende des Korridors verschwanden, blieb der Wächter vor einer Tür stehen, die er mit seinem großen Schlüsselbund öffnete. Dann befahl er mir, hineinzugehen.

Es war ein dunkler Raum ohne Fenster und ohne elektrisches Licht. Ich hatte Angst. Ich wollte da nicht hinein. Als ich mich zu dem Wächter umdrehte, um ihn anzuflehen und um Verzeihung zu bitten, in der Hoffnung, dass ich dann nicht in diese dunkle Kammer müsse, trat er mir mit seinem schwarzen Stiefel so hart in den Hintern, dass ich in den Raum flog und mit meinem Gesicht gegen eine Wand. Als ich zu mir kam, war die Tür bereits hinter mir abgeschlossen. Ich stank fürchterlich und war überall nass. Meine Nase tat mir weh. Meine Lippen wurden feucht, und ich schmeckte Blut in meinem Mund. Ich setzte mich auf. Der Fußboden war aus Beton und sehr kalt. Unter dem Türrahmen fiel ein schmaler Streifen Licht in den Raum. Es dauerte eine Weile, bis sich meine Augen an die Dunkelheit gewöhnten. Ich schaute mich um. Ich war eingesperrt in einer Besenkammer.

Ich war ganz allein in der Dunkelheit und fühlte mich so verlassen und einsam, wie noch nie in meinem Leben. Ich dachte an meine Familie. Ich dachte an Großmutter. Ich dachte daran, was sie in meiner Situation tun würde: Sie würde beten. Großmutter war eine sehr gläubige Jüdin und betete viel. Ich hatte sie oft dabei beobachtet und ihr zugehört. Von ihr wusste ich, wie man ein Gebet formuliert, aber ich habe es selbst bisher noch nicht getan. Niemals zuvor habe ich Gott um Hilfe gebeten. Doch jetzt spürte ich ein tiefes Bedürfnis danach. Gott war der Einzige, an den ich mich wenden konnte. Sonst war ja niemand da, außer Gott, wenn stimmte, was Großmutter sagte: dass Gott überall ist. Ich fragte mich, ob er tatsächlich auch hier in dieser Besenkammer war. Ob er mich sehen oder hören konnte. Ich hoffte es inständig und richtete in Gedanken meine Worte an ihn. Ich bat ihn, mich und meine Familie zu retten und dafür zu sorgen, dass wir alle bald wieder vereint wären.

Nachdem ich mein kurzes Gebet beendet hatte, ging es mir etwas besser. Doch nicht lange. Mit einem Schlag fiel mir nämlich ein, dass ich meinen zweiten Wunsch ganz vergessen hatte. Ich weinte, ich war traurig. Ich glaubte, meine Chance verpasst zu haben. Vielleicht war Gott jetzt schon weg, dachte ich, vielleicht ist er zu sehr damit beschäftigt, meinen ersten Wunsch zu erfüllen, dass er für meinen zweiten gar kein Ohr mehr hat. Doch dann erinnerte ich mich daran, dass Großmutter gesagt hatte, dass man nicht nur überall, sondern zu jeder Zeit mit Gott reden durfte und so oft, wie man mag. Er sei immer für mich da. Also beschloss ich, einen zweiten Versuch zu starten. Diesmal wollte ich alles richtig machen. So wie Großmutter. Ich kniete mich auf den kalten Boden der Besenkammer und hob meinen Kopf, da Gott – in meiner Vorstellung – im Himmel zu Hause war. Für mich war er ein überdimensionales, allwissendes und allmächtiges Wesen, das in der Lage war, alles zu schaffen und alles zu machen, was er sich vornahm. Also konnte er auch meine Wünsche erfüllen. Und so betete ich:

„Lieber Gott, danke, dass du uns das Leben geschenkt und die Mittel zum Leben gegeben hast. Danke für deine Großzügigkeit und für deine Liebe. Du bist großmütig, barmherzig und gnädig. Du vergibst alle unsere Sünden und unsere Schuld. Ich knie mich jetzt hier vor dir nieder, um dich zu bitten, mir noch einen weiteren Wunsch zu erfüllen. Ich wünsche mir, wieder Kontrolle über meinen Körper zu bekommen. Ich möchte wieder merken, wenn ich zur Toilette gehen muss, damit ich mir nicht ständig in die Hose mache und geschlagen und bestraft werde. Ich bitte dich, lieber Gott, erfülle mir diesen Wunsch und ich verspreche dir, nie wieder solche großen Wünsche zu äußern wie diesen. Ich liebe dich, lieber Gott. Solange es dich in dieser dunklen und kalten Besenkammer gibt, brauche ich keine Angst zu haben. Ich werde auch nicht enttäuscht sein, wenn du nur einen meiner beiden Wünsche erfüllen solltest. Bis zum nächsten Mal, lieber Gott, auf Wiedersehen. Amen."

Als ich fertig war, lehnte ich mich zurück an die kalte Wand und fragte mich, welcher meiner beiden Wünsche wohl zuerst von Gott erfüllt werden würde. Zumindest einen wird er wohl schaffen. Der Gedanke daran gab mir

Hoffnung und machte mir Mut, und für einen kurzen, glücklichen Moment hatte ich tatsächlich vergessen, wo ich war. Doch dann spürte ich die Schmerzen wieder und die Kälte. Ich legte mich hin und zog die Beine an den Bauch, um warm zu werden. Ich schob meine rechte Hand unter meinen Kopf und schlief ein.

Das lange Klingeln weckte mich. Es war Mittagszeit, und ich war immer noch eingesperrt. Ich setzte mich auf und wartete auf ein Wunder. Der liebe Gott war bestimmt noch mit meinen Wünschen beschäftigt, dachte ich, sonst hätte sich doch schon was getan. Großmutter war so sehr von der Großzügigkeit und Barmherzigkeit Gottes überzeugt. Er würde mich doch jetzt nicht im Stich lassen. Ich schaute auf die Tür und fragte mich, ob Gott in der Lage sei, auch eine abgeschlossene Tür aufzubrechen. Ob er im Dunkeln sehen könne und mich finden würde. Auf dem Korridor war nichts zu hören, die anderen hatten vermutlich bereits gebetet und gegessen. Ich konnte den Geruch der Linsensuppe sogar in der Besenkammer riechen. Ich hatte Hunger und war durstig, aber ein sehr viel größeres Bedürfnis war, mich zu waschen und eine saubere, vor allem trockene Hose anzuziehen. Die Hoffnung, dass Gott gleich die Tür aufbricht, um mich zu retten, beruhigte mich. Ich legte mich hin und schlief wieder ein. Doch es war nicht Gott, der plötzlich in der Tür stand.

„Hey Schaschoo, steh auf! Komm raus!", schrie der Aufpasser, „Ich rede mit dir, du Hundesohn! Hat es dir noch nicht gereicht? Willst du noch ein bisschen hierbleiben?"

Als die Tür aufgerissen wurde, war es auf einmal ganz hell in der Besenkammer. Nach all den Stunden in der Dunkelheit brauchten meine Augen eine Weile, bis sie sich daran gewöhnt hatten. Ich sah erst einmal gar nichts. Ich wusste auch gar nicht, wo ich überhaupt war. Der Mann hatte mich aus einem sehr tiefen Schlaf gerissen. Ich versuchte, mich aufzusetzen, aber mein ganzer Körper war steif. Meine Hände und Füße waren eiskalt und nicht mehr zu spüren. Der Mann ergriff meinen linken Arm und zog mich daran hoch. Dann brachte er mich zum Waschraum. Ich durfte duschen. Das Wasser war lauwarm und eine Wohltat. Als ich fertig war, hatte mir der Mann saubere Unterwäsche, ein Paar Socken, einen Pullover und eine handgestrickte schwarze Hose aus Wolle gebracht. Ich zog sie an. Das erste Mal, seitdem man mich von zu Hause abtransportiert hatte, hatte ich Socken an den Füßen. Dann durfte ich auf das Zimmer gehen. „Morgen werde ich dir die Haare rasieren", schrie mir der Aufpasser hinterher.

Im Zimmer saßen manche vor ihrer gerollten Matratze, andere lagen auf dem Teppichboden. Alle hatten andere Klamotten an als zuvor. Ich musste an die Männer mit den Kleidersäcken denken. Wo kamen diese Sachen her? Sie waren alle nicht neu, sondern schon einmal getragen. Als ich zu meinem Platz ging und mich hinsetzte, schauten mich alle besorgt und mitleidig an. Vigen kam zu mir und wollte meine Finger sehen. Da wurde mir klar, dass mein Geschrei bis hierher gedrungen sein muss. Die Zielstrebigkeit, mit der Vigen meine Hand sehen wollte, verriet mir, dass sie alle wohl irgendwann das Gleiche durchgemacht haben mussten wie ich heute. Meine Finger waren rot und die Stelle, in die der Bleistift gedrückt wurde, tat unglaublich weh. Mir wurde heiß, ich legte mich hin. Draußen war es bereits dunkel. Da erst merkte ich, dass ich den ganzen Tag in der Besenkammer eingesperrt gewesen war. Im Korridor ertönte das lange Klingeln, und die Jüngeren von uns gingen aus dem Zimmer, um sich das Abendbrot zu holen. Ich lag immer noch auf dem Teppich und war zu schwach, aufzustehen. Während die Kinder in der Schlange auf das Abendbrot warteten, schlief ich ein. Vigen weckte mich, er hatte mein

Abendessen mitgebracht und neben mich gestellt. Es rührte mich, wie liebevoll sich unser Mobser um uns kümmerte. Er war wie ein großer Bruder zu uns. Dabei hätte er selbst einen gebraucht, war er doch wie wir alle aus seiner Familie gerissen worden, und wie wir alle weinte er nachts im Bett lautlos vor sich hin. Er kam aus einer armenischen Familie. Sein Vater saß im Parlament, wie uns Vigen später einmal erzählen sollte. Als der Schah gestürzt und das Parlament aufgelöst wurde, erschoss man Vigens Vater. Eines Nachts kamen dann Männer mit den Maschinengewehren und nahmen ihn, seine Mutter sowie seine vier Jahre alte Schwester fest. Vigen brachte man hierher ins Lager, was mit seiner Mutter und seiner kleinen Schwester geschah, wusste er nicht. Erst zwei Monate zuvor war er sechs Jahre alt geworden. Er war kaum älter als ich.

Die zweite Nacht begann für mich mit Fieber. Mir war heiß und kalt. Ich zitterte und schwitzte. Meine Zähne schlugen unkontrolliert aufeinander. Ich war nicht der Einzige, dem es nicht gut ging. Viele husteten, niesten, stöhnten. Einige weinten und riefen nach ihren Müttern. Ich versuchte zu schlafen und die Geräusche um mich herum zu ignorieren. Doch dann erregte etwas meine Aufmerksamkeit. Aus der Mitte des Zimmers hörte ich einen Jungen leise jammern. „Ich will zu meiner Mutter, ich will zu meiner Mutter." Es war Hebräisch. Ich wurde neugierig. Aber meine Kraft reichte noch nicht einmal, um mich in meinem Bett umzudrehen, geschweige denn, den Kopf zu heben, um nachzuschauen, wer von uns Jude war wie ich. Ich blieb liegen, hörte dem Jungen zu, der auf Hebräisch seine Mutter rief, und fühlte mich ein bisschen weniger allein. Irgendwann schlief ich ein.

Eine halbe Stunde vor Sonnenaufgang wachte ich auf. Ich war am ganzen Körper klitschnass geschwitzt. Die Klingel läutete, das Licht ging an. Aber ich konnte nicht aufstehen, mir fehlte die Kraft. Außer mir blieben zwei weitere im Bett liegen. Wer ohne Grund morgens nach dem Klingeln liegen blieb, so hatte mir Vigen erzählt, wurde zur Strafe entweder für acht Stunden in die Besenkammer gesperrt oder mit dem Bleistift in der Hand gefoltert. Um die Strafe herum kamen wir nur, wenn unser Mobser, also Vigen, uns im Wächterbüro krank meldete.

„Mein Bauch tut weh, ich habe Durchfall", sagte einer der Kranken und setzte sich im Bett auf. Der Junge sprach Hebräisch und war in etwa so alt wie ich. Jetzt wusste ich also, wer gestern auf Hebräisch seine Mutter gerufen hatte. Vigen schaute ihn hilflos an, er verstand nicht, was der Junge sagte. Dann ging er zu dem anderen Kranken, der regungslos im Bett lag. Er schüttelte ihn sanft an den Schultern. Doch der Kranke reagierte nicht. Vigen sprang auf, um den Nachtwächter zu holen. In diesem Moment machte ich den Mund auf.

„Wa-wa-warte", stotterte ich auf Persisch, „de-de-der Andere, er sa-sa-sa-sagte, er habe Bauchschmerzen. Und er habe sich in die Hose gemacht."

Vigen drehte sich zu mir um und schaute mich an, als wäre gerade ein Wunder geschehen. Das stumme Kind hatte gesprochen, oder besser: gestottert. Als müsste ich nach den vielen Stunden, die ich nicht gesprochen hatte, all das Ungesprochene auf einmal nachholen und deshalb jede Silbe gleich zwei- bis dreimal wiederholen. Dadurch dauerte es natürlich lange, bis ich einen Satz zu Ende gesprochen hatte. Aber das machte mir nichts. Ich war froh, überhaupt etwas sagen und dem anderen Kind durch mein Dolmetschen helfen zu können. Der Junge verstand offensichtlich kein Persisch. Vigen nickte mir kurz zu, dann holte er den Aufpasser.

Der kümmerte sich zunächst um den Bewusstlosen. Er schüttelte ihn und schrie: „Wach auf! Trink etwas Wasser!" Doch der Junge reagierte nicht. Mit Aspirin, dem Einzigen, was man hier im Krankheitsfall bekam, war dem Kind offensichtlich nicht mehr zu helfen. Der Mann schob seine Arme unter den reglosen Körper des Jungen und trug ihn hinaus. Der kranke Junge war der zweite, der innerhalb von nur 24 Stunden aus unserem Zimmer getragen wurde.

Nach dem Gebet brachte Vigen das Frühstück für mich und den anderen Kranken mit. Ich war zu schwach, um aufzustehen und zu essen. Im Bett liegend sah ich den anderen dabei zu, wie sie das harte Fladenbrot in den Tee tunkten, damit es weich wurde und man es kauen konnte, ohne sich die Zähne daran auszubeißen. Einige Kinder weinten sogar beim Frühstück, andere starrten mit leerem Blick vor sich hin, während sie auf dem Brot herumkauten. Sie taten mir alle unendlich leid. Was hatten diese kleinen Kinder bloß getan, dass man sie so behandelte, dass man sie von ihren Familien trennte und in die Obhut brutaler Wärter gab? Ich empfand Mitleid mit diesen Kindern. Dabei schien ich völlig zu vergessen, dass ich selbst eines von ihnen war. Ich wollte einfach nicht wahr haben, dass ich in demselben Boot saß wie sie und mich das gleiche Schicksal erwartete wie jeden Einzelnen von ihnen.

Plötzlich tauchte der Aufpasser wieder auf und brachte dem hebräisch sprechenden Kind ein Glas Wasser mit Aspirin. Dann führte er den Jungen in den Waschraum, wo er duschen durfte und frische Sachen bekam. Als das kranke Kind noch im Bad war, brachte der Wächter auch mir einen Aspirin-Cocktail. Ich setzte mich auf und trank. Danach versuchte ich, etwas zu essen. Wie die anderen tunkte ich das trockene Fladenbrot in den lauwarmen Tee, und tatsächlich wurde das Brot, das hart wie Plastik war, dadurch weicher. Nach dem Frühstück ging ich regelmäßig auf die Toilette, damit ich nicht wieder ins Bett machte. Irgendwann schlief ich ein. Als ich aufwachte, stand mein Mittagessen neben mir.

Langsam hatte ich raus, wer von meinen Zimmerkameraden welche Sprache sprach. Außer Vigen gab es nur noch ein weiteres Kind aus einer armenischen Familie. Dieser Junge sprach ausschließlich Armenisch und kein Persisch. Des Weiteren gab es neben dem kranken Jungen, für den ich gedolmetscht hatte, noch ein anderes jüdisches Kind in meinem Raum. Alle anderen waren Muslime.

Der Aufpasser riss die Tür auf und rief in meine Richtung: „Hey du, Schaschoo, ich muss deine Haare rasieren. Wieso liegst du noch im Bett?"

Vigen stand auf und erklärte ihm, dass ich krank sei. Daraufhin verschwand der Wächter so schnell, wie er gekommen war. In diesem Moment glaubte ich an die Macht des Mobsers. Ich glaubte, dass er uns tatsächlich retten könnte.

Die dritte Nacht war so unruhig wie die anderen Nächte zuvor. Durch das Fieber schlief ich dennoch recht bald ein. Als ich mitten in der Nacht aufwachte, gingen mir plötzlich ganz viele Fragen durch den Kopf. Bisher waren sie immer nacheinander angetreten. In diesem Moment kamen sie alle gleichzeitig. Sie prasselten in mein Hirn wie ein heftiger Sommerregen. Es war kaum auszuhalten. Ich fürchtete, mein Kopf platze gleich und das ganze Fragenregenwasser schieße in einer hohen Fontäne heraus. Wo war ich hier nur gelandet? Was hatten sie mit uns vor? Wie viele Orte wie diese gab es in der Stadt? Gab es solche Lager auch für Mädchen? Was machten sie mit den Kindern, die noch kleiner waren als wir, die noch nicht laufen und sprechen konnten? Wann würden wir zurück zu unseren Familien dürfen? Und was sollen wir dann unseren Eltern und Geschwistern erzählen, wenn sie uns fragen, wo wir gewesen sind? Oder glaubten diese Männer hier, dass wir unsere eigenen Familien vergessen würden, dass es nur eine Frage der Zeit sei, bis wir nicht mehr an sie denken und sie nicht mehr vermissen würden? Diese Fragen quälten mich. Ich konnte sie nicht beantworten und wusste auch niemanden, der es konnte. Ich wünschte, Großmutter wäre hier und könnte mir alles erklären. Sie wusste doch so viel. Wo war sie jetzt? Wie ging es ihr? War sie schon im Himmel oder noch auf der Erde? Ich vermisste sie so sehr, dass es wehtat. Doch dann fiel mir der einzige Ort ein, an dem ich sie treffen könnte: in meinen Träumen. Ich versuchte einzuschlafen.

Am nächsten Morgen hatte ich kein Fieber mehr, aber ich fühlte mich noch schwach. Es waren noch mehr Kinder krank als am Tag zuvor, und Vigen ging los, um den Aufpasser zu informieren. Dieser betrat kurz darauf mit einem Tablett in der Hand unser Zimmer. Darauf standen viele Gläser mit dem obligatorischen Aspirin-Cocktail, und zwar mehr, als in unserem Zimmer gebraucht wurden. Es mussten also weitere Kinder in den anderen Räumen krank geworden sein.

Das Mittagessen konnte ich mir an diesem Tag schon selbst holen. Als ich auf den Korridor trat, um mich in die Schlange einzureihen, erblickte mich der Wächter:

„Hey, Schaschoo, komm nach dem Mittagessen in das Wächterbüro, hast du mich verstanden?"

Ich schaute auf den Boden und nickte. In diesem Moment verließ mich all mein Mut, um dem großen Monster Angst Platz zu machen. Ich zitterte am ganzen Körper. Nach dem Mittagessen fragte ich Vigen, ob er mich in das Büro der Aufpasser begleiten könne. Ich hätte solche Angst. Ich stotterte und kämpfte mich von Silbe zu Silbe. Doch noch bevor ich meinen Satz zu Ende bringen konnte, sagte Vigen: „Ja." Ich war erleichtert und dankte ihm.

Wir gingen los. Als Vigen an die Tür des Büros klopfte, zitterten meine Hände dermaßen, dass Vigen seinen Augen kaum traute. Der Mann öffnete die Tür, ließ seinen Blick von mir zu Vigen gleiten und von Vigen wieder zu mir. Dann schickte er Vigen zurück ins Zimmer. Ich war allein mit dem Wächter.

„Komm rein und setz dich dorthin!", befahl er mir. Dann erblickte er meine zitternden Hände.

„Du würdest einen guten Trommler abgeben, wenn man dir jetzt Stöcke in die Hände geben und eine Trommel vorsetzen würde", sagte er und fand das vermutlich lustig. Er legte mir ein großes schwarzes Tuch um die Schultern und band es unter dem Hals zusammen. Dann ging er an die Schublade und holte einen Rasierapparat heraus. Als ich das Gerät sah, machte ich mir in die Hose und begann zu Weinen.

„Warum sind bloß alle Kinder aus den reichen Familien solche Muttersöhnchen wie du und benehmen sich wie zehnjährige Mädchen", sagte der Mann, und es klang nicht nach einer Frage. „Sogar beim Anblick eines harmlosen Rasierapparates fangt ihr an zu heulen."

Er setzte den Rasierer an meinem Haaransatz auf der Stirn an und zog ihn in mehreren Bahnen über den Kopf. Die ganze Prozedur dauerte nicht lange. Als der Mann fertig war, nahm er das Tuch von mir ab und ließ mich gehen. Ich stand auf und lief zurück in mein Zimmer. Es gab keinen Spiegel im Waschraum, so konnte ich nicht sehen, wie ich ohne Haare aussah. Aber es war mir auch nicht wichtig. Ich fasste mir auf den Kopf, es fühlte sich stachelig an. Meine Wollhose war vollgesogen mit meinem eigenen Urin, ich fühlte mich unwohl, und es kostete mich einige Überwindung, mich hinzusetzen. Ich beschloss, mit Vigen über mein peinliches Problem zu sprechen und ihn um Hilfe zu bitten. Damit mein Bett nicht noch nasser würde und zu stinken begann, musste ich etwas unternehmen und jemanden um Hilfe bitten. Doch dann traute ich mich nicht, Vigen anzusprechen. Ich schämte mich zu sehr.

Die Tür ging auf, und der Aufpasser schob ein Kind in den Raum, das keiner von uns zuvor gesehen hatte. Der Mann teilte ihm die Matratze zu, auf der das Kind geschlafen hatte, das sie in der ersten Nacht rausgetragen hatten. Der Neue war noch jünger als ich, vielleicht vier Jahre alt. Er hatte lange, helle Haare und blaue Augen. Er trug eine Kinderuniform der Kampfjetpiloten, und auf seinem Rücken baumelte eine Kappe, die an einer Schnur um den Hals hing. Mit seinen blonden Haaren und in dem auffallenden Aufzug wirkte er wie ein Paradiesvogel inmitten grauer Spatzen. Wir saßen da und starrten den kleinen Jungen an. Dem war das sichtlich unangenehm. Er drehte sich zur Wand, vergrub den Kopf in seinen Armen und fing an zu weinen. Wir hatten großes Mitleid mit dem Kleinen und weinten mit. In unserem Raum war das Weinen ansteckender als Schnupfen.

Am nächsten Tag holte der Aufpasser den Jungen ab, um ihm die Haare zu rasieren. Als der Kleine ins Zimmer zurückkam, sah er aus wie alle anderen von uns: kahl geschoren und mit gebrauchten Kleidern am Leib – ein grauer Spatz inmitten anderer grauer Spatzen.

Kapitel 3
Gottes vergessene Kinder

Drei Monate waren vergangen, ohne dass sich unsere Situation verbessert hätte. Im Gegenteil. Einen Monat zuvor hatte man uns untersagt, miteinander zu sprechen. Jeglicher Kontakt zu den anderen war verboten. Nur mit den Aufpassern durften wir reden sowie mit Vigen, weil er der Mobser war und natürlich herausbekommen musste, was mit uns los war, wenn wir krank im Bett liegen blieben. Vigen durfte uns ansprechen, wir ihn aber nicht. Taten wir es, wurden wir bestraft. Doch eines Nachts geschah etwas, das mich das Risiko einer Bestrafung vergessen ließ. Ich konnte nicht anders, ich musste Vigen etwas fragen.

Ich hatte nicht geschlafen und daher mitbekommen, wie sich mitten in der Nacht der Aufpasser in unser Zimmer schlich und Kianus, den kleinen Jungen mit den blauen Augen, auf seinen Armen hinaustrug. Es war der Mann, der mich Schaschoo nannte, mich regelmäßig mit dem Bleistift quälte und in die Besenkammer sperrte. Von unseren beiden Aufpassern war er der brutalere. Oft schlug er grundlos und ohne Vorankündigung einfach zu. Wir wussten gar nicht, was wir falsch gemacht hatten und wofür wir bestraft wurden. Am liebsten verteilte er Ohrfeigen. Jedes Mal, wenn er ihnen eine verpasste, fielen die Kinder auf den Boden. Das Ohr schmerzte tagelang, und das halbe Gesicht war mindestens zwei Tage lang rot. Dem Kerl schien es großen Spaß zu machen, uns zu quälen. Er lächelte dabei und schien irgendwie gelöst, wenn er mit uns fertig war. Je kräftiger er zugeschlagen, je fester er den Bleistift in meine Hand gedrückt hatte, desto zufriedener wirkte er. Ich verstand das nicht. Wie konnte man Gefallen daran finden, anderen wehzutun?

Der ältere Aufpasser war zwar auch streng zu uns Kindern, er schrie uns an, und manchmal schlug er auch zu, aber nie ohne Grund, nie willkürlich. Die beiden Aufpasser wechselten sich jede Woche ab, mal hatte der eine Nachtschicht, mal der andere. Ich freute mich immer, wenn der Jüngere Nachtschicht hatte. Dann konnte er uns tagsüber nicht quälen. Nachts schliefen wir und hatten kaum etwas mit ihm zu tun. Das glaubte ich zumindest – bis ich zusehen musste, wie er Kianus wegtrug. Ich verstand nicht, was das sollte. Während meiner Zeit im Lager hatte ich zwei Mal erlebt, dass Kinder weggetragen wurden. Beide Male waren die Kinder krank, beide Male wurden sie morgens gleich nach dem Frühstück abgeholt. Aber Kianus war nicht krank. Außerdem war es mitten in der Nacht. Wohin konnte man ihn gebracht haben?

Ich richtete mich auf und schaute zu Vigen hinüber. Er war auch noch wach. Ich wollte ihn fragen, warum Kianus heimlich mitten in der Nacht aus dem Zimmer getragen wurde. Aber die Angst lähmte meine Zunge: die Angst vor der Bestrafung, weil ich mit einem meiner Kameraden redete – und die Angst vor der Wahrheit. Wollte ich wirklich wissen, was mit Kianus geschah?

Ich legte mich wieder hin und fing an zu weinen. Auf einmal spürte ich, wie Vigen mich mit seinem Fuß anstupste.

„Er wird gleich wiederkommen", flüsterte Vigen, „du musst nicht weinen!"

Ich konnte nicht anders, ich musste es wissen, auch wenn ich mich damit strafbar machte.

„Aber wo ist er? Was geschieht mit ihm?", fragte ich.

„Tsch, tsch!" machte Vigen. Er wollte nicht, dass ich mich weiter in Gefahr brachte. Schließlich musste er es melden, wenn ihn jemand angesprochen hatte.

Etwa zwei Stunden vergingen, bis der Wächter Kianus zurück ins Zimmer brachte. Kianus war inzwischen wach und lief selbst zu seinem Platz. Er musste nicht mehr getragen werden. Ich war froh, dass er wieder da war und ihm nichts geschehen war. Zumindest glaubte ich, dass ihm nichts geschehen war.

Wir erhielten nun dreimal in der Woche Unterricht in Arabisch. Unser Lehrer war Anfang vierzig und sehr groß und kräftig. Er trug einen dichten Vollbart und schwarze Kleidung. Die Augenbrauen waren fast immer zusammengezogen, und der Blick darunter war wütend und missbilligend. Vom ersten Moment an hatten wir Angst vor ihm. Unser Lehrer war der einzige Mensch von draußen, mit dem wir Kontakt hatten. Jeden Tag kam er aus dem normalen Alltag Teherans in unsere isolierte, abgeschlossene Welt. Für den Unterricht bekam jeder von uns einen Bleistift, einen Radiergummi und ein Heft mit den arabischen Buchstaben ausgehändigt. Da ich bereits das persische Alphabet kannte, lernte ich die arabischen Buchstaben, die den persischen ähnlich sind, sehr schnell.

Als wir einmal am späten Nachmittag vom Unterricht in unser Zimmer zurückkamen, wurde gerade ein neuer Junge zu uns gebracht. Nun waren wir dreizehn Kinder in dem kleinen Raum. Doch irgendetwas unterschied diesen Jungen von uns. Der Aufpasser kam alle halbe Stunde rein, um nach ihm zu sehen. Auch durfte der Junge seine Haare behalten, sein Schädel wurde nicht rasiert. Wir fragten uns, was wohl mit ihm los sei. Aber wir durften ihn ja nicht ansprechen. Vigen tat es schließlich und erfuhr, dass der Junge der Sohn von Massoud Rajavi war. Ich hatte noch nie von Rajavi gehört. Später lernte ich, dass er ein berühmter Oppositionsführer war. Als Student hatte er sich den Modschahedin-e Chalgh, auf Deutsch: Volksmudschahedin, angeschlossen. Diese Vereinigung wurde von ehemaligen Mitgliedern der Iranischen Freiheitsbewegung gegründet, um gegen das Schah-Regime und dessen westliche Orientierung zu opponieren. Ziel war eine klassenlose Gesellschaft, in der es keine Ausbeutung und Unterdrückung mehr gab. Massoud Rajavi wurde 1971 festgenommen und zum Tode verurteilt. Nachdem sein älterer Bruder, Kazem, eine weltweite Kampagne zur Rettung seines Lebens organisiert hatte, wurde sein Urteil in lebenslängliche Haft umgewandelt. Doch die Haft war die Hölle, Rajavi wurde Opfer schlimmster Folterungen. Amnesty International, das Internationale Komitee des Roten Kreuzes sowie prominente Politiker wie François Mitterand intervenierten mehrmals, um sein Leben zu retten. Im Januar 1979 wurde Rajavi mit der letzten Gruppe politischer Gefangener freigelassen und begann im Laufe des Jahres eine Vortragsreihe über Philosophie an der Sharif-Universität für Technologie. An seinen Vorlesungen nahmen jede Woche 10 000 Studenten teil, mehr als 100 000 sahen sie via Video, und die Manuskripte wurden in Auflagen von Hunderttausenden veröffentlicht und im gesamten Iran verbreitet. Die Volksmudschahedin waren schließlich in erheblichem Maße am Sturz des Schah-Regimes beteiligt, und Rajavi erhoffte sich eine Beteiligung an der Macht. Doch das wusste Ayatollah Khomeini zu verhindern, der zunächst die Universitäten schloss, da diese, so sagte er, zu einer Basis für die Mudschahedin geworden waren. Anfang 1981 rief Rajavi zu einer Front gegen die Mullahs auf. Mehrere schwere Bombenattentate auf iranische Regierungsmitglieder sowie das Parteigebäude der Islamisch Republikanischen Partei mit über siebzig Toten folgten. Khomeini verbot daraufhin die Volksmudschahedin, und Rajavi floh am 28. Juli 1981 nach Frankreich, wo er den Nationalen Widerstandsrat Iran mitbegründete. Nach seiner Flucht wurden zuerst die Verwandten verhaftet, dann das Haus konfisziert – und vermutlich war es auch in dieser Zeit, dass man sein Kind zu uns ins Lager steckte.

In der ersten Nacht, die er bei uns war, hörte ich den Jungen weinen. Ich stand leise auf, ging zu ihm und gab ihm ein Bonbon, das ich unter meiner Matratze aufbewahrt hatte. Der Junge war nur ein paar Nächte bei uns. Dann brachte man ihn wieder weg. Auch ihn sollten wir nie wiedersehen.

Einmal in der Woche durften wir duschen. Einmal im Monat wurden unsere Köpfe rasiert. Alle acht bis zehn Tage wurde unsere Kleidung gewaschen. Wir mussten sie ausziehen und abgeben und bekamen niemals dieselben zurück. Die Wäsche wurde vom Küchenpersonal am selben Fenster verteilt, aus dem wir sonst unsere Mahlzeiten entgegennahmen. Die Bettwäsche wurde alle dreißig bis vierzig Tage gewechselt.

Als ich einmal nachts über den Korridor zum Waschraum lief, sah ich den jüngeren Aufpasser mit einem etwa fünf- bis sechsjährigen Kind aus dem Duschraum kommen. Der Junge musste gerade geduscht haben, mitten in der Nacht. Er hatte ein gelbes Handtuch umgebunden, das er unter seinem Kinn zusammenhielt. Er schien sehr zu frieren, der Junge zitterte am ganzen Körper. Ich schaute schnell weg und lief mit gesenktem Kopf in den Waschraum. Ich hatte auf einmal solche Angst, dass ich mir in die Hose machte, noch bevor ich den Waschraum erreichte. Zum Glück hatte es niemand gemerkt.

Ich hatte mein ständiges Urinieren immer noch nicht unter Kontrolle. Immerhin wusste ich inzwischen, dass ich mir immer dann in die Hosen machte, wenn ich Angst hatte. Und das war oft: Meine Unterhose und meine Hose waren immer feucht, Tag und Nacht. Ich wusste gar nicht mehr, wie sich trockene Wäsche anfühlt. Der Uringeruch stand in unserem Raum wie ein unverrückbares Möbelstück. Da der Aufpasser mich Schaschoo nannte, wusste auch jeder sofort, woher der Gestank kam. Als er mir einmal den Kopf rasierte, rümpfte er die Nase und fragte, ob ich mich wieder eingenässt hätte. Ich zitterte und machte mir natürlich sofort wieder in die Hose. Was danach geschah, weiß ich nicht mehr. Ich kam irgendwann in der Besenkammer zu mir. Mein Körper schmerzte von den Schlägen des Aufpassers. Ich blutete an der Nase, und auch in meinem Mund schmeckte ich Blut. Ich musste an Mutter denken, wie sie aus dem Mund geblutet hatte, nachdem man sie zusammengeschlagen hatte. Ich fasste an meinen schmerzenden Kopf und stellte fest, dass die eine Hälfte bereits rasiert war, die andere nicht.

In den letzten Monaten hatte ich regelmäßig mit Gott geredet. In meinen Gebeten hatte ich ihn angefleht, mir zu helfen, mich zu meiner Familie zurückzubringen oder ein Wunder geschehen zu lassen und meine Krankheit zu heilen. Doch als weder das eine noch das andere geschah, hatte ich die Hoffnung aufgegeben und meine Gebete geändert. Ich betete dann für alle Kinder in meiner Situation. Ich dachte, je mehr Menschen ich in meine Gebete einschloss und je weniger konkret ich meine Wünsche formulierte, desto größer wäre die Wahrscheinlichkeit, dass irgendwem vielleicht doch geholfen wird. Ich betete sogar für den brutalen Wächter. Ich vermutete, dass er nicht gesund sei, dass diese zwanghafte Gewaltanwendung eine Krankheit war wie mein Einnässen. Ich bat Gott, dass er dem Mann helfe und ihm die Lust daran nehme, uns Kinder zu schlagen und zu misshandeln. Diese Gebete sprach ich immer abends vor dem Einschlafen. Doch in dem Moment, als ich in der Besenkammer lag, hatte ich nur noch einen Wunsch an Gott: Ich bat ihn, dass er meinem Leben ein Ende setzte. In einer anderen Welt, so hoffte ich, könnte ich vielleicht etwas Frieden finden.

Es war kurz nach dem Frühstück gegen sechs Uhr gewesen, als man mich einsperrte. Es war bereits spät am Abend, als mir der Aufpasser die Besenkammertür wieder aufschloss. Ich hatte mehr als zwölf Stunden in der Kammer gelegen. Für ein eingesperrtes Kind gab es weder etwas zu essen noch zu trinken. Auf die Toilette durfte es auch nicht. Nun ließ mich der Aufpasser duschen und brachte mir trockene Wäsche. Als ich mich abtrocknete, beugte er sich zu mir herunter und fuchtelte mit einem Messer vor meiner Nase herum.

„Hör gut zu, Schaschoo! Wenn du heute Abend wieder dein Bett nass machst, werde ich dir das Ohr abschneiden", drohte er, „morgen früh werde ich persönlich prüfen, ob dein Bett trocken ist, du Hundesohn!"

Ich stand nackt vor ihm mit dem Handtuch in meinen beiden Händen. Zitternd starrte ich auf die glänzende Klinge. Dann hörte ich, wie mein Urin auf seine Stiefel tropfte. Ich war gerade im Begriff, den Aufpasser anzupinkeln. Als dieser das sah, ging er wutschnaubend auf mich los. Er ergriff meinen Kopf und machte sich an meinem Ohr zu schaffen.

„Maaaaaa-maaaaa, Maaaaaa-maaaaa, Maaaaaa-maaaaa", schrie ich stotternd. Dann blieb mir die Luft weg. Blut floss über meine Schulter herunter zu meinen Füßen. Irgendwann ließ er endlich von mir ab und schwenkte das Messer in der Luft, bis sich das Stück Fleisch, das er abgeschnitten hatte, davon löste. Als dieses auf den Boden fiel, schob er es mit seinem Stiefel achtlos zur Wand. Vorher konnte ich noch sehen, dass es nicht das ganze Ohr war. Aber es war nicht wenig, was er abgeschnitten hatte: Es war der gesamte obere Teil meines rechten Ohres. Das Stück hatte in etwa die Form und Maße einer größeren Münze.

Der Mann atmete durch und wirkte auf einmal ganz ruhig und gelöst. Man hätte meinen können, er habe gerade einen entspannenden Waldspaziergang gemacht, und nicht einen wehrlosen Fünfjährigen mit einem Messer massakriert. Er befahl mir, ein weiteres Mal zu duschen. Also duschte ich erneut, trocknete mich ab und schlüpfte in die trockene Hose, die er mir gebracht hatte. Als ich mein langes Unterhemd anziehen wollte, sagte er: „Nein, komm erst mit mir!"

Er nahm mein Unterhemd und meinen Pulli in die Hand und brachte mich in sein Büro. Dort verarztete er mein Ohr. Weinend sah ich ihm dabei zu, wie er versuchte, mit ein paar Pflastern die Blutung zu stoppen. Dann nahm er ein Glas, füllte es am Waschbecken mit Leitungswasser, warf ein Aspirin hinein und gab es mir zu trinken. Mit einem Tuch machte er meine rechte Schulter sauber und half mir beim Anziehen meines Unterhemdes und meines Pullis. Dann brachte er mich in einen winzigen Raum, wo Putzmittel in Regalen standen und große Besen an der Wand lehnten. Auf dem Boden war gerade noch Platz für eine kleine Matratze. Ich ging hinein, und er machte die Tür zu.

Es war abends, und ich hatte seit dem Frühstück nichts mehr gegessen. Ich wartete auf das große Klingeln, doch das blieb an diesem Abend aus. Vielleicht war es einfach schon zu spät, und ich hatte es zuvor nicht mitbekommen. Kurze Zeit später ging das Licht aus, und damit starb auch die Hoffnung auf das Abendessen. Ich merkte, wie ich immer schwächer wurde und Fieber bekam. Wo war der Mobser? Warum brachte er mir nicht das Essen? Und wo war der Nachwächter? Müsste der nicht Erbarmen zeigen und mich jeden Moment retten? Doch die Tür blieb die ganze Nacht verschlossen. Erst kurz nach dem langen Klingeln am nächsten Morgen öffnete sie der Nachtwächter, der einen Besen holen wollte und mich dort auf dem Boden liegen sah. Er war überrascht, stellte aber keine Fragen. Er beugte sich zu mir, fasste mein Handgelenk an und sagte: „Ich bringe dir gleich Medikamente." Dann verließ er mit dem Besen in der Hand den Raum, um mir kurz darauf den Aspirin-Becher zu bringen und mich wieder allein zu lassen. Ich trank die Medizin. Doch dann wurde mir schlecht. Ich übergab mich in den leeren Putzeimer, der neben meinem Bett stand und legte mich wieder hin. Irgendwann brachte mir der Mann das Frühstück. Es war nach vierundzwanzig Stunden meine erste Mahlzeit. Ich setzte mich im Bett hin, trank zuerst einen Schluck vom Tee, tunkte dann das trockene Fladenbrot hinein und versuchte es zu essen. Erst jetzt bemerkte ich, dass einige meiner vorderen Zähne fehlten. Doch ich musste etwas essen, ich hatte großen Hunger. Außerdem war ich in den letzten zwei Monaten sehr dünn geworden. Ich hatte vermutlich nur noch halb so viel auf den Rippen wie an dem Tag, als ich hier eingeliefert wurde. Also kaute ich unter Schmerzen.

Währenddessen überlegte ich mir, wie ich mein ständiges Einnässen in den Griff bekommen könnte. Auf Gottes Hilfe konnte ich nicht mehr warten, und ein Wunder würde erst recht nicht geschehen. Ich musste selber etwas unternehmen. Mir fiel ein, was Großmutter immer gesagt hatte, wenn jemand von uns mal nicht weiterwusste. „Gott hat uns Menschen hoch entwickelte Gehirne gegeben", hatte sie dann gesagt. „Damit kann jeder sein Problem selber lösen und einen Ausweg finden."

Ich fragte mich, was die Großmutter damit wohl gemeint hatte. Vielleicht müsste ich mein Gehirn dazu bringen, die schlechten und die hässlichen Dinge aus einer anderen Perspektive zu betrachten? Vielleicht würde es mir dann gelingen, mich aus der Not herauszuwinden? Ich lag auf der Matratze und schaute mich im Abstellraum um. Es gab mehrere Eimer, einige große Besen, mehrere Putzlappen und viele kleingeschnittene Stofffetzen auf dem Regal. Nach etwa einer Stunde kam ich auf die Idee, einige dieser Putztücher zu nehmen, sie im Waschraum mit Seife zu waschen und dann wieder hier im Abstellraum zum Trocknen über das Regal zu hängen. Danach würde ich sie wie eine Babywindel benutzen und in meine Unterhose legen. Zudem beschloss ich, weniger zu trinken. Je weniger Flüssiges ich zu mir nahm, umso weniger Urin würde mein Körper produzieren.

Ich machte mich an die Arbeit, suchte mir ein paar Putztücher zusammen, die noch nicht so zerschlissen waren, ging in den Waschraum, wusch sie dort schnell und heimlich aus und hängte sie anschließend zum Trocknen über das Regal. Dann legte ich mich wieder auf die Matratze, schaute auf die bunten Lappen und konnte es kaum erwarten, dass sie endlich trocken waren. Gleichzeitig hatte ich Angst. Was würden die Aufpasser wohl mit mir machen, wenn sie herausfanden, dass ich ihre Putztücher als Windel missbrauche?

Kurz vor dem langen Klingeln für das Mittagessen kam der jüngere Aufpasser in den Abstellraum, um nach meinem Ohr zu schauen und mir einen weiteren Aspirin-Cocktail zu bringen. Die Pflaster waren noch drauf. Ich zitterte, als er sich zu mir setzte. Mir wurde auf einmal bewusst, wie schutzlos ich ihm ausgeliefert war. Er hätte am Abend zuvor mein ganzes Ohr abschneiden und es in den Müll werfen können. Er hätte genauso gut meine Kehle durchschneiden und meine Körperreste ebenso achtlos entsorgen können wie das Stückchen vom Ohr. Es wäre niemandem aufgefallen. Er konnte es auch immer noch tun. Jederzeit. Ich atmete auf, als er mich wieder allein ließ.

Das Mittagessen holte ich mir an diesem Tag selbst. In der Schlange sah ich meine Zimmerkameraden und fing an zu weinen. Reden durften wir nicht miteinander. Alle starrten mich an. Ich hatte noch getrocknetes Blut am Nacken und auf dem Pullover. Außerdem war nur die Hälfte meines Kopfes rasiert. Wie gern wäre ich mit meinen Zimmerkameraden zurück auf unser Zimmer gegangen. Es brach mir das

Herz, dass ich es nicht tun durfte. Ich musste mich damit abfinden, dass ab jetzt der Abstellraum meine Bleibe war. Ich war in Einzelhaft. Aber hatte ich es nicht selbst so gewollt? Wollte ich die anderen nicht bewahren vor dem ewigen Gestank durch meine Bettnässerei? War es nicht besser so?

Ich brachte das karge Mittagessen, Linsensuppe mit einem Stück Fladenbrot, in den Abstellraum. Kurz nach dem Mittagessen klingelte es einmal kurz, was bedeutete, dass sich alle Kinder sofort im Gebetsraum zu versammeln hatten. Ich blieb weiterhin im Bett und wartete darauf, dass meine Tücher trockneten. Obwohl ich körperlich noch nie so schwach gewesen war wie an diesem Tag, versuchte ich, regelmäßig auf die Toilette zu gehen und dort für eine längere Zeit zu hocken. Als die Tücher endlich trocken waren, faltete ich sie und legte sie wie eine Babywindel in meine Unterhose. An dem Tag trank ich nichts weiter bis auf das Glas Tee vom Frühstück. Meine Maßnahmen zeigten Erfolg: Es war der erste Tag seit meiner Ankunft im Lager, dass meine Hose und mein Bett trocken blieben. Ich freute mich darüber – und hoffte, bald wieder zu meinen Freunden zurückkehren zu dürfen.

Doch es vergingen viele weitere Tage, die ich in der Abstellkammer bleiben musste. Inzwischen hatte ich mehrere Putztücher gewaschen und trocknen lassen. Aus den Tüchern machte ich fünf verschiedene Windeln und wechselte sie alle zwei bis drei Stunden. Die gebrauchten und feuchten Windeln wusch ich wieder und hängte sie über das Regal.

Eines Nachts kam der jüngere Aufpasser in den Abstellraum, weckte mich und befahl mir, mit ihm zu kommen. Er brachte mich zum Duschraum, machte das Licht an und schickte mich unter die Dusche. Ich tat, was er sagte. Als ich aus der Dusche kam, fixierte mich der Wächter von oben bis unten. Dann zeigte er auf die Tücher in meiner Unterhose und fragte mich, was das denn sei? Ich stand da und zitterte. Ich ergriff meinen Penis und umklammerte ihn so fest ich konnte, damit ich nicht sofort wieder lospinkelte. Der Mann schaute mich an und sagte nichts weiter. Ich trocknete mich schließlich ab und wollte mich gerade anzuziehen, als er zu mir kam, mich in dem Badetuch hochhob und auf seinen Armen in das Wächterbüro trug. Ich wusste nicht, was das zu bedeuten hatte. Auf diese Art und Weise wurden bis dahin nur die kranken Kinder getragen. Und Kianus.

In seinem Büro angelangt, schloss er die Tür von innen ab. Ich dachte, er werde mich nun für die Tücher in meiner Unterhose bestrafen, mir das restliche Ohr abschneiden oder irgendetwas anderes Schlimmes machen. Er nahm das Badetuch von meinem Körper und legte es auf den Tisch. Dann umarmte er mich und streichelte meinen Rücken. Er sagte: „Leg dich auf den Bauch!" Ich tat es. Ich dachte, er wollte die Pflaster auf meinem Ohr wechseln. Doch er beugte sich über mich und küsste meinen Hintern. Ich zitterte am ganzen Körper. Dann hielt er mit seiner Hand meinen Mund so fest zu, dass ich nur durch die Nase atmen konnte, und stieß mit Gewalt seinen Schwanz in meinen Hintern. Immer und immer wieder. Es tat so weh, dass ich in seine Finger biss. Er sagte, dass ich fester auf seine Hand beißen sollte. Ich pinkelte in das Badetuch, das alles aufsaugte. Nach einigen Minuten, die mir wie eine Ewigkeit vorkamen, ließ er mich los. Ich drehte mich um, setzte mich hin, krümmte mich und weinte.

„Wenn du irgendwem davon erzählst, schneide ich dir die Kehle durch, verstanden?", sagte er. „Und jetzt zieh dich schnell an und geh schlafen!" Ich ging in den Abstellraum. Ich war verwirrt. Was hatte dieser Mann mit mir gemacht? Ich verstand es nicht. Ich war fünf Jahre alt und hatte noch keine Ahnung von Sex. Damals dachte ich, die Voraussetzung, um ein Kind zu erzeugen, ist die Hochzeit und dass eine Frau schwanger wird, wenn ein Mann sie auf den Mund küsst. Von Geschlechtsverkehr wusste ich nichts. Die einzige Erklärung für mich war, dass der Aufpasser mich bestrafen wollte, dass er mir auf besonders brutale Art wehtun wollte, weil ich eigenmächtig die Putzlappen zu Windeln gemacht hatte. Deswegen hatte er mich auch an den Körperteilen bestraft, an denen diese Windeln anliegen. Das ergab eine gewisse Logik. Andererseits hatte er das, was er mit mir gemacht hat, auch schon mit Kianus getan. Warum sollte er ihn bestrafen? Kianus hatte, soviel ich wusste, nicht dasselbe Problem wie ich. Das ergab keinen Sinn. Was auch nicht zu der Erklärung passte, war die Zärtlichkeit, mit der der Mann mich geküsst hatte. Wo kam die auf einmal her? Was sollte das Ganze?

Ich dachte an Gott und verstand ihn nicht. Wie konnte er nur so etwas zulassen? Wie konnte er tatenlos zusehen, wie man mir und Kianus so sehr wehtat und uns so verwirrte? Ich begann, Gott dafür zu hassen. Ich weinte und schrie ihn an. Ich war verzweifelt und fühlte mich so allein wie noch nie in meinem Leben. Großmutter hatte gelogen. Gott war nicht überall, und er half mir nicht in meiner größten Not. Einige Minuten saß ich so da und wusste weder ein noch aus. Dann kam mir ein trauriger Gedanke: Wenn ich es mir mit Gott nun verscherzte, wen hatte ich dann noch? Wer gab mir Halt und Hoffnung? Ich war ganz allein in dem Abstellraum. Niemand war für mich da. Und war es nicht besser zu wissen, dass da vielleicht jemand ist, auch wenn ich ihn nicht sehen kann und er mir meine Wünsche nicht erfüllt und auch mir mein Leid nicht erspart – wer war ich überhaupt, dass ich das erwartete! Ich war schließlich nicht der einzige Mensch auf der Welt, um den Gott sich kümmern musste. Also beschloss ich, Gott zu verzeihen. Ich hatte schließlich nur noch ihn. Wir mussten doch Freunde bleiben.

Einige Nächte, nachdem der Aufpasser mich vergewaltigt hatte, holte er mich wieder mitten in der Nacht und befahl mir zu duschen. Ich stand auf und machte, was er sagte. Nach der Dusche trug er mich wieder in das Badetuch gehüllt in sein Büro.

„Setz dich auf den Stuhl!", sagte er. Ich setzte mich. Er kam zu mir, machte seine Hose auf, holte seinen Penis heraus und steckte ihn mir in den Mund. „Ich mag deine Augen, ich will dich", sagte er und schob seinen Schwanz so tief in meinen Mund, dass ich das Gefühl hatte, mich übergeben zu müssen. Er machte so lange weiter, bis er plötzlich laut aufstöhnte und mich losließ. Ich merkte einen komischen und unbekannten Geschmack in meinem Mund. Mir floss sein Sperma aus dem Mund und tropfte auf meine nackten Oberschenkel. Als der Mann das sah, fasste er mich blitzschnell am Kinn, drückte meinen Kopf nach oben und schrie: „Schluck es! Schluck es, habe ich dir gesagt!" Ich schluckte sein Sperma. Er drückte die Reste aus seinem Penis und zwang mich auch diese herunterzuschlucken.

Ab dem vierten Monat meines Lagerlebens hatten wir jeden Tag Unterricht, nur freitags nicht, dem islamischen Feiertag. Uns wurde zunächst nur die arabische Sprache beigebracht, die Sprache des Koran. Wir erlernten sie schnell. Kein Wunder, es gab für uns ja auch nichts anderes zu tun als zu lernen. Einige von uns, die aus jüdischen, christlichen oder türkischen Familien kamen und kaum die persische Sprache beherrschten, konnten bald besser Arabisch als Farsi. Kinder, die älter als sechs Jahre waren, mussten zusätzlich Koranverse auswendig lernen. Konnten sie diese auf Abruf nicht fehlerfrei aufsagen, wurden sie mit Schlägen bestraft. Die Jüngeren, wie ich, mussten nur vorlesen. Ich war selten dran, weil ich stotterte. Nachdem der Lehrer mich einmal aufgerufen hatte und sah, wie ich mich an jedem einzelnen

Satz abkämpfte, ließ er mich in der Regel in Ruhe. Nicht aus Mitleid mit mir und meinem Sprachproblem, sondern weil er einfach die Geduld nicht aufbringen wollte, mir zuzuhören. Das war schließlich anstrengend und kostete Zeit.

Im sechsten Monat bekamen wir ein Buch mit bunten Bildern und kurzen arabischen Texten in großer Schrift. Das Bilderbuch hieß „Mein Zuhause" und erzählte die Geschichte des jungen Palästinensers Hasan, der alleine mit seiner alten Großmutter in einem Zelt am Fuße eines Berges lebte, weil seine Eltern und Geschwister bei einem israelischen Luftangriff getötet worden waren. Wir mussten uns fast täglich mit diesem Buch und mit ähnlichen Geschichten von Palästinenserkindern wie Hasan beschäftigen. Entweder bekamen wir sie stundenlang vorgelesen, oder wir mussten sie selbst laut vortragen. Immer ging es darum, wie die armen Kinder durch die Israelis ihre Familien verloren, ganz auf sich allein gestellt waren und schließlich mutig Steine auf die Panzer mit dem Davidstern warfen. Wir sollten Mitleid mit diesen Kindern empfinden und einen Hass auf die Israelis entwickeln. Das hatte natürlich seinen Grund, wie wir eines Tages erfahren sollten.

Wir hatten uns zum Unterricht versammelt und der Lehrer betrat den Raum. Er packte seine Bücher auf das Pult und ließ seinen Blick über unsere Köpfe schweifen. Ich merkte sofort, dass etwas los war. Sonst drehte er sich sofort zur Tafel, um etwas auf Arabisch darauf zu schreiben, was wir zu übersetzen hatten, oder er zitierte einen von uns nach vorn, damit er Koransprüche rezitierte. Aber nichts dergleichen geschah. Seine Miene war fast feierlich, als er schließlich anfing zu sprechen. „Ich habe gute Neuigkeiten für euch", sagte er, „wir werden nach Syrien fliegen und von dort über Damaskus in den verschiedenen Palästinensergebieten abgesetzt. Wir werden dort nicht wie die Palästinenserkinder Steine auf die Israelis werfen, sondern mit schweren Waffen die Israelis von der Erdoberfläche verschwinden lassen und vernichten. Wir werden dort einen systematischen Kampf gegen alle Nichtmuslime beginnen, um die weltweite Islamisierung voranzutreiben. Doch wir werden nicht sofort aufbrechen, sondern warten, bis Imam Khomeini zum Dschihad aufruft und uns den Kampfbefehl erteilt."

Langsam begriff ich. Die Rätsel begannen sich zu lösen. Wir Kinder durften also die Hinrichtung unserer Familien überleben, weil Khomeini uns als kleine Gotteskrieger brauchte. Aber ich wollte kein Gotteskrieger werden. Ich wollte nicht in irgendwelchen Palästinensergebieten mein Leben opfern. Ich wollte nicht für den Islam sterben. Ich wollte niemanden hassen und niemanden töten. Ich wollte nicht ohne Grund ein Land, eine Religion, eine Rasse oder eine Volksgruppe ablehnen oder gegen sie kämpfen. Ich wollte nicht als Märtyrer sterben. Stattdessen wollte ich in die Schule gehen und später studieren, wie meine Geschwister. Ich wollte lernen, und zwar nicht nur die arabische Schrift und Koranverse. Warum bildeten die Mullahs nicht ihre eigenen Söhne für diesen Auftrag aus, wenn er ihnen doch so wichtig war? Warum sollte ich als Jude für den Islam sterben? Und warum sollten wir, selbst Gefangene, für die Freiheit anderer kämpfen?

Es vergingen Wochen, es vergingen Monate. Tagsüber wurde uns Hass gepredigt auf alle Nichtmuslime dieser Welt. Nachts machte sich der jüngere Aufpasser über uns her. Er hatte inzwischen nur noch Nachtschicht – und die Zeiten, als ich mich darüber freute, weil ich glaubte, so könne er uns nicht viel anhaben, waren lange vorbei. Ich wurde mindestens zweimal wöchentlich brutal vergewaltigt und genauso oft zu Oralverkehr gezwungen. Als ich eines Nachts zur Toilette ging, sah ich, wie der Wächter den nackten Vigen vom Duschraum in sein Büro trug. Vigen blieb also auch nicht verschont. Kaum einer blieb es. Der Aufpasser misshandelte und vergewaltigte nun schon mehrere Kinder in einer Nacht. Wir waren ihm schutzlos ausgeliefert. Es gab niemanden, an den wir uns wenden konnten. Überhaupt wusste niemand da draußen, dass es uns gab und was wir durchmachten und litten. Auch Gott schien das Interesse an uns verloren zu haben. Oder er hatte uns vergessen.

Als ich an einem Wintertag sechs Jahre alt wurde, hatte ich drei große Wünsche: Freiheit, Lernen und – Malen. Wenn ich allein im Abstellraum saß, hätte ich so gern Filzstifte und Malhefte gehabt. Ich wollte malen und dabei alle meine Gedanken und Gefühle auf Papier bringen. Da Sprechen und Schreiben verboten war, hätte ich mich zumindest auf diesem Weg ausdrücken können. Doch wir sollten nicht malen. Wir sollten beten. Ich war jetzt so weit, dass ich an den Gebeten teilnehmen musste. Gegen meinen Willen lernte ich es sehr schnell. Im Unterricht musste man ständig damit rechnen, nach vorne gerufen zu werden und das Gebet vor allen anderen aufsagen zu müssen – aber nicht nur zu sprechen, sondern die jeweiligen Körperhaltungen dazu einzunehmen. Beim islamischen Beten gibt es sieben verschiedene Gebetshaltungen: vom aufrechten Stehen in Richtung Mekka mit beiden Händen in Höhe des Halses bis zum Niederwerfen auf den Teppich, wobei Stirn, Nase, Handflächen, Knie und Zehenspitzen den Boden berühren. Und es gibt zehn verschiedene Gebetstexte. Aus der Kombination entstehen bestimmte Gebetsabschnitte – Rak'a – und jedes Gebet besteht aus einer vorgeschriebenen Anzahl solcher Rak'a. Ich hatte den Ablauf schnell automatisiert und die Texte machten mir keine Mühe. Ich fand sogar ein wenig Gefallen an den verschiedenen Positionen, die wir beim Beten einnehmen mussten. Wir hatten schließlich sonst keine Bewegung, und durch das dreimalige Beten am Tag machten wir zumindest regelmäßig ein bisschen Gymnastik. Das morgendliche Gebet musste vor dem Aufgang der Sonne erfolgen, sonst würde es von Gott nicht akzeptiert, erzählte uns der Lehrer. Deswegen mussten wir uns in der Früh sehr beeilen. Wer zu spät kam, wurde bestraft. Beim Morgengebet war auch immer der jüngere Aufpasser dabei. Er war der Einzige, der laut betete. Alle anderen, auch die anderen Aufpasser, murmelten die Texte nur leise vor sich hin. Der jüngere Aufpasser hingegen schien tief ins Gebet versunken und sehr gläubig zu sein. Mit seinem gekämmten und sorgfältig gestutzten Bart wirkte er wie ein anständiger und religiöser Muslim, wie ein Imam.

Unser Lehrer hatte uns schon einige Monate unterrichtet, als er feststellen musste, dass ein paar von uns Persisch weder sprechen noch gut verstehen konnten. Er war völlig überrascht darüber, dass für einige von uns Armenisch, Türkisch oder, noch schlimmer, Hebräisch die Muttersprache war, obwohl wir alle im Iran aufgewachsen waren.

„Wer von euch spricht diese Sheitansprache?", fragte er und ließ seinen Blick über unsere Köpfe schweifen. Sheitan heißt auf Arabisch Teufel, die Sprache, die er meinte, war Hebräisch. Für unseren Lehrer war meine Muttersprache die Sprache des Teufels. Ich zögerte nicht lange, ich streckte meinen Zeigefinger so energisch in die Luft, als wollte ich damit eine Wolke Zuckerwatte aufspießen, die sonst weitergezogen wäre. Für einen Bruchteil einer Sekunde hatte ich daran gedacht, wie eindringlich mich meine Mutter gebeten hatte, niemanden zu sagen, dass ich Jude sei und dass ich nur noch Persisch sprechen sollte. Doch warum sollte ich es jetzt noch verheimlichen? Was hatte ich zu verlieren? Ich hatte doch bereits alles verloren. Ein paar Sekunden lang war mein Zeigefinger der einzige in der Luft, danach hoben auch andere Kinder ihre Hand. Erst in diesem Moment wurde mir bewusst, wie viele von uns ebenfalls Juden waren.

Der Lehrer war außer sich über die große Zahl der Nichtmuslime in unserer Klasse. Er nickte unwirsch in meine Richtung und fragte mich, warum ich denn Persisch könne, wenn meine Muttersprache doch Hebräisch sei.

„Mein Vater ist Muslim", sagte ich, „er hat mit mir nur Persisch geredet, und so habe ich es gelernt."

Voller Widerwillen starrte mich der Lehrer an. Vermutlich ging es nicht in seinen Kopf, wie sich ein Muslim freiwillig mit einer Jüdin einlassen und ihr auch noch ein Kind zeugen kann.

„Außer Persisch kann ich übrigens noch Englisch sprechen und schreiben", ergänzte ich stotternd. Tatsächlich hatte mir Suzan Englisch beigebracht. Sie hatte eine private Englischlehrerin, die US-Amerikanerin Paula, die oft bei uns zu Besuch war und mit der Zeit zu Suzans Freundin wurde. Suzan wollte Hochschullehrerin werden, und vermutlich übte sie schon mal an mir, wie man anderen etwas beibringt. Das konnte sie gut, ich lernte sehr schnell, und selbst Paula war überrascht über meine Fortschritte. Mir hatte das Lernen großen Spaß gemacht – nicht zuletzt auch, weil ich die Zeit mit Suzan ohnehin immer sehr genoss.

Wenn ich gegenüber dem Koranlehrer nun zugab, Englisch zu sprechen, tat ich es nicht, weil ich mir darauf etwas einbildete, oder besonders stolz auf meine Kenntnisse war. Ich tat es, weil ich den Lehrer provozieren wollte. Ungeduldig wartete ich auf seine Reaktion. Der Lehrer strich sich über den Bart, dann sagte er: „Englisch, die Sprache der Westländer, die Sprache der Ungläubigen! Englisch ist unwichtig und für das muslimische Volk nicht von Nutzen."

Dann drehte er sich wieder zur Tafel und wechselte das Thema. Ich hätte gern noch ein paar Fragen gestellt. Ich hätte gern gewusst, warum es auf einmal so schlimm war, Englisch oder Hebräisch zu beherrschen. Ich wollte von ihm wissen, was ich dafür konnte, dass ich in einer jüdischen Familie zur Welt kam. Warum hatte Allah das zugelassen, wenn „Jude sein" auf einmal ein Verbrechen ist? Warum ließ Allah das Judentum überhaupt entstehen, wenn es, wie der Lehrer sagte, ein Gift für die Welt sei? Und weshalb mussten wir Kinder für die Religion unserer Eltern büßen? Diese Fragen kochten in mir, aber ich wusste, der Lehrer hätte darauf keine Antworten, die mich überzeugen könnten. Ein paar Minuten später beruhigte ich mich. Doch ab diesem Tag hatte mich der Lehrer auf dem Kieker. Hatte er anfangs noch Rücksicht auf mein Stottern genommen und mich geschont, soweit das ging – weniger aus Nächstenliebe, sondern weil er es leid war, so lange auf die Antwort zu warten –, fragte er mich nun immer als Ersten und nahm es in Kauf, dass es eben etwas länger dauerte. Ich konzentrierte mich und beantwortete die Fragen, so gut ich konnte. Ich wollte nicht bestraft werden. Wer die Koranverse, die uns aufgegeben wurden, nicht fehlerfrei vortragen konnte, wurde geschlagen und getreten. Das führte zwar dazu, dass wir die Verse alle schnell lernten, stärkte aber auch unseren Widerwillen gegen den Koran.

Einige Tage, nachdem der Lehrer feststellen musste, dass viele von uns keine Muslime waren, brachte er einen Mullah zum Unterricht mit. Der alte Mann trug einen weißen Turban, eine schneeweiße Kutte und darüber ein dünnes, braunes Gewand. Alle jüdischen und armenischen Kinder wurden nach vorne gerufen. Ein paar standen auf. Ich blieb sitzen, wie vermutlich so manch anderes jüdisches oder armenisches Kind, das bisher keinem seine Herkunft verraten hatte. Doch von mir wusste der Lehrer, dass ich Jude war. Er zeigte mit seinem Finger auf mich, und ich erhob mich. Dann mussten wir nichtmuslimischen Kinder uns in einer Reihe anstellen und vor dem Mullah unsere Hose herunterlassen. Diejenigen, die bereits beschnitten waren, wurden auf ihre Zimmer geschickt. Ich war nicht beschnitten. Damals war es in den jüdischen Familien in Teheran üblich, dass man die Kinder nicht gleich nach der Geburt, sondern erst im fünften oder sechsten Lebensjahr, kurz vor der Einschulung beschneidet. Im Judentum kennzeichnet die Beschneidung – Birt Mila – den Eintritt in den Bund mit Gott und geht zurück auf den Bund, den Gott einst mit Abraham und seiner Familie einging, weshalb man auch vom „abrahamitischen Bund" spricht. Meine Mutter hatte schon mehrmals über meine Birt Mila gesprochen und mich beruhigt, dass es nicht wehtun werde, da die Beschneidung von einem professionellen Fachmann, dem Mohel, in einem Krankenhaus vorgenommen werde. Die Ausbildung zum Mohel dauert mehrere Jahre, in der Regel ist er auch gleichzeitig Arzt. Der Eingriff sei schmerzlos, da die Stelle, an der geschnitten wird, natürlich betäubt werde. Nach wenigen Sekunden sei alles erledigt. Es würde also nicht wehtun – und ich würde viele schöne Geschenke erhalten. Normalerweise kriegen die Kinder ein Fahrrad zur Beschneidung. Aber ich hatte schon zwei. Daher würde ich ein kleines Auto bekommen, das wusste ich schon. In unserem Urlaub in Genf durfte ich mich schon mal in so ein Auto hineinsetzen – ein winziges Cabriolet, das wie ein normales Auto Benzin verbraucht, und mit dem ich durch das ganze Haus fahren durfte. Für meine Beschneidung würde das Auto extra aus der Schweiz geliefert werden. Ich freute mich darauf. Die Aussicht auf das Auto vertrieb all meine Angst vor dem Eingriff.

Ich musste mich nun mit den anderen, die wie ich noch nicht beschnitten waren, in einer anderen Schlange anstellen. An ihrem Ende saß ein alter Mann, den der Mullah mitgebracht hatte, auf einem Stuhl. Ich sah eine Rasierklinge aufblitzen.

Der erste Junge, der dran war, schrie fürchterlich. Der Mullah und der Lehrer mussten kommen, um ihn festzuhalten, vermutlich wäre er sonst umgekippt. Ich sah fassungslos zu und hatte furchtbare Angst. Das war kein schmerzloser, kurzer Eingriff, wie meine Mutter gesagt hatte. Aber wir waren auch nicht in einem Krankenhaus, und der Mann mit der Rasierklinge war garantiert kein Arzt. Am liebsten wäre ich weggelaufen und hätte mich versteckt. Aber wohin? Nicht mal die Toiletten konnte man abschließen – und selbst wenn, hätten sie die Tür leicht eintreten können. Ich zitterte und weinte. Inzwischen war der zweite Junge dran. Er schrie so laut, als würde man ihm ein Bein abschneiden. Ich zählte die Köpfe vor mir und wünschte, es würden mehr werden statt weniger. Doch das geschah nicht. Und die Zeit schien sich auszudehnen wie Kaugummi. Sie verging einfach nicht. Ich konnte mich kaum noch auf den Beinen halten. Mir war schlecht, und mir war schwindelig. Schließlich war ich an der Reihe. Der alte Mann desinfizierte ungeschickt meinen Penis und setzte dann die Rasierklinge an. Es gab keine Betäubung und keine Beruhigungsmittel, von denen meine Mutter mir damals erzählt hatte. Und Geschenke gab es natürlich erst recht nicht. Noch nicht mal ein beruhigendes Wort. Der Schmerz fuhr durch meinen ganzen Körper. Ich kann mich nicht erinnern, je solche Schmerzen erfahren zu haben. Selbst als der Aufpasser mir das Stück Ohr abgeschnitten hatte, tat das nicht so weh. Als der alte Mann fertig war, schüttete er etwas Puder auf die blutende Wunde und verband sie dann. Ich wurde auf mein Zimmer zurückgeschickt.

Gekrümmt vor Schmerzen lief ich den Flur hinunter und ließ mich dann in meiner Kammer auf den Boden fallen. Was war ich jetzt eigentlich? Ich war weder ein Muslim noch ein Jude. Ich war immer noch dasselbe: ein gefangenes Kind in den Händen gnadenloser Islamisten. Wen kümmerte es, mit welcher Religion wir jetzt leben mussten, ob wir beschnitten waren oder nicht? Was wir brauchten, waren unsere Familien, waren Freiheit und Gerechtigkeit. Was wir brauchten, waren anständige Mahlzeiten und richtige Schulbücher – jedoch keine neue Religion. Und was nutzte eigentlich eine Konvertierung, die unter Zwang erfolgte, nicht durch eigenen Willen, nach eigenem Glauben und nach eigenem Verstand? Tief versunken in Gedanken lag ich in meiner Kammer. Wir brauchten keine Religion, weder die eigene noch eine andere. Wir brauchten keinen Gott und keinen Allah. Helfen würden sie uns beide nicht. Wir waren Gottes vergessene Kinder.

Eines Tages hängte man große Bilder von Ayatollah Khomeini in den Korridor und in den Gebetsraum. Khomeini trug einen schwarzen Turban. Sein Bart war weiß, aber seine Brauen waren schwarz und buschig. Die Augen darunter blickten zornig und böse auf mich herab. Ich wusste nicht viel von dem Mann, nur, dass er zum Aufstand gegen den Schah aufgerufen hatte und die Islamische Revolution leitete. Meine Mutter und meine Geschwister hatten nichts von ihm gehalten und auch ich hatte schnell eine Ablehnung gegen diesen Mann entwickelt, der ununterbrochen schimpfte und offensichtlich nicht in normalen Ton reden konnte. Später hängte man Bilder mit islamischen Imamen neben Khomeinis Konterfei. Die Männer in den großen, schweren Bilderrahmen hatten Schwerter in den Händen und sahen ebenfalls nicht gerade freundlich aus. Sie jagten mir Angst ein. Ich vermied es, die Bilder anzusehen.

Auf einmal war Krieg. Der Lehrer hatte es uns im Unterricht gesagt. Der Iran befand sich im Krieg mit dem Irak. „Die USA und der Staat Israel sind aus dem Ärmel Saddam Husseins herausgekrochen, um uns Muslime zu bekämpfen", erklärte uns der Lehrer, „sie wollen unsere Islamische Revolution vernichten." Viele Kinder hatten das Wort Krieg noch nie gehört. Was mich betraf, so kannte ich den Krieg ausschließlich aus Filmen oder den Nachrichten. Ich hatte einige schreckliche Bilder aus dem Vietnamkrieg gesehen.

„Wisst ihr, was das für euch bedeutet?", fragte der Lehrer und schritt durch das Klassenzimmer. „Ab sofort seid ihr keine Kinder mehr." Sein Blick schweifte durch den Raum, um hier und da bei einem von uns zu verweilen und ihn kurz und eindringlich in die Augen zu schauen: „Jeder Einzelne von euch muss nun für die Verteidigung des Landes kämpfen."

Wie stellte er sich das vor? Von den Palästinenserkindern hatten wir erfahren, dass sie sich gegen die Israelis zur Wehr setzten, indem sie Steine auf deren Panzer warfen. War es das, was man von uns verlangte? Sollten wir Steine auf die Iraker werfen? Aber würden sie uns dann nicht mit ihren modernen Gewehren einfach erschießen?

Von den armen Palästinenserkindern war übrigens keine Rede mehr. Wollte man uns bis zu diesem Tag noch als Gotteskrieger ausbilden, um uns dann über Syrien in das Palästinensergebiet zu bringen, wo wir die Israelis bekämpfen sollten, gab es nun offensichtlich eine Planänderung. Nicht mehr die Israelis waren unsere schlimmsten Feinde, sondern die Irakis. Es ging nicht mehr darum, einen Krieg anzufangen. Der Krieg kam nun zu uns, wir mussten unser eigenes Land verteidigen, anstatt das der Palästinenser. Im Unterricht mussten wir nun nicht mehr Arabisch lernen, es wurde Persisch gesprochen. Koranunterricht hatten wir jedoch weiterhin.

Im Lager bekamen wir nichts mit vom Krieg. Es gab weder einen Fernseher noch ein Radio. Der Lehrer war unser einziger Kontakt zur Außenwelt. In den kommenden Tagen erzählte er uns, das Erdöl und die Lebensmittel für die Bevölkerung würden rationiert werden. Wir sollten uns warm anziehen und mit Socken ins Bett gehen, weil ab sofort weniger geheizt werden durfte. Wir sollten auch weniger essen. Statt einer Scheibe Fladenbrot müsse nun die Hälfte reichen, meinte der Lehrer. Wir sollten uns kampfbereit machen und auf den Befehl des Revolutionsführers warten. Wir hörten uns das alles schweigend an. Keiner stellte Fragen. Keiner traute sich. In unserem Wortschatz gab es kein „Warum? Weshalb? Wieso?" mehr. Unsere Fragen blieben in unseren Köpfen, wo sie keine Antworten fanden. Sie schienen es sich dort gemütlich gemacht zu haben und gar nicht mehr nach draußen zu wollen. Sie wussten wohl, dass sie dort auch nicht finden würden, was sie suchten. Doch eines Tages brach eine aus mir heraus, und ich konnte nichts dagegen tun.

Der Lehrer hatte im Religionsunterricht gesagt, dass wir das Dach über unsern Köpfen dem Islam und dem islamischen Regime zu verdanken hätten. Dass wir dankbar sein sollten, dass wir hier schlafen dürften und zu essen bekämen. Schließlich seien wir „Waisen" und das, wo wir lebten, „ein Waisenhaus". Der Lehrer hatte schon oft unser Lager als Waisenhaus bezeichnet. Doch ich wusste, dass in ein Waisenhaus nur die Kinder kommen, die auf der Straße ausgesetzt wurden oder niemanden mehr hatten, weil die Eltern gestorben waren. Wir dagegen waren verhaftet und absichtlich zu Waisen gemacht worden. Aber selbst wenn unsere Eltern nicht mehr leben sollten, was viele von uns nicht wussten, hatten wir immer noch Menschen draußen, die uns wie ihre eigenen Kinder liebten und uns aufnehmen würden. Das hier war alles andere als ein Waisenhaus. Das hier war ein Kindergefängnis. Ein Lager mit über zweihundert kleinen unschuldigen Kindern ohne Identität.

Während die anderen in der Klasse schon lange gar nicht mehr zuhörten, was der Lehrer sagte und während des Unterrichts einfach teilnahmslos vor sich hindösten, kochte es in mir wie in einem Vulkan vor dem Ausbruch. Ich war kurz davor zu explodieren. Der Lehrer hatte von uns verlangt, der islamischen Regierung zu danken, dass sie ein Waisenhaus für uns errichtet hatte und uns Obdach gewährte. Er sprach aber nicht darüber, wer uns zu Waisen gemacht hatte und wieso. Er interessierte sich nicht einmal für uns. Etwa ein Jahr unterrichtete er uns nun schon und wusste immer noch nicht, wie wir hießen, und auch erst seit einigen Tagen war ihm bekannt, welche Sprache wir beherrschten. Hatte der Mann vielleicht seinen Verstand verloren? War er derart blind, dass er nicht sah, dass wir Kinder keine Waisen, sondern Gefangene und Opfer waren? Ich konnte nicht anders. Energisch hob ich meine Hand.

Überrascht schaute mich der Lehrer an. Seit er uns unterrichtete, hatte sich noch nie ein Schüler zu Wort gemeldet. „Ja bitte?", fragte er irritiert.

„I-i-ich hätte eine Fra-a-ge", stotterte ich.

Der Lehrer reagierte nicht, was ich als Erlaubnis nahm zu sprechen. Alle Kinder waren auf einmal wach und starrten mich an.

„Meine Mutter sagte mir, nur Kinder, die niemanden auf der Welt haben oder Kinder, die auf der Straße ausgesetzt werden, kämen in ein Waisenhaus. Wir dagegen sind keine Waisenkinder oder Straßenkinder. Wir alle haben draußen noch Verwandte, die uns gerne aufnehmen würden. Wie können Sie dann so etwas über uns sagen? Es ist nicht wahr."

Obwohl ich stark stotterte, während ich das sagte, ließ der Lehrer mich aussprechen und unterbrach mich nicht. Er war vermutlich selbst überrascht und wusste nicht, wie er reagieren sollte. Als ich fertig war, lag ein unheimliches Schweigen im Raum. Mir wurde heiß. Ich machte mir in die Hose. Schließlich kam der Lehrer auf mich zu, ergriff ohne ein Wort zu verlieren mein linkes Ohr und zog mich daran hinter sich her. Vor dem Büro des Aufpassers sollte ich warten, während er mit ihm sprach. An diesem Tag hatte der Ältere Dienst. Der hatte mich noch nie geschlagen. Bis zu diesem Moment. Denn als beide aus dem Büro traten, gab mir der Aufpasser eine kräftige Ohrfeige. Dann brachte er mich zur Besenkammer und sperrte mich ein.

Es war dunkel. Meine Schulsachen waren noch im Gebetsraum. Ich hatte Angst, dass sie verloren gingen und ich auch dafür bestraft werden würde. Dann setzte ich mich hin und dachte darüber nach, was geschehen war. Langsam begriff ich es: Aus Schaschoo, dem Hosenscheißer, war auf einmal ein Rebell geworden. Ich wunderte mich über meinen Mut. Ich erinnerte mich nicht daran, jemals so kämpferisch gewesen zu sein. Zwar hatte ich früh gelernt, mich bei meinen Geschwistern oder bei meinen Spielkameraden durchzusetzen. Meine Mutter hatte mir beigebracht, auf meinem Recht zu bestehen und nicht zu schweigen, wenn ich ungerecht behandelt würde. Aber hier im Lager bedurfte es sehr viel mehr Entschlossenheit und Furchtlosigkeit als draußen in der anderen Welt. Was war in diesem Moment während des Unterrichts mit mir geschehen? Wo war meine Angst geblieben und woher kam all der Mut?

Gegen Mitternacht wurde ich aus der Besenkammer entlassen und ging in den Waschraum, um meine nasse Windel zu wechseln. Auf einmal flog die Tür auf, und der Aufpasser fragte mich, ob ich mir wieder in die Hosen gemacht hätte. Ich erstarrte vor Angst.

„Komm her! Schmeiß die Sachen, die du anhast, in den Wäschekorb und geh duschen! Ich bringe dir frische Sachen!"

Ich drehte mich um und ging in die Dusche. Während das Wasser an mir herunterlief, weinte ich. Ich wusste, was gleich geschehen würde. Ich war schwach, und ich hatte Hunger. Ich hasste Gott in diesem Moment und wollte nur noch eines: sterben. Da Gott mir auch diesen Wunsch nicht erfüllen würde – schließlich hatte ich ihn schon oft darum gebeten – überlegte ich mir, was ich machen müsste, damit der Aufpasser mich umbringt. Es war eigentlich ganz einfach. Er hatte so oft gedroht, mich zu töten. Ich müsste mich nur seinen Befehlen verweigern. Ich könnte ihn auch fest in den Penis beißen, wenn er mir den in den Mund steckt. Dann würde er mich garantiert totschlagen. Doch dann fiel mir ein, dass ich ja gar keine Schneidezähne mehr hatte. Die hatte mir der Mann vor einigen Wochen ausgeschlagen, als ich einmal sein Sperma erbrach. Nachwachsen würden die Zähne nicht mehr, so wie die, die ich verlor, als er mich das erste Mal geschlagen hatte, weil ich mir in die Hose gemacht hatte. Es waren keine Milchzähne mehr, es waren bereits meine zweiten Zähne. Da ich also nicht richtig zubeißen konnte – weder heute noch sonst irgendwann –, verwarf ich diesen Plan und überlegte, was ich sonst tun könnte, damit er mich umbringt. Ich wollte unbedingt sterben. Ich dachte, wenn der Wächter mich an diesem Abend töten würde, wäre ich schon morgen früh im Paradies bei meiner Großmutter. Ich wollte nicht mehr leben. Ich wollte nicht, dass man mir weiter wehtat.

Nachdem ich geduscht hatte, brachte mir der Aufpasser frische Sachen und ein Stück trockenes Fladenbrot. Er führte mich diesmal nicht in sein Büro, sondern in den Abstellraum, in dem ich wohnte. Er befahl mir, mich auszuziehen und mit dem Bauch auf die Matratze zu legen. Dann öffnete er seine Hose und legte sich auf mich. Er war so schwer, dass ich keine Luft mehr bekam. Als er fertig war, verließ er den Abstellraum ohne ein Wort zu sagen. Ich lag nackt da und konnte mich vor lauter Schmerzen nicht mehr bewegen. Meine Kleidung und das trockene Brot, auf das ich mich gefreut hatte, lagen auf dem Boden. Ich konnte mich weder anziehen noch zudecken, und so erkältete ich mich in dieser Nacht.

Ich lag noch genauso nackt und bewegungslos da, wie der Aufpasser mich verlassen hatte, als am nächsten Morgen der ältere Aufpasser die Tür aufmachte. Er fragte nicht einmal, was mit mir geschehen war oder warum ich nicht angezogen war. Er brachte mir erst den Aspirin-Cocktail, dann den morgendlichen Tee, Fladenbrot und ein Stück Schafskäse. An diesem Tag durfte ich im Abstellraum liegen bleiben und musste nicht im Unterricht erscheinen. Irgendjemand hatte mir am Tag zuvor meine Schulsachen neben mein Bett geschmissen. Ich nahm mein Heft und betrachtete die arabischen Zeichen. Arabisch sei „die Sprache Allahs, die Grundlage der Islamisierung", so hatte man uns gepredigt. Ich fragte mich, warum es auf der Welt so viele andere Sprachen gab, wenn Allah sich nur auf Arabisch verständigen konnte.

Eines Tages sollten wir uns im Gebetsraum versammeln. Von uns zweihundert Kindern wählte der Lehrer etwa einhundert aus und schickte die anderen zurück auf ihre Zimmer. Ich war unter den Auserwählten. Das Küchenpersonal brachte mehrere Müllsäcke, in denen sich Uniformen befanden. Jeder von uns bekam eine. Die Uniformen wären ein Geschenk der islamischen Regierung, erklärte der Lehrer stolz. Ich nahm meine in Empfang, alles andere als dankbar. Eine bescheidene warme Mahlzeit oder zumindest eine Tasse Milch wäre mir lieber gewesen. Meine Hose war mir dann auch noch viel zu groß. Ohne den schwarzen Gürtel wäre sie nicht auf meiner Hüfte geblieben. Dann bekam jeder von uns ein schwarzes Stirnband, das wir uns um den Kopf binden sollten. „Imams Fedaii Kinder", stand darauf. „Imams Fedaii" heißt so viel wie die Krieger des Imams und bezeichnet die Freiwilligenarmee Khomeinis. Doch keiner von uns wollte freiwillig kämpfen.

Als wir alle unsere Uniformen angezogen hatten, mussten wir uns hinsetzen. Der Lehrer informierte uns, dass am nächsten Tag eine Militärparade von Khomeinis freiwilligen Soldaten stattfinden würde und wir daran teilnehmen sollten. Er erklärte uns kurz den Ablauf der Parade und wie wir dort zu laufen und uns zu verhalten hätten. So war es uns strengstens verboten, mit irgendjemandem zu sprechen. Die Stirnbänder sollten wir uns möglichst tief ins Gesicht ziehen und auf gar keinen Fall abnehmen. Ich ahnte warum. Die Parade würde gefilmt und im Fernsehen gezeigt werden. Vermutlich fürchteten die islamischen Behörden, dass unsere Verwandten oder Bekannten uns im Fernsehen erkennen würden. In dieser Nacht schlief ich schlecht. Ich war aufgeregt. Nach all der Zeit durften wir zum ersten Mal das Kinderlager, unser Gefängnis, verlassen.

Am nächsten Morgen taten wir, was der Lehrer uns am Tag zuvor gesagt hatte. Wir beteten, frühstückten und zogen unsere neuen Uniformen an. Dann langweilten wir uns etwa zwei Stunden lang, bis der Lehrer endlich eintraf. Erneut warnte er uns, wir sollten uns auf gar keinen Fall von der Gruppe entfernen und mit niemandem reden. Wir stiegen in zwei große Busse, die in südöstlicher Richtung losfuhren. Es dauerte nicht lange, dann hielten wir in einer Kaserne, die sich über ein sehr großes Gelände erstreckte. Allein der Platz, auf dem wir nun marschieren lernen sollten, war größer als ein Fußballfeld. An seinem Rand standen zweistöckige Häuser in Reih und Glied, die alle gleich aussahen – und somit selbst wie Soldaten wirkten. Tausende von Kindern waren hier schon versammelt, als wir eintrafen. Sie trugen die gleichen Sachen wie wir, hatten die gleichen Stirnbänder, und ihre Köpfe waren genauso kahl geschoren wie unsere. Männer in Uniformen zeigten ihnen, wie sie zu marschieren hatten. Sie trainierten eine Armee von Zwergsoldaten.

Ein Soldat nahm uns in Empfang und sortierte uns nach unserer Körpergröße in zehn Reihen. Die größeren Kinder ganz vorne, die kleinsten am Ende der Reihe. Etwa zwei Stunden lang übten wir mit ihm den Militärmarsch. Danach wurden wir im Bus in die Stadt gefahren. Eine Tribüne stand da, auf der saßen hochrangige Mullahs. Davor marschierten wir vorbei. Es war heiß, wir schwitzten in den Uniformen und hatten großen Durst. Ich fragte mich, wie weit ich wohl von unserem Haus entfernt war. Ich fragte mich, wie es da nun aussah und wer dort lebte. Ich fragte mich, ob Mutter vielleicht im Salon vor dem Fernseher saß und die Parade verfolgte – ich fragte mich, was sie wohl dachte, wenn sie uns Kinder in Uniformen hier marschieren sah. Und ich fragte mich, ob sie ahnte, dass ich einer dieser Zwergsoldaten bin.

Nach der Parade wurden wir zum Freitagsgebet zur Universität gefahren. Hier durften wir an die Wasserhähne und endlich etwas trinken. Außerdem bekam jeder eine Scheibe Fladenbrot und zwei Datteln. Nach dem Gebet wurden wir ins Lager zurückgebracht.

Am nächsten Tag kam der Lehrer ausnahmsweise am Vormittag zu uns. Nach dem kurzen Klingeln versammelten wir uns im Gebetsraum und der Lehrer wählte wieder ein paar Kinder aus. Diesmal war ich nicht dabei. Es wurden nur die größeren Kinder, die um die sieben Jahre alt waren, herausgesucht und weggebracht. Vigen, unser Mobser, war einer von ihnen. Ich bedauerte, nicht groß genug zu sein, um ebenfalls aus diesem Lager weggebracht zu werden. Jeder andere Ort auf der Welt war mir lieber als dieser. Ich wollte weg von hier. Weit weg. So weit weg wie möglich. Und es sollte nicht mehr lange dauern, bis auch ich hier endlich rauskam.

Kapitel 4
Kämpfer für Khomeini

Ich war nach eigenen Berechnungen siebeneinhalb Jahre alt, als man befand, ich sei groß genug, um verlegt zu werden. Mit rund vierzig weiteren Kindern brachte man mich in die Kaserne, in der wir Monate zuvor für die Militärparade marschieren geübt hatten. Wie ich jetzt bemerkte, existierte auch hier ein Kinderlager. Und es gab bei weitem mehr Kinder als in meinem vorherigen. Allein 300 schliefen in dem großen Saal, in dem auch ich meine Matratze bekam. Nach gut zwei Jahren Einzelhaft im Abstellraum durfte ich nun wieder bei den anderen Kindern sein. Das freute mich. Aber es stellte mich vor mein altes Problem, für das ich so lange eine Lösung gefunden hatte. Wie sollte ich hier in dem großen Saal meine Windeln waschen und zum Trocknen aufhängen? Es schien mir undenkbar. Ich bemühte mich, mein Problem vor den anderen zu verbergen. Aber das schaffte ich nicht lange. Schon nach wenigen Tagen wussten sie, was mit mir los war. Ich begann schließlich, mich zu isolieren und zog mich tagsüber in Ecken zurück, wo ich die anderen mit meinem Geruch nicht stören konnte. Auch traute ich mich bald, im Waschraum meine Windeln auszuwaschen. Hinter dem Schlafsaal lagen einige alte Busreifen in einer langen Reihe. Auf diese legte ich meine gewaschenen Windeln zum Trocknen. Viele Kinder wussten bereits, wofür die Tücher gedacht waren und wer sie benutzte. Es war unmöglich, das vor den anderen zu verheimlichen. Und ich schämte mich sehr. Je älter ich wurde, desto mehr schämte ich mich deswegen. Ich war fast acht Jahre alt und brauchte noch Windeln! Doch keiner hänselte mich deswegen oder zog mich auf.

Dabei war es in diesem Lager nicht wie in dem anderen verboten, miteinander zu reden. Aber wir taten es kaum. Wir waren alle sehr schweigsam. Wenn wir miteinander sprachen, dann leise, meistens im Flüsterton. Wir waren alles andere als laut, wir waren nicht lebhaft oder fröhlich. Wir waren apathisch und lethargisch. Jeder lebte ganz in sich zurückgezogen. Wenn wir keinen Unterricht hatten, lagen wir meistens auf dem Teppich und schliefen.

Jeden Tag hatten wir vier bis fünf Stunden Unterricht in Waffenkunde. Man zeigte uns verschiedene Typen von Landminen und erklärte uns, wie sie funktionierten und wozu sie eingesetzt wurden. Die Minen waren alle rund und unterschiedlich groß und schwer. Die schweren Minen waren beigefarben und wurden eingesetzt, um Panzer in die Luft zu jagen. Die kleinsten waren grün und passten sogar in unsere Kinderhände. Mit ihnen konnte man Menschen töten. Eingesetzt wurden die Minen im Krieg als Sperrmittel, so hatte man uns erzählt. Man legt ganze Gebiete mit Minen aus, damit der Gegner dort nicht weiterkommt – und im besten Fall gleich dabei draufgeht. Da die Minenleger wissen, wo die Sprengkörper in der Erde stecken, können sie das Minenfeld weiterhin unbeschadet betreten und selbst einen Angriff starten. Doch wir sollten nicht lernen, wie man Landminen fachmännisch verlegt oder wie man mit ihrer Hilfe gezielt Panzer oder Personen in die Luft jagt: Wir sollten lernen, diese Minen zu entschärfen.

Wie das geht, erklärte man uns im Unterricht. Aber es blieb natürlich nicht bei der Theorie. Eines Tages brachte man uns auf ein Gelände, wo wir lernen sollten, wie man die gefährlichen Landminen in der Erde findet und sie an Ort und Stelle entschärft. Zu diesem Zweck hatte man ein paar Sprengkörper im Boden versteckt. Da wir noch in der Ausbildung waren, handelte es sich nicht um scharfe Munition.

Unser Ausbilder machte uns vor, wie man Minen aufspürt. Zunächst müsse man die Oberfläche genau studieren. Kleine Hügel von zwei bis drei Zentimetern könnten einen Hinweis auf Panzerminen geben. Diese Hügel seien notwendig, damit bei der Überfahrt des Panzers der Drucktellerrand der Mine durchbrochen und die Explosion ausgelöst werde. Auch bei Personenminen seien kleine Erdanhäufungen zu beobachten. Der Ausbilder, ein schlanker junger Mann in grüner Uniform, hatte eine Erhebung entdeckt und das Messer gezückt. Es war kein gewöhnliches Messer, es glänzte nicht, sondern schimmerte mattgrün. Ein normales Messer hätte das Mondlicht reflektiert und den Feind darauf hinweisen können, wo der Minensucher war. Ein paar Mal stach der Ausbilder mit diesem grünen Messer in den Boden, bis er auf etwas Hartes stieß. Er legte das Messer weg und schob mit seinen Händen vorsichtig die Erde beiseite, bis die Mine frei lag. Dann nahm er das Messer wieder, steckte es seitlich von der Mine senkrecht in die Erde und hebelte sie somit aus. Dann drehte er die Mine vorsichtig um und nahm den Zünder, der sich am Boden des Sprengkörpers befand, heraus – ähnlich wie bei einer Uhrenbatterie. „Tschaschni" heißt Zünder auf Persisch. Erst wenn dieser entfernt war, war die Mine funktionsuntüchtig.

Unser Ausbilder teilte uns in verschiedene Gruppen von sechs bis zwölf Jungen ein. Wer körperlich größer war als alle anderen, wurde zum Leiter bestimmt. Jeder Gruppenleiter bekam eins dieser speziellen Messer. Wenn wir später im Kriegsgebiet wären, so sagte der Lehrer, würden wir auch in Gruppen eingeteilt und auf Minensuche geschickt. Für jeden Zünder einer feindlichen, also irakischen Mine, den wir von unseren Rundgängen mitbrächten, gäbe es dann eine Belohnung. Eine besonders große Mahlzeit zum Beispiel. Wer die meisten Minen entschärfte, würde sogar von Imam Khomeini höchst persönlich ausgezeichnet werden. Wenn er gewusst hätte, wie egal uns solche Versprechungen waren.

Nach knapp drei Monaten im Trainingslager beherrschten wir die wichtigsten Methoden der Minenentschärfung. Ab dem vierten Monat mussten wir schießen lernen. Wenn wir die Gewehre auf dem Boden aufsetzten, waren sie in etwa so lang wie wir, manche sogar länger. Nur mühsam konnten wir die schweren Geräte in der Hand halten. Daher übten wir, im Liegen zu schießen. Wenn das Gewehr beim Rückschlag auf meine knochige Schulter prallte, tat das furchtbar weh. Doch viel schmerzhafter war der Gedanke, nach der Ausbildung tatsächlich mit solchen Waffen auf andere Menschen schießen zu müssen. Unser Ausbilder beruhigte uns. Im Theorieunterricht erklärte er uns, dass es zwar Teil unserer Ausbildung sei, zu lernen, mit diesen Waffen umzugehen. Aber das Schießen sei nicht unsere hauptsächliche Aufgabe. „Ihr werdet im Kriegsgebiet die Wege von feindlichen Minen säubern, damit unsere Truppen den Gegenangriff starten und die von der irakischen Armee besetzten Gebiete zurückerobern können", erklärte uns der Mann. „Weil ihr klein seid, seid ihr prädestiniert für diese Aufgabe. In der Dunkelheit, wenn ihr die Minenfelder absucht, kann euch der Feind nämlich nicht so schnell ausmachen wie erwachsene Minensucher."

In diesem Moment wurde mir schlagartig klar, welcher Gefahr wir ausgesetzt waren. Bisher hatte ich gedacht, das Schlimmste, was uns passieren könnte, sei, dass die Mine uns zerfetzt, bevor wir sie entschärfen können. An den Feind hatte ich noch gar nicht gedacht. Aber natürlich würde auch der alles tun, um uns gefangen zu nehmen, wenn nicht gar gleich zu erschießen. In den letzten Wochen waren wir so sehr mit den Minen beschäftigt gewesen, dass wir den Feind dabei fast vergessen hatten. Erschrocken schauten wir den Ausbilder an, aber keiner sagte etwas. Der merkte unsere Angst und versuchte, uns zu trösten: „Ihr braucht keine Angst haben. Falls ihr euch verletzen solltet, werden sich die Sanitätsdienste vor Ort um euch kümmern. Und wenn jemand von euch sterben sollte, müsst ihr nicht traurig sein. Denn euer Kamerad wird als Schahid, als Märtyrer, in den Himmel kommen und von den Engeln ins Paradies getragen." Er dachte kurz nach: „Das ist ohnehin das Beste, was euch passieren kann." Denn das Leben auf der Erde sei vergänglich, im Paradies dagegen unendlich – und voller herrlicher Dinge und Genüsse.

Dann sagte er, dass er uns beneide, weil wir von der islamischen Regierung für so eine göttliche Aufgabe ausgewählt wurden. Er sagte, wir könnten stolz auf uns sein. Die gesamte iranische Bevölkerung sei stolz auf uns und bedanke sich für unseren Einsatz. Als ich das hörte, konnte ich mich nur schwer beherrschen. Eine Bevölkerung, der unsere Existenz nicht bekannt war, bedankte sich bei uns? Für wie blöd hielt uns der Ausbilder eigentlich? Mir war klar, dass sie uns zum Sterben an die Front schickten. Mir war klar, dass uns nicht unsere Körpergröße für unsere Aufgabe prädestinierte, sondern unsere Herkunft: Niemand würde nach uns fragen, wenn uns die Minen zerfetzten. Ich konnte nicht mehr still sitzen und zappelte hin und her. Dann sammelte ich meinen gesamten Mut und streckte den rechten Arm in die Höhe.

„Ja bitte schön?", sagte der Ausbilder höflich.

„Sie sa-sa-sagten gerade", stotterte ich, „dass Sie uns um unsere Aufgabe und unseren Einsatz beneiden. Sie würden auch so gern als Märtyrer sterben und für den Islam und für Imam Khomeini ihr Leben opfern. Warum bleiben Sie dann hier? Ziehen Sie doch mit uns in den Krieg, damit wir alle zusammen ins Paradies gehen können."

Die Kinder in den Reihen vor mir drehten sich um und schauten mich erstaunt an. Ich wunderte mich selbst über meinen Mut.

Der Ausbilder reagierte nicht sofort. Er taxierte mich eine Weile, als sähe er mich zum ersten Mal. Dann bedankte er sich für die Frage und sagte:

„In einem islamischen System hat jeder seine Aufgabe. Nur so ist gewährleistet, dass alles reibungslos funktioniert. Meine Aufgabe ist es, freiwillige Kinder wie euch auszubilden und kampfbereit zu machen."

Ein anderes Kind meldete sich. Er war etwa neun Jahre alt und Gruppenleiter:

„Sie reden ständig davon, dass wir freiwillig hier sind. Ich bin aber nicht freiwillig hierhergekommen. Meine beiden Eltern wurden erschossen. Meine Geschwister und ich wurden in verschiede …"

Weiter kam er nicht. Der Ausbilder unterbrach den Jungen: „Die Antwort auf deine Frage gebe ich dir in meinem Büro. Du kommst nach dem Unterricht sofort zu mir!"

Am nächsten Tag wurde der Junge versetzt. Ich sah ihn nie wieder. Es gab offensichtlich eine spezielle Gruppe für jene, die aufmüpfig waren und den Mund aufmachten. In diesem Lager bekamen wir ohnehin nur selten mit, wenn einer von uns bestraft wurde.

Wir seien alle die Kinder von Imam Khomeini, hatte der Ausbilder eines Tages erklärt. Khomeini sei derjenige, der für uns sorge und alle unsere Kosten übernehme. Also müssten wir alles machen, was er von uns verlange. Er sei unser neuer Vater. Ich fragte mich, ob ich mit meinem neuen Vater vielleicht auch meine Sorgen teilen dürfte, ob ich mich ihm anvertrauen könnte und er mir helfen würde. Väter tun doch so was. Also entschied ich eines Abends im Bett, einem der Ausbilder oder einem der Aufpasser zu erzählen, was man mir in dem anderen Lager angetan hatte. Ich wollte wissen, ob mein angeblicher Vater, der Imam, solche Misshandlungen an seinen Kindern erlaubte, ob er davon überhaupt wusste. Ich hoffte, dass der brutale Nachtwächter vom Kinderlager für seine Taten bestraft würde und die anderen Jungen danach von seinen Misshandlungen verschont blieben.

Eine Woche lang trug ich den Gedanken mit mir herum. Doch ich hatte Angst. Einer der Aufpasser war nicht ganz so streng wie die anderen, er war sogar fast nett. Er hatte dreimal meine Haare rasiert und nie die Stimme gegen mich erhoben. Ich hatte etwas Vertrauen zu ihm. Also nahm ich all meinen Mut zusammen und ging in das Büro der Aufpasser.

Ich hatte Glück, der Mann, mit dem ich sprechen wollte, war da und ließ mich herein. Unschlüssig stand ich in dem Raum. Ich wusste nicht, wo ich anfangen konnte. Ich fing an zu weinen und machte mir natürlich sofort wieder in die Hose. Es war ein Reflex, solche Büros waren für mich immer mit Angst verbunden gewesen. Und Angst führte zum Einnässen. Der Mann fragte mich, ob ich Schmerzen hätte. Ich schüttelte den Kopf. Er setzte sich hin und ermunterte mich: „Ich höre zu, sag ruhig, was dir fehlt!"

Stotternd begann ich zu erzählen. Ich erzählte von dem jüngeren Aufpasser in dem anderen Lager und wie er mich nachts in seinem Büro vergewaltigt hatte.

„Vermisst du ihn", fragte mich der Mann, „möchtest du wieder zu ihm gehen?"

Entsetzt starrte ich ihn an. Wie konnte er auf so einen Gedanken kommen?

„Nein, nein", stammelte ich, „auf gar keinen Fall."

„Dir war doch sicher bewusst, dass dich eine harte Strafe erwarten würde, sobald du jemanden erzählst, was du mir gerade gesagt hast?"

Tage an der Reihe, was – statistisch betrachtet – unsere Überlebenschance beträchtlich erhöhte. Zudem konnte ich den Milizenführer davon überzeugen, dass diejenigen, die erkältet waren, nachts nicht mehr an die Front mussten. Das ständige Husten und Niesen könnte unsere Stellung verraten, erklärte ich dem Milizenführer, der die Gefahr auch sofort einsah.

Etwa drei Wochen später verloren zwei weitere Kinder ihr Leben, Mohammad-Reza und Shahdad. Ihre Leichen wurden ebenfalls auf dem Minenfeld liegengelassen. Einige Tage danach hatte meine Gruppe Dienst. Wir waren wieder auf dem Minenfeld, auf dem einst Jam seine Beine und Amir und Kian ihr Leben verloren hatten. In dieser Nacht hatte jeder von uns ein Messer bekommen, mit der er nach Minen suchen sollte. Ich hielt es in der Hand, hatte aber nicht die Absicht, damit tatsächlich in der Erde herumzustochern. Die Angst war zu groß. Ich blieb auf dem kalten Boden hocken und hoffte, dass die Zeit schneller verging. Omid war etwa sieben bis acht Meter von mir entfernt. Im Gegensatz zu mir machte er sich tatsächlich an die Arbeit. Ich glaubte, meinen Augen nicht zu trauen. Ausgerechnet Omid, der Ängstlichste von uns, stocherte in der Erde nach Minen, und zwar alles andere als vorsichtig. Er stach das Messer so oft und heftig in den Boden, als wäre er mit einer Spielzeugschippe im Sandkasten. Besorgt schaute ich zu ihm herüber. Was machte er da? War er lebensmüde? Ich hockte da und wünschte, dass ich Omid zurufen könnte, er solle nicht nach Minen suchen. Oder zumindest vorsichtiger vorgehen. Aber ich konnte mich weder bewegen noch sprechen. Die Angst lähmte mich. Und die furchtbare Vermutung, dass Omid vielleicht mit Absicht unvorsichtig war. Er rammte das Messer unaufhörlich in die Erde und kroch Zentimeter für Zentimeter weiter in das Minenfeld hinein.

Es dauerte nur wenige Minuten, dann explodierte unter Omid eine Mine und riss ihm den rechten Arm ab. Er brüllte vor Schmerzen. Farhad eilte ihm zu Hilfe, trat dabei auf eine Mine und fiel hin. Er hatte die Explosion überlebt, schien aber schwer verletzt. Als der Soldat das sah, rannte er zu den beiden Verletzten. Doch bevor er bei ihnen war, trat auch er auf eine Mine. Er stürzte, versuchte, sofort wieder aufzustehen und muss beim Abstützen auf eine weitere Mine gestoßen sein. Sie explodierte – danach war es still, unheimlich still. Keiner der drei bewegte sich mehr.

Wir vier Übriggebliebenen standen starr vor Schreck auf dem Minenfeld. Dann gingen wir ein paar Schritte zurück und verkrochen uns hinter ein paar Steinblöcken. Wir wussten nicht, was wir tun sollten. Unsere Gruppe war führungslos, sowohl der Milizionär als auch Omid lagen im Feld und waren vermutlich tot. Über uns wurde es hell. Die Iraker hatten ihre Leuchter abgeschossen, weil sie sehen wollten, was passiert war. Wahrscheinlich wussten sie schon mehr als wir. Wahrscheinlich konnten sie sehen, ob unsere Freunde tot waren oder nur verletzt und noch zu retten. Wenn wir das herausfinden wollten, musste einer von uns hinlaufen und nachsehen. Doch keiner hatte den Mut, das zu tun. Wir weinten leise, meine beiden Freunde zitterten vor Angst. Ich spürte ihr Zittern an meinem eigenen Leib, aber vielleicht war es auch mein eigenes. Es war nicht mehr auseinanderzuhalten. Als die zweite Leuchtpatrone abgeschossen wurde, schaute ich vorsichtig am Steinblock vorbei auf das Minenfeld. Ich sah Omid, Farhad und den Milizionär bewegungslos auf der Erde liegen. Mein Blick fiel auf eine Hand. Die Finger bewegten sich, als wenn sie nach etwas greifen wollten. Ich schaute so lange auf die Hand, bis die Leuchtpatrone über uns erlosch und es wieder dunkel wurde. Der Anblick brannte sich in mein Hirn und in mein Herz ein, ich sollte ihn nie in meinem Leben vergessen.

Ich schlug vor, vorsichtig ein paar Schritte nach vorne zu gehen und leise nach den anderen zu rufen. Wir saßen etwa fünfzehn Meter vom Minenfeld entfernt. Den Weg bis dahin waren wir kurz zuvor auch gelaufen. Ich war sicher, dass er minenfrei war. Doch niemand von uns wollte den ersten Schritt machen. Wir waren alle vom Schock gelähmt. Schließlich bewegten wir uns vorsichtig nach vorne und blieben dann am Rand des Minenfeldes hocken. Leise rief ich nach Omid und Farhad. Den Namen des Milizionärs kannte ich nicht.

Wenige Meter von uns entfernt bewegte sich etwas. Wir konnten aber nichts erkennen. Es war eine sehr dunkle Nacht. Wir wagten uns keinen Schritt weiter. In Gedanken spielte ich durch, was wir zu tun hätten. Wir mussten zunächst den Weg zu unseren Freunden von Minen befreien und dann die Verletzten ins Lager tragen. Ich wusste nicht, wie wir das schaffen sollten. Wir hatten zwar noch das Messer und das theoretische Wissen, wie man den Zünder von einem Sprengkörper entfernt. Aber keiner von uns hatte bis zu diesem Zeitpunkt tatsächlich eine Mine entschärft. Aber selbst wenn es uns gelingen sollte, den Weg zu unseren Freunden von Minen zu befreien, stünden wir danach sogleich vor einem weiteren Problem: Wie sollten wir die Verletzten ins Lager bringen? Der Bassidsch-Milizionär war etwa achtzehn Jahre alt, groß und schwer, keiner von uns war in der Lage, den Soldaten zu tragen. Omid und Farhad dagegen waren erst zwölf oder dreizehn, abgemagert und leicht wie wir alle. Die beiden hätten wir irgendwie ins Lager bringen können – wenn wir es denn zuvor überhaupt geschafft hätten, unversehrt zu ihnen zu gelangen. Ich zitterte am ganzen Körper und wusste nicht weiter. Ein Kamerad flüsterte mir ins Ohr: „Lass uns ins Lager zurückgehen und Hilfe holen!" Ich zögerte. Wir konnten doch unsere Freunde nicht einfach so zurücklassen. Wir mussten doch irgendetwas tun. Ich wusste auch was, fühlte mich aber der Aufgabe keineswegs gewachsen. Ich sah ein, dass es auf jeden Fall besser wäre, Hilfe zu holen, statt hier tatenlos herumzuhocken. Und so gingen wir zurück ins Lager.

Wir waren so durcheinander und verwirrt nach dem, was wir erlebt hatten, dass wir den Rückweg nicht wiederfanden. Wir irrten eine Weile umher, dann hielten wir inne und überlegten. Wir wussten, dass wir zuerst bergab Richtung Fluss gehen sollten. Von dort aus würden wir den Weg ins Lager schon wiederfinden. Es dauerte länger als sonst, aber irgendwann hatten wir endlich das Lager erreicht. Wir gingen sofort zum Milizenführer und baten ihn, die drei Verletzten, die wir im Minenfeld zurückgelassen hatten, zu bergen. Er fragte noch nach ein paar Einzelheiten, dann schickte er uns schlafen.

Als wir in unsere Höhle kamen, waren alle anderen wach. Keiner fragte uns, wo Omid und Farhad waren. Immer, wenn jemand oder mehrere fehlten, ahnte man schon, was geschehen war. Wir trauerten um unsere Freunde. Farhad war ein sehr schweigsamer, trauriger Junge gewesen. Wie er uns eines Tages erzählt hatte, war seine Mutter eine Parlamentarierin, als der Schah über das Land regierte, und wurde von den Islamisten erschossen. Sein Vater und seine drei Geschwister wurden verschleppt. Er selbst kam mit fünf Jahren in ein Kinderlager. Omid war unser aller Liebling gewesen. Er war zwar der Größte, aber auch der Schwächste und Zerbrechlichste von uns. Er hatte es kein einziges Mal geschafft, uns seine Familiengeschichte zu erzählen. Jedes Mal war er weinend zusammengebrochen, wenn er nur das Wort Vater oder Mutter in den Mund nahm. Keine Frage, Omid war der psychisch Labilste von uns allen. Das Bild des wie wild in der verminten Erde stochernden Omid ging mir nicht aus dem Kopf – so wie meine Vermutung, dass er sich absichtlich in Gefahr begeben hatte. Er wollte sterben. Er hatte sich selbst umgebracht. Ich musste daran denken, wie er mir Tee gemacht hat, als ich Zahnschmerzen hatte. Wie er immer den Wasserkanister für uns alle auffüllte, damit wir immer genug zu trinken hatten. Ich konnte mir nicht vorstellen, Omid nie wiederzusehen. Er war ein guter Freund geworden. Ich vermisste ihn schmerzlich.

Als wir vor über zwei Jahren in dieses Camp kamen, waren wir zwanzig Kinder. Jetzt waren wir nur noch elf. Waren wir in den Höhlen zuerst zu zehnt, schliefen nun in der einen sechs, in der anderen nur fünf.

Am nächsten Tag wurde die Hälfte der Bassidsch-Milizionäre in die Militärkrankenstation gefahren, wo man ihnen Blut abnahm. Zwei Tage später waren wir dran. Ab dann mussten wir regelmäßig für die Kriegsverletzten Blut spenden.

Ein Teil der Bassidsch-Milizen in unserem Lager wurde in den Süden verlegt. Es stand ein großer Kampf bevor, wie ich den Gesprächen der Soldaten entnahm. Die Erdölanlagen in der Stadt Abadan und auf der Insel Khark durften auf keinen Fall vom Feind erobert werden. Alle Soldaten, die anderswo entbehrlich waren, wurden deswegen dorthin beordert.

Jeden Freitag kam der Wassertankwagen und füllte den großen Tank im Lager. Bevor er kam, durften wir ihn morgens leeren und das restliche Wasser zum Waschen benutzen. Der Freitag war also unser Waschtag. Im Sommer wuschen wir nicht nur unsere Kleider, sondern spritzten uns auch selbst mit dem Wasser ab. Es war einer dieser Sommertage, als wir gerade duschten und ich merkte, dass ich meine Seife vergessen hatte. Ich ging zurück, um sie zu holen. Als ich in der Höhle war, hörte ich plötzlich einen ohrenbetäubenden Knall. In der Nähe des Wassertanks war eine Rakete eingeschlagen. Kurz darauf hörte ich eine weitere Detonation. Schnell füllte sich die Höhle mit den Jungen, die wie ich zuvor draußen am Tank gewesen waren. Doch nicht alle konnten sich rechtzeitig in Sicherheit bringen. Eine dritte und eine vierte Rakete schlugen in der Nähe des Lagers ein. Dann war es still. Unheimlich still. Nach etwa zehn Minuten wagten wir uns aus der Höhle, um nach den anderen Jungen zu sehen. Babak lag tot auf dem Boden. Arman, Farid und Aria waren von den Splittern getroffen worden und bluteten sehr stark. Arian und David lagen nackt und unverletzt, aber bewegungslos auf der Erde und schauten uns aus leeren Augen an.

Als der Angriff erfolgte, war der Milizenführer gerade mit dem Jeep unterwegs. Über Funk wurde ihm mitgeteilt, was geschehen war. Eine halbe Stunde später traf er im Lager ein und fuhr sofort die drei verletzten Kinder in die Militärkrankenstation. Ich sah sie nie wieder. Mit Hilfe von zwei anderen Milizionären trugen wir Arian und David, die unverletzt, aber reglos auf dem Boden gelegen hatten, in unsere Höhle. Sie waren in einem merkwürdigen Zustand. Sie waren völlig apathisch, atmeten zwar, schienen aber nicht mehr bei Bewusstsein zu sein. Wir wussten nicht, was mit ihnen los war. Wir hatten noch nichts von den inneren Verletzungen gehört, die allein die Druckwelle, die durch die starke Explosion einer Bombe entsteht, verursachen kann. Wir wussten auch nicht, dass man sich deshalb am besten beim Einschlag einer Rakete auf den Boden wirft, die Augen schließt, die Ohren zuhält und den Mund aufmacht, um die Druckverhältnisse auszugleichen und innere Verletzungen zu vermeiden. Das alles hatte uns niemand beigebracht.

Es dauerte nicht lange, da brachte man auch Arian und David weg. Auch sie sollten wir nie wiedersehen. Der tote Babak wurde als Letzter abtransportiert. Als ich den Milizenführer fragte, was mit den verletzten Kindern geschehen sei, antwortete er: „Macht euch da mal keine Sorgen!"

Jetzt waren wir nur noch zu fünft und schliefen nun alle in einer Höhle. Die Nachbarhöhle blieb für immer leer. Man schickte uns weiterhin regelmäßig auf die feindlichen Minenfelder, aber der Milizenführer fragte schon gar nicht mehr nach Zündern. Wir hatten immer noch keine einzige feindliche Mine erfolgreich entschärfen können.

Als wir eines Tages nach Sare Pole Sahab in das Hamam zum Duschen gefahren wurden, sahen wir vier von unseren Freunden wieder, die wir aus dem Trainingslager kannten und die nach unsere Ankunft vor mehr als drei Jahren in ein anderes Camp gebracht worden waren. Es war eine große Freude, sie nach der ganzen Zeit wiederzutreffen. Sie waren gewachsen und wirkten sehr viel reifer. Ich fragte mich, wie wir in ihren Augen wohl aussahen. An ihren Armen klebten kleine weiße Pflaster, ihnen wurde demnach auch Blut abgenommen. Die anderen erzählten, dass sie bereits vierzehn Kameraden in den Minenfeldern verloren hatten. Ein anderer hatte sich mit seiner Waffe erschossen, als er Wache hielt. Einen Tag später tat es ihm ein zweiter nach und brachte sich ebenfalls um. So waren sechzehn von zwanzig gestorben. Wir waren geschockt, als wir das hörten. Doch wir konnten uns nicht lange darüber unterhalten, wir mussten über so vieles reden, und uns blieb nur die kurze gemeinsame Wartezeit in der Schlange vor den Duschen. Wir erfuhren dann von den anderen noch, dass sie bei der Minenentschärfung – im Gegensatz zu uns – tatsächlich erfolgreich waren. Sie hatten es geschafft, einige feindliche Minen zu entschärfen und deren Zünder ins Lager zu bringen. Doch dann war unser Gespräch auch schon zu Ende. Die anderen waren an der Reihe und mussten duschen. Wir trennten uns. Auch diese vier Jungen sollte ich danach nie wiedersehen.

Ein weiterer Winter war gekommen. Es fing an, kalt zu werden. Ich wusste nicht mehr genau, wie alt ich war. Es kümmerte uns nicht, welches Jahr wir hatten, welchen Monat, welchen Tag. Die Zeit war uns egal. Wir waren Gefangene fürs Leben. Für die Tageszeiten richteten wir uns nach der Sonne. Eine Uhr hatten wir nicht. Wir wurden älter und größer. Wir veränderten uns und wussten bald nicht mehr, wie wir eigentlich aussahen. Auch einen Spiegel gab es nicht. Der im Hamam muss irgendwann kaputt gegangen sein, jedenfalls war er nicht mehr da.

Die Gruppe gab uns Halt. Sie stärkte uns und gab uns Kraft. Sobald es einem von uns nicht gut ging, waren die anderen für ihn da. Unser Können oder unsere Möglichkeiten waren sehr begrenzt, aber wir konnten uns arrangieren. Jeder brachte sich mit seinem Wissen ein. Irgendwo in unseren Erinnerungen war noch einiges gespeichert. Ich erinnerte mich zum Beispiel daran, wie meine Mutter meine Füße mit kaltem Wasser wusch, wenn ich Fieber hatte. Und wie sie mir ein nasses, kaltes Tuch auf die Stirn legte. Ich hatte schon oft mit diesen Tricks das Fieber bei anderen senken können. Ein anderer erinnerte sich hingegen daran, wie seine Großmutter frische Brennnesselblätter gesammelt und gekocht und ihm den Sud gegen Bauchschmerzen oder Husten verabreicht hatte. Und ein anderer wusste wiederum, wie man mit Hilfe einiger frischer Kräuter Wunden behandelte. Wir lernten voneinander das bisschen, was wir einst gelernt hatten – und konnten uns auf dieser Art und Weise gegenseitig bei Krankheiten pflegen und helfen.

In einer Winternacht wurde unsere Gruppe auf unserem Rundgang kurz vor dem Fluss von der irakischen Armee überrascht. Die feindlichen Soldaten waren selbst auf Erkundung unterwegs und eröffneten sofort das Feuer. Der

Soldat, der uns begleitet hatte, wurde von den Kugeln tödlich getroffen. Wir Jungen konnten uns im Gebüsch verstecken. Dort hockten wir stundenlang. Kurz vor dem Morgengrauen kehrten wir ins Lager zurück: führungslos, verängstigt, geschockt und – unterkühlt. Wieder einmal hatte ich überlebt – und freute mich darüber. An meinem Beschluss, den ich in jener Nacht fasste, als meine drei Freunde ihr Leben verloren, hielt ich weiterhin eisern fest: Ich wollte auf jeden Fall überleben. Ich wollte nicht sinnlos sterben. Ich hatte einfach noch zu viel vor.

Seit Tagen regnete es und hörte gar nicht mehr auf. Seitdem wir hier waren, hatten wir noch nie so starke Regenfälle erlebt. Alle Höhlen wurden überflutet und brachen in sich zusammen. Unser Camp musste umziehen. Offensichtlich hatte auch die irakische Armee Probleme mit dem Unwetter. Seitdem es regnete, war auf beiden Seiten kein einziger Schuss mehr gefallen. Wir wurden etwa zehn Kilometer weiter in eine hügelige Gegend verlegt. Hier gab es schon ein Lager mit anderen Bassidsch-Milizen. Sie begrüßten uns freundlich. Sie nannten einander „Bruder". Das Lager hatte von nun an zwei Führer, den bisherigen Lagerleiter und den aus unserem alten Camp. Wir mochten keinen der beiden. Nach etwa drei Tagen Dauerregen kam die Sonne wieder heraus. Wir legten unsere Sachen zum Trocknen auf ein paar große Steine. Tag für Tag wurde es wärmer. Bald war Noorooz, der iranische Jahreswechsel. Noorooz ist immer am ersten Frühlingstag, am 21. März.

Leider regnete es nicht so oft. Aber immer, wenn es regnete, nutzte ich die Gelegenheit und ging hinaus, während alle anderen sich immer in die Höhle begaben, um nicht nass zu werden. Ich liebte diesen Regen im Sommer oder Frühling. Stundenlang stand ich im Regen, bis ich völlig durchnässt war. Keiner von meinen Kameraden konnte meine Vorliebe für den Regen verstehen. Manchmal erkältete ich mich, aber auch das hielt mich nicht davon ab, im Regen zu stehen oder einen kurzen Spaziergang darin zu machen. Ein wunderbares Gefühl von Freiheit und Sauberkeit durchströmte mich. Mit dem Gesicht nach oben schaute ich tief in die Wolken und ließ mich vom Regen durchnässen.

Der Umzug in das neue Lager hatte für uns einige Verbesserungen mit sich gebracht: Wir mussten nachts nicht mehr in die Minenfelder. Auch hatten wir kaum Wache zu schieben, da es sehr viel mehr Bassidsch-Milizionäre gab, die ebenfalls regelmäßig Wache hielten. Wir hatten nicht viel zu tun, und an einem sonnigen Nachmittag entfernte ich mich mit meinen vier Kameraden von der Höhle. Wir wollten uns in die Sonne legen. Die Milizionäre taten das öfter. Warum sollten wir es dann nicht ebenfalls dürfen? Ein Hügel schützte uns vor Blicken und Schüssen der Iraker. So konnten wir uns unbeschwert bewegen. Wir setzten uns auf einen Stein und sahen uns um. Langsam erwachte die Natur aus dem Winterschlaf. Überall grünte es. Wildkamille und Klatschmohn blühten schon. Die Luft war geschwängert von dem Duft der Kräuter. Ich konnte es kaum fassen, dass so viele schöne Blumen hier einfach so unbekümmert und wild wuchsen. Niemand von uns sagte etwas. Andächtig bestaunten wir die Schönheit der Natur, das Werk Gottes. Ich musste an die Freunde denken, die wir verloren hatten. Ich fühlte mich schuldig, weil ich am Leben sein durfte, während sie tot und verstümmelt waren. Ich stand auf und fing an, Klatschmohn zu pflücken. Für jeden toten Freund pflückte ich eine Blume. Für Omid und Farhad. Für Kian und Amir. Für Babak und Jam. Für Arman und Farid. Für Arian und David. Für Parsa und Shahab. Für Aria, für Mohammed-Reza und für Shahdad. Dann musste ich an die sechzehn toten Kinder aus der anderen Gruppe denken und pflückte weiter. Ich pflückte eine Blume für Avram und für David, eine für Hartun und für Aram, eine für John und – ich versuchte mich an die Namen der anderen zu erinnern. Aber es war einige Jahre her, als wir gemeinsam das Ausbildungslager verlassen hatten und uns in dem Camp in Kermansah erstmals unsere Namen verrieten und unsere Geschichten erzählten. Viel Zeit hatten wir nicht zusammen. Auch wenn mir die Namen nicht mehr einfielen, die Gesichter hatte ich noch deutlich vor Augen. Also pflückte ich weiter, mit jeder Blume in Gedanken an einen dieser Kameraden. Doch als ich meine 31 Klatschmohne zusammenhatte, pflückte ich immer weiter. Ich pflückte so viele, dass ich sie gar nicht mehr in meiner Hand halten konnte. Ich pflückte wie im Rausch. Als könnte ich durch mein Gepflücke meine Freunde wieder zurück ins Leben holen. Ich war so beschäftigt und in Gedanken versunken, dass ich nicht merkte, wie sich der Milizenführer näherte.

„Was machst du da?", fragte er mich. Dabei konnte er doch sehr gut sehen, was ich tat. Ich pflückte Blumen. Im Kriegsgebiet.

„Ihr seid hier, um die feindlichen Minen zu entschärfen, und nicht, um euch auf einer Blumenwiese zu amüsieren und Picknick zu machen!", schrie er. Er riss mir den Klatschmohnstrauß aus den Händen, schlug mir damit auf den Kopf und trat mir dann so kräftig in den Bauch, dass ich mit dem Rücken auf den Boden fiel. Den Klatschmohnstrauß schleuderte er einfach in die Luft. Während ich auf die Erde fiel, flog der Strauß Richtung Himmel. Im Flug lösten sich die zarten, roten Blätter von ihren dünnen Stengeln, die schnell auf den Boden fielen, während die Blätter noch eine Weile in der Luft tanzten und langsam, ganz langsam, zur Erde herniedertrudelten. Ich lag auf dem Rücken und sah die vielen hundert Klatschmohnblätter wie in Zeitlupe auf mich herniederschneien. Ich spürte keinen Schmerz, ich genoss den Anblick. Ich schaute den Blättern zu und lächelte. Ich ärgerte mich nicht über die grundlose Strafe. Im Gegenteil, ohne sie hätte ich den Regen der Klatschmohnblätter nie erlebt.

Kapitel 6
Das Feuer der Freiheit

An dem Tag, als es Klatschmohnblätter geregnet hatte, musste ich nachts zur Strafe drei Stunden Wache schieben. Leider konnte ich im Dunkeln nichts von der schönen Landschaft erkennen. Dafür funkelten die Sterne am Himmel. Ich warf den Kopf in den Nacken und fragte mich, wie ich von hier fliehen könnte. Ich musste nun etwa zwölf Jahre alt sein. Als ich von meiner Familie getrennt wurde, war ich fünf. Ich überlegte, an wen ich mich in Teheran wenden könnte und welche Adressen ich überhaupt kannte. Tante Simin könnte ich vielleicht erreichen. Tante Simin war Mutters beste Freundin. Sie arbeitete täglich acht Stunden in unserem Haushalt, war mein Kindermädchen und half meiner Mutter auch an Feiertagen, wenn wir Besuch bekamen. Tante Simin und ihr Ehemann waren auch immer dabei, wenn wir Pessach feierten, oder Chanukka – dabei waren sie Muslime, keine Juden. Dann gab es noch diese berühmte Konditorei in Yusefabad. Die Angestellten dort kannten meine Familie. Jedes Wochenende lieferten sie Torten und Kuchen in unser Haus. Vielleicht wussten sie, wer mir helfen könnte? Es war zwar alles sehr vage, aber der Gedanke an die Flucht nahm langsam Gestalt an.

Am nächsten Tag sprach ich mit Masrur, Shahram, Sharon und Sasan über meine Fluchtpläne. Sie wurden hellhörig. Alle wollten mitmachen. Keiner scheute das Risiko einer Bestrafung, sollte die Flucht misslingen. Wir überlegten gemeinsam, wie wir von hier fliehen könnten. Die nächstgelegene Stadt war die Kleinstadt Sare Pole Sahab, wo man uns alle zehn Tage zum Duschen hinfuhr. Dort waren wir immer für zwei Stunden unbeobachtet. Doch in der Stadt lebten keine Einheimischen mehr. Allein das Militär hatte Zutritt. Verlassen konnte man sie nur mit einem gültigen Passierschein. Hinter den Kontrollposten der Armee, so hatte ich es von der Hinfahrt vor vielen Jahren noch in Erinnerung, standen private Minibusse. Bis nach Kermanschah brauchten sie drei Stunden. Doch wir hatten natürlich keinen Passierschein. Und ich wusste auch nicht, wie wir einen für uns fünf hätten auftreiben können. Was also tun?

„Wir könnten durch einen Umweg den Kontrollposten der Armee umgehen, um die Minibusse zu erreichen", schlug ich vor und wurde ganz enthusiastisch bei dem Gedanken, endlich von hier wegzukommen. Meine Freunde sahen mich an und waren überrascht von meiner Entschlossenheit.

„Solange wir noch leben, müssen wir alles versuchen, um hier rauszukommen", sagte ich. Die anderen nickten, in ihren Gesichtern so viel Hoffnung wie Erstaunen.

Am selben Tag informierte uns der Milizenführer, dass wir fünf in dieser Nacht für die Minenentschärfung an die Front mussten. Ein Bassidsch-Milizionär würde uns begleiten. Es war das erste Mal, dass wir in unserem neuen Camp nachts zur Minenentschärfung geschickt würden. Ich hatte nicht mehr damit gerechnet – und war am Boden zerstört. Würden uns nun doch noch die Minen zerfetzen, bevor wir fliehen konnten?

Kurz nach Mitternacht kam ein junger Soldat und brachte uns zwei Messer sowie ein Gewehr. Masrur, unser Gruppenleiter, sollte die Kalaschnikow tragen. Wir machten uns auf den Weg. Es war Vollmond und ziemlich hell. Der Soldat lief vor uns. Plötzlich stoppte er und sagte, dass wir das Passwort nicht vergessen sollten. Es lautete „Der schwarze Rabe". Wir wussten gar nicht, was wir damit anfangen sollten. Als er unsere fragenden Gesichter sah, war er überrascht. Dann zeigte er uns, an welchen Punkten Wachposten stationiert waren. Wenn wir diese auf dem Rückweg ins Lager passierten, bräuchten wir das Codewort, sonst kämen wir nicht hinein. In unserem alten Lager benutzten wir keine Passwörter, wenn wir von nächtlichen Rundgängen zurück ins Lager kamen.

Nach etwa einer Stunde hatten wir unser Ziel, ein irakisches Minenfeld, erreicht.

„Bewegt euch ab sofort sehr vorsichtig und lautlos!", sagte der Soldat zu uns.

Plötzlich blieb er stehen, hockte sich hin und verlangte von uns, es ihm nachzutun.

„Bei Vollmond müsst ihr besonders vorsichtig sein. Es ist sehr hell, die irakische Armee kann euch viel leichter entdecken als in anderen Nächten!"

Wir bekamen Angst und schauten zum Himmel, wo der Mond groß und voll strahlte. Wir hätten genauso gut unter einer Straßenlaterne durchgehen können. Der Soldat versuchte, uns zu beruhigen. Mein ganzer Körper zitterte. Und den anderen ging es nicht besser. In diesem Zustand konnten wir nicht aufs Feld. Der Soldat wusste es und harrte mit uns auf dem Boden aus, damit wir uns beruhigen konnten. Währenddessen flüsterte er: „Es ist wichtig, dass ihr euch den Weg genau merkt, denn ab morgen werdet ihr alleine ohne meine Begleitung hierher kommen müssen!"

Ich war froh zu hören, dass wir bald wieder auf uns selbst gestellt sein würden und uns niemand kontrollierte. So konnten wir uns wie gewohnt im Gebüsch verstecken und einfach behaupten, dass wir zwar in den Minenfeldern waren, aber keine Sprengkörper finden konnten.

Wir saßen noch ein paar Minuten auf dem Boden. Dann brach der Soldat den Einsatz ab. Es war einfach zu hell – und somit zu gefährlich.

In der nächsten Nacht mussten wir allein an die Front. Waren wir in unserem alten Lager immer gegen Mitternacht aufgebrochen, so hatten wir uns nun nach dem Mond zu richten. Erst wenn der Mond untergegangen war und es nicht mehr so hell sein würde, sollten wir losgehen. Wir wurden gegen drei Uhr geweckt, zogen uns an, nahmen unsere zwei Messer und krochen aus der Höhle. Ein Soldat gab Masrur die Kalaschnikow, und wir verließen das Lager. Noch ahnten wir nicht, dass wir nie wieder hierher zurückkehren sollten.

Wir gingen etwa ein Drittel der Strecke wie am Abend zuvor. Dann schlug ich den anderen vor, wir könnten uns hier im Gestrüpp verstecken. Wir fanden eine geeignete Stelle und hockten uns alle zusammen ins Gebüsch. Etwa dreihundert Meter von unserem Versteck entfernt verlief eine Straße. Wir kannten sie. Sie führte nach Sare Pole Sahab. Alle fünfzehn bis zwanzig Minuten kamen Militärfahrzeuge vorbeigefahren. Wir saßen da, schwiegen und schauten auf, sobald das Geräusch nahender Fahrzeuge zu hören war. Eine ganze Weile ging das so, da kam mir die Idee.

Ich dachte etwa eine halbe Stunde darüber nach. Dann sagte ich:

„Hört zu! Wir verstecken erst die Waffe und die Messer im Gebüsch und laufen dann vorsichtig in Richtung Straße. Wir müssen das schaffen, solange es dunkel ist. Dann halten wir eins der Autos an und bitten den Fahrer, uns in die Stadt zu fahren." Mein Vorschlag wurde sofort angenommen. Keiner hatte Fragen oder Einwände. Es sah so aus, als ob mir meine Freunde blind vertrauten.

Masrur legte die Waffe und die beiden Messer auf den Boden, und wir bedeckten sie mit Ästen und Zweigen. Dann liefen wir seitlich des Weges in Richtung Straße. Wir gingen sehr vorsichtig hintereinander im Abstand von je etwa fünf Metern. Sollte einer von uns auf eine Mine treten, hätten zumindest die anderen eine Chance zu überleben. Es dauerte ein halbe Stunde, bis wir die Straße erreichten. Langsam wurde es hell.

Etwa zehn Minuten später fuhren einige Militärjeeps vorbei, doch keiner hielt an. Nach etwa zwanzig Minuten kam ein kleiner Laster, stoppte, und wir sprangen auf die Ladefläche. Einige Soldaten saßen bereits dort. Sie musterten uns neugierig, aber niemand sprach uns an. Nach etwa einer halben Stunde hielt der LKW vor dem Hamam, in dem wir immer duschten. Die Soldaten stiegen alle aus. Das taten wir auch. Dann gingen wir in das Hamam hinein und setzten uns auf die warmen Steine. Auf der Ladefläche des Lasters war es ganz schön kalt und windig gewesen. Die Wärme tat gut.

Masrur fragte mich, was wir nun tun sollten. Er zitterte so, dass er sich schütteln musste. Doch von der Fahrt kann es nicht mehr gewesen sein, es war die Angst. Die anderen sahen mich ebenso erwartungsvoll an und schienen auf mein Kommando zu warten. Doch ich war selbst von der Situation überfordert und hatte Angst. Bis zu diesem Moment hatte ich niemals für mich oder für andere Entscheidungen treffen müssen. Ich wünschte, einer meiner Freunde würde irgendetwas sagen oder vorschlagen. Doch nichts dergleichen geschah. Ich war der Anführer, der Entscheider, auf mir lastete die ganze Verantwortung.

„Wir können nicht in der Stadt bleiben. Jemand könnte uns erkennen und zu den Milizen zurückbringen", überlegte ich laut. „Wir sollten zurück auf die Straße gehen und mit einem Militärfahrzeug zum Checkpoint fahren." Ich hatte zwar noch keine Ahnung, wie wir ohne Passierschein daran vorbeikommen sollten, aber vielleicht fiel uns vor Ort etwas ein.

Wir gingen zur Straße und warteten. Nach fünf Minuten hielt ein Militärauto und wir stiegen ein. Ein älterer Offizier fragte uns, wer wir seien.

„Wir sind freiwillige Helfer der Bassidsch-Milizen", antwortete ich.

„Wo wollt ihr denn hin?"

„In der Nähe vom Checkpoint gibt es ein paar leerstehende Häuser. Dort wollen wir Dachbleche für die Milizen holen. Gegen Mittag werden wir dann abgeholt."

Ich hatte mir diese Geschichte zurechtgelegt, als wir am Straßenrand warteten. Irgendwann im Camp hatte ich mitbekommen, dass sich die Bassidsch-Milizen Dachbleche von verlassenen Häusern besorgt hatten. Als ich kurze Zeit später durch das Fenster ein paar Häuser am Straßenrand sah, bat ich den Fahrer, anzuhalten. Ich bedankte mich bei ihm und wir stiegen aus.

„Warum sind wir hier ausgestiegen?", fragte Masrur, „Wir hätten weiterfahren können."

„Das wäre zu gefährlich gewesen. Wenn wir direkt vor dem Checkpoint ausgestiegen wären, hätten wir den Grenzposten schnell auffallen können. Du weißt doch, dass wir keine Passierscheine haben."

Daraufhin sagte er nichts weiter.

Wir liefen etwa zwanzig Minuten, bis wir in der Ferne den Checkpoint sehen konnten. Wir gingen von der Straße runter und versteckten uns im Gebüsch. Ich schaute mich um. Rechts vom Checkpoint war die Landschaft flach und eben, auf der anderen Seite hingegen eher hügelig. Ich wählte diese Seite, und wir begannen, nach vorn zu robben. Es war mühsam, und wir kamen nur langsam voran. Aber nach zwei Stunden hatten wir es geschafft. Der Checkpoint lag nun hinter uns. Wir waren außerhalb des Militärbereichs. Die Gegend wurde nicht bewacht. Nur am Checkpoint standen einige Soldaten mit ihren Gewehren herum.

Wir konnten kaum glauben, dass wir so weit gekommen waren. Die Freiheit war zum Greifen nah – aber auch noch sehr weit entfernt. Wir schauten uns um. Zum ersten Mal seit sehr langer Zeit sahen wir wieder Zivilisten. Ein paar kurdische Frauen saßen auf dem Boden und verkauften Obst, Gemüse und hausgemachte Süßwaren. Sie trugen farbenfrohe Kleider und Kopftücher. Etwas weiter hinten standen ein paar Dutzend Minibusse, die auf die Soldaten warteten, die nach Hause wollten. Ich fragte eine der Verkäuferinnen, wie viel eine Fahrt bis Kermanschah kostete. Sie verstand mich nicht und winkte einen Jungen heran, der Persisch sprach und übersetzen sollte.

„Was wollt ihr kaufen?", fragte er uns.

„Weißt du, was eine Fahrt nach Kermanschah kostet?"

„Ich habe keine Ahnung, aber frag doch die Fahrer!" Er wies mit dem Zeigefinger in Richtung der Minibusse.

„Das Problem ist nur", ich druckste herum und malte mit dem Schuh Kreise in den staubigen Boden, „dass wir kein Geld für die Busfahrt haben."

Da lachte der Junge und sagte: „Kein Geld, keine Busfahrt!"

Ich drehte mich um und ging zurück zu meinen Freunden. Hinter meinem Rücken hörte ich den Jungen mit den Verkäuferinnen reden und dann alle laut und schallend lachen.

Wir überlegten gemeinsam, wie wir das Problem mit dem Geld lösen könnten, bevor uns jemand erkennen und verhaften würde. Seit über acht Jahren hatten wir keine Geldscheine mehr gesehen, und die Banknoten, die die Gemüsehändlerinnen in den Händen hielten, sahen anders aus als diejenigen, die wir noch aus unseren Kindertagen in Freiheit kannten. Khomeinis Kopf war darauf. Masrur gestand, dass er noch nicht einmal wusste, wie die iranische Währung überhaupt hieß. Er schien vieles aus seiner Kindheit vergessen zu haben.

Die Zeit war knapp. Wir mussten uns beeilen, wenn wir nicht erwischt werden sollten. Ohnehin fielen wir genug auf

– fünf abgemagerte Kinder in Soldatenuniform. Ich bat meine Freunde, an einer Ecke zu warten, bis ich mit einem Minibusfahrer gesprochen hatte. Sie machten widerspruchslos, was ich ihnen sagte, und langsam gewöhnte ich mich daran, dass von meinen Freunden keine Vorschläge zu erwarten waren.

Ich ging zu einem der Busfahrer und bat ihn, mir zu helfen. Es war ein netter älterer Mann in traditionell kurdischer Kleidung und mit einem Turban auf dem Kopf. Seine Wangen waren frisch rasiert, seine Oberlippe verschwand unter einem vollen schwarzen Schnurrbart. Er nickte mir aufmunternd zu. Doch bevor ich überhaupt etwas sagen konnte, fing ich an zu weinen. Die Tränen rannen über meine Wangen. Ich schluchzte.

Der Mann legte seine Hand auf meine Schulter und sah mich besorgt an: „Junge, warum weinst du? Wie kann ich dir helfen?"

Doch ich bekam kein Wort heraus, die Schluchzer schnürten mir die Kehle zu. Der Mann nahm meine Hand und führte mich in die kleine Hütte, wo die Busfahrer ihren Tee tranken und auf ihre nächste Fahrt warteten. Er fragte mich erneut, was mit mir los war. Schließlich konnte ich wieder sprechen. Ich sagte ihm als Erstes, dass ich nicht alleine war. Er schaute über meine Schultern nach draußen, sah aber niemanden, der zu mir gehören könnte. Ich ging hinaus und holte meine Freunde. Zu fünft standen wir nun vor ihm.

„Wir wollen nach Kermanschah", sagte ich leise, damit die anderen Busfahrer es nicht hörten, „wir haben aber kein Geld für die Fahrkarte."

„Wer seid ihr?", fragte der Mann. Wir schauten einander an und schwiegen. Masrur fing plötzlich an zu weinen und steckte uns alle damit an. Jetzt standen wir fünf weinend vor dem Busfahrer, dem die Situation etwas unangenehm war.

Suzan, die auch ein Faible für Naturwissenschaften hatte und Chemie studierte, Löcher in den Bauch. Ich wollte wissen, was man in der Schule in Physik alles lernt. Vor allem die Experimente fand ich als Kind natürlich spannend. Ich erinnerte mich daran, wie Suzan einmal zu Haue eine komplizierte Apparatur aufbaute und mit verschiedenen Fläschchen und Pülverchen hantierte. „So etwas ähnliches macht man auch in der Physik", sagte sie, als ich mit großen Augen vor ihrem Schreibtisch stand. Ich konnte es in dem Moment kaum erwarten, endlich groß zu sein und selbst solche spannenden Versuche durchführen zu dürfen. Ich war in Gedanken bei Suzan im Arbeitszimmer, bei meiner geliebten, vermissten Schwester, als ich endlich einschlief.

Gegen Mitternacht weckte der Milizionär Omid und mich für die Nachtwache. Wir standen sofort auf und zogen unsere Uniformen an. Meine Hände zitterten vor Angst. Dann gingen wir mit dem Soldaten zum Wachposten, wo wir beide die anderen Jungen ablösten und ihre Gewehre in Empfang nahmen. Der Soldat ließ uns allein, und wir setzten uns in die kleine, von den Milizen provisorisch gezimmerte Wachhütte. Das Einzige, was wir während der Wache tun sollten, war nach vorne in das Gestrüpp zu schauen und auf Bewegungen zu achten. Doch ich traute mich nicht, nach vorn zu gucken. Ich hatte zu große Angst davor, dort tatsächlich etwas zu entdecken, was uns gefährlich werden könnte. Ich müsste dann schießen. Aber ich war gar nicht in der Lage, mit der Waffe, die ich in der Hand hielt, umzugehen oder sie zu laden. Aber das machte nichts. Ich würde ohnehin nicht schießen, selbst wenn der Feind vor mir stünde. Warum sollte ich dann wissen, wie das Ding funktionierte, oder ob es überhaupt geladen war? Ich fühlte mich nicht sicherer mit der Waffe. Im Gegenteil.

Statt nach vorn ins Gebüsch zu schauen, schaute ich nach oben: in den Himmel. Dabei fiel mir auf, dass ich in den drei Monaten, die ich jetzt schon im Kriegsgebiet war, noch kein einziges Mal den Himmel gesehen hatte. Ich war erstaunt über die große Anzahl von Sternen. Ich wusste nicht, dass es überhaupt so viele gab. In Teheran konnte man auch in klaren Nächten immer nur die hellsten am Himmel sehen. Hier dagegen leuchteten Abermillionen. Ich richtete meinen Blick aufs Firmament und suchte auch innerlich Halt bei den Sternen. Tatsächlich beruhigte mich ihr Anblick und half mir, meine Angst vor der Dunkelheit unter Kontrolle zu bringen.

Plötzlich bewegte sich etwas im Gebüsch. Was war das? Meine Augen zitterten vor Angst. Ich konnte nicht erkennen, ob es tatsächlich der Feind war oder vielleicht nur ein Tier. Ich schloss die Augen und lauschte in die Nacht. Irgendwann ahnte ich, dass es sich um ein Tier handeln musste, ein Mensch hätte mehr Lärm verursacht. Ich machte die Augen wieder auf und atmete tief und erleichtert durch.

Mit der Zeit gewöhnte ich mich an die Nachtwachen. Doch die Angst stand immer mit auf dem Posten. Manchmal wurde in der Nacht auf beiden Seiten heftig geschossen. Ab und zu explodierten irakische Raketen ganz in der Nähe unserer Höhlen. Und dann gab es ständig die Situationen, in denen etwas im Gebüsch raschelte – und wir quälend lange Minuten warteten, bis wir sicher sein konnten, dass es nicht der Feind war.

Sobald etwas im Gebüsch raschelte, schloss ich meine Augen und blieb bewegungslos und still. In solchen Momenten, als mich die Angst übermannte, dachte ich an jene Schmetterlinge, die bei uns zu Hause im Garten von Blume zu Blume flatterten und denen ich als Kind hinterherrannte. Der Wintergarten unseres Hauses war im Winter beheizt. Es gab dort Pflanzen, an denen viele Raupen und Schmetterlingspuppen hingen. Meine Mutter instruierte höchstpersönlich unsere zwei Gärtner. Im Frühjahr war der Wintergarten voller frischgeschlüpfter und farbenfroher Schmetterlinge. Und viele Bekannte, Freunde und Verwandte besuchten uns dann, um die Schmetterlinge anzusehen. In den Augenblicken der Angst beruhigte es mich immer sehr, an diese Schmetterlinge zu denken. Ich stellte mir dann vor, dass ich es war, der das Rascheln im Gebüsch verursachte, um Schmetterlinge einzufangen. So kam ich zur Ruhe und hielt meine Augen geschlossen. Das funktionierte tatsächlich, und kurz danach hörte auch das Rascheln auf. Dann konnte ich auch meine Augen wieder öffnen, in den Himmel schauen und die Sterne betrachten.

Als der muslimische Fastenmonat Ramadan zu Ende war, suchte uns der Milizenführer auf. Er hatte eine neue Aufgabe für uns. Wir gehörten ab sofort zum Gashty-Team, verkündete er. Gashty ist Persisch und heißt so viel wie Patrouille. Diese Gruppe musste tagsüber nur noch zwei Stunden Wache schieben, dafür nachts umso mehr tun: Das Gashty-Team hatte beim nächtlichen Rundgang die Fronten zu inspizieren, die Bewegung des Feindes zu dokumentieren und die feindlichen Minen zu entschärfen. Letzteres war speziell unsere Aufgabe. Der Milizenführer würde uns die Wege zeigen, die wir von Minen befreien sollten, und über welche dann – wenn unsere Arbeit getan wäre – die Truppen den Angriff auf den Feind starten könnten. „Eure Aufgabe ist sehr wichtig und kann den Krieg entscheiden", schärfte er uns ein. „Jede Mine, die ihr nicht findet, kann meine ganze Truppe auslöschen. Und nur ihr wärt dann daran schuld!"

Dann klärte er uns etwa zehn Minuten über den Verlauf des Einsatzes auf und ging wieder. An diesen Nachmittag sprach keiner von uns ein Wort. Wir alle waren in Gedanken versunken und voller Angst. Das Abendbrot rührte keiner von uns an. Als es dunkel wurde, kam ein Milizionär zu uns in die Höhle und brachte vier Messer. Wir kannten diese Messer aus unserer Ausbildung. Es waren die mit der mattgrünen Klinge, die kein Licht reflektierten und die man benutzte, um in der Erde versteckte Minen zu finden.

Er teilte uns in insgesamt vier Gruppen ein. Der größte in jeder Gruppe wurde zum Gruppenleiter ernannt und bekam eine Kalaschnikow. Mein Gruppenleiter war Omid, der Junge, mit dem ich auch meine erste Nachtwache abgehalten hatte. Omid war derjenige von uns, der am wenigsten sprach und am meisten weinte. Er war hilfsbereit und liebenswürdig, doch keineswegs entscheidungsfreudig. Als Gruppenleiter war er eine Fehlbesetzung. Aber das kümmerte den Milizenführer offensichtlich wenig. Führungsqualitäten spielten keine Rolle, allein die Körpergröße machte einen Jungen zum Gruppenleiter. Die war natürlich sehr viel einfacher zu ermitteln als charakterliche Eigenschaften. Um diese herauszufinden, hätten sich die Soldaten ja mit uns und unseren Persönlichkeiten auseinandersetzen müssen.

Nachdem alle vier Gruppenführer ausgewählt und ausgerüstet waren, verließen wir die Höhle. Der Bassidsch-Milizionär zeigte uns mit ausgestrecktem Arm die Richtung, in die wir gehen sollten. „Ihr wisst ja, was zu tun ist", sagte er dann und ließ uns allein in der Dunkelheit. Einer der Gruppenführer fing an zu weinen. Andere stimmten mit ein. Schließlich machten wir uns auf den Weg – ein heulendes Kommando aus Zwergsoldaten marschierte geradewegs in die feindlichen Minenfelder.

Während wir liefen, tat ich, was ich neuerdings immer machte, wenn ich nachts im Freien Angst hatte: Ich schaute nach oben in den Himmel. Der Mond schien nicht, und die Sterne leuchteten viel intensiver als sonst. Ich wünschte, meine Mutter wäre bei mir und könnte mit mir gemeinsam den funkelnden Sternenteppich bewundern. Ich fing an, die

Sterne am Himmel zu zählen. Das beruhigte mich. Ich musste daran denken, dass man Kindern, die nach einem aufregenden Tag nicht schlafen können, sagt, sie sollten Schäfchen zählen. Es hatte tatsächlich eine beruhigende Wirkung, Dinge zu zählen, die man eigentlich gar nicht zählen konnte. Ich schaute so konzentriert in den Himmel, dass ich beim Laufen mehrmals stolperte und stürzte. Jedes Mal, wenn ich hinfiel und mich wieder aufrappelte, verlor ich etwas Zeit, und die Gruppe entfernte sich immer mehr von mir. Ich lief bald als Letzter. Als ich die anderen vor mir durch die Dunkelheit taumeln sah, wurde mir schlagartig klar, wie ernst die Lage war, in der wir zwanzig Kinder uns befanden.

Ich eilte nach vorn, um herauszufinden, warum wir so schnell unterwegs waren. Der Weg, auf dem wir liefen, war sehr eng und rechts und links von mannsgroßen, vertrockneten Büschen gesäumt. Wir konnten nicht neben-, sondern nur hintereinander laufen. Arian, einer der Gruppenleiter, lief ganz vorne. Ich stoppte ihn und fragte stotternd, wieso er so schnell rannte. Er zuckte die Schultern und wusste keine Antwort. Aber er war genauso verängstigt wie wir alle. Vielleicht dachte er, dass wir schneller wieder in der sicheren Höhle wären, je schneller wir nun durch die Nacht rannten. Dabei war es nicht unsere Aufgabe, ziellos herumzulaufen. Wir sollten Minen finden und entschärfen. Und eigentlich mussten wir langsam damit anfangen. Uns allen war das bewusst.

„Es wäre klüger, sich in den Gebüschen am Wegesrand zu verstecken, als in der Dunkelheit nach Minen zu stochern", sagte ich leise zu den anderen, „wir können dort zwei Stunden ausharren und dann zurück ins Lager gehen. Und wenn uns jemand fragt, wie viele Minen wir gefunden hätten und wo die Zünder seien, sagen wir, dass wir keine finden konnten."

Die anderen fanden meinen Vorschlag gut, mehr noch: Sie beruhigten sich, die Angst wich aus ihren Gesichtern.

Nun mussten wir nur noch ein sicheres Versteck finden, ohne auf Minen zu treten. Es war schon sehr dunkel, doch unsere Augen hatten sich ein wenig an die Finsternis gewöhnt. Die Bassidsch-Milizen im Lager konnten uns zumindest nicht mehr sehen, wir waren zu weit weg. Omid zitterte vor Angst. Aus der Ferne hörten wir Schüsse und Explosionen. Langsam trauten wir uns, vom Weg abzuweichen, um uns in den Büschen zu verstecken. Arian machte den Anfang und ging etwa fünf Schritte in die Hecken hinein, alle anderen folgten ihm. Nach wenigen Metern setzten wir uns auf den Boden und ließen die Zeit vergehen. Meine Angst war zu groß, als dass ich die Kälte hätte spüren können, die um mich herum war. Keiner sagte mehr etwas, und wir versuchten, uns nicht zu bewegen. Wer erkältet war, kämpfte gegen jedes Niesen und jeden Husten an. Das kleinste Geräusch hätte uns verraten können. Nach etwa zwei bis drei Stunden standen wir wieder auf und kehrten ins Lager zurück.

Am nächsten Tag rief der Milizenführer die vier Gruppenleiter zu sich in seine Höhle und wollte wissen, wie viele feindliche Minen wir entschärft hatten. Er verlangte die Zünder als Beweis. „Verkehrte Welt", sagte ich zu den anderen, als ich das hörte. Nachts schlief der Milizenführer seelenruhig in seiner Höhle und erwartete wiederum von zehnjährigen Kindern wie uns, dass wir draußen herumliefen und uns in Lebensgefahr begaben.

Uns Kinder hatte die erste gemeinsame Nachtwanderung noch mehr zusammengeschweißt. Je härter die Lage und je schwieriger die Situation für uns wurde, desto mehr sprachen wir miteinander und trafen zusammen Entscheidungen. Wir kümmerten uns umeinander und kochten zum Beispiel Tee, wenn jemand eine Erkältung hatte. In der

Gruppe fühlten wir uns stärker, und so lernten wir, unseren Zusammenhalt zu bewahren. Ich erinnere mich nicht, dass wir uns jemals gestritten oder ein böses Wort zueinander gesagt hätten. Wir wurden eine Familie.

Wir hatten zwei Höhlen, die nebeneinander lagen. Es war schon für die zehn Kinder, die sich jeweils eine Höhle teilten, recht eng. Trotzdem besuchten wir uns öfter und tranken zusammen Tee. Dann passten auch zwanzig Kinder in das Erdloch. Als wir an einem Nachmittag alle zusammen in einer Höhle hockten, kam der Milizenführer und informierte uns, dass ab sofort zwei Gruppen mit je zehn Kindern abwechselnd an die Front zur Minenentschärfung geschickt würden. Unsere Gruppe sei zu groß. Wir könnten auffallen, kleinere Gruppen wären besser. Das bedeutete, dass jeder von uns nur jede zweite Nacht an die Front musste. Wir atmeten auf. Das war eine gute Nachricht. Als der Milizenführer unsere Erleichterung merkte, sagte er: „Das heißt aber auch, dass jeder von euch doppelt so gute Arbeit leisten muss, wenn wir nur noch mit halber Kraft in die Minenfelder gehen. Und ihr wisst, weshalb ihr hier seid! Ich habe noch keinen einzigen Zünder von euch gesehen!" Er ließ seinen Blick über unsere Köpfe schweifen, dann brüllte er: „Ich will Zünder sehen, habt ihr verstanden! Ich brauche Zünder von euch! Bringt mir Zünder!"

Tschaschni, Tschaschni, Tschaschni hallte es in meinen Ohren. Schweiß tropfte von meiner Stirn. Ich merkte, wie ich mir in die Hose machte. Ich hätte ihn gern gefragt, ob er auch im Alter von zehn irgendwelche Minen in der Erde aufgesucht und entschärft hatte. Ich hätte ihm gern gesagt, dass ich lieber mit einem Plastikauto spielen würde als Minen zu entschärfen. Aber dieses Mal hielt ich den Mund. Was hatte es denn für einen Zweck?

Am Abend gegen 22 Uhr mussten die ersten zehn von uns an die Front. Wir wurden in zwei Gruppen mit je fünf

Jungs eingeteilt, und die beiden Gruppenführer bekamen noch ein paar Hinweise und Wegbeschreibungen. Ich war wieder in der Gruppe von Omid, der sofort anfing zu weinen, als ihn der Milizionär instruierte. Es brauchte nicht viel, um Omid zum Weinen zu bringen. Er weinte eigentlich immer und hatte ständig rote Augen.

Wir gingen zusammen los – auf demselben Weg wie in der Nacht zuvor. Der Berg, auf dem die irakische Armee positioniert war, lag etwa zwei Kilometer vor uns. Wir waren vielleicht dreihundert oder vierhundert Meter gegangen, als Masrur, der Führer der anderen Gruppe, stehen blieb, dann ein paar Schritte zurücklief, bis er vor mir stand und mich dann flüsternd fragte: „Wollen wir uns wieder wie gestern im Gebüsch verstecken?"

Ich war überrascht, dass er mich fragte. Er war doch der Gruppenführer und hatte solche Entscheidungen allein zu fällen – oder zusammen mit seinem Kollegen Omid. Aber Omid zitterte so, dass seine Zähne klapperten. Es war zwar kalt, aber wir alle wussten, dass sein Zittern mit der Kälte wenig zu tun hatte. Die Tränen rannen über seine Wangen. Er schien nicht in der Lage, irgendeine Entscheidung zu fällen. Ich schaute Masrur an und nickte.

Masrur ging vorsichtig ein paar Schritte in die Hecke und wir folgten ihm einer nach dem anderen, bis wir alle im Gebüsch verschwunden waren.

„Vielleicht ist es besser, wenn wir nicht alle zusammen sitzen, sondern uns etwas verteilen", flüsterte ich zu ihm, „falls jemand auf eine Mine tritt, gehen wir nicht alle auf einmal drauf. Dann haben die anderen noch eine Chance – und können Hilfe holen."

Masrur fand meinen Vorschlag gut, und so rückten wir Kinder ein bisschen von einander ab. Als ich meinen Platz gefunden hatte, warf ich den Kopf in den Nacken und schaute in den Himmel. Stundenlang guckte ich in die

Sterne, so lange, bis mein Nacken wehtat. Nach etwa zwei Stunden sagte ich leise zu Masrur, dass wir zurück ins Lager gehen könnten.

In den folgenden Nächten, in denen wir an die Front sollten, taten wir nun immer Dasselbe: Wir versteckten uns im Gebüsch und saßen sinnlos in der Kälte auf der nackten Erde. Statt gegen den Feind kämpften wir gegen den Husten und das Niesen – und das nicht immer mit Erfolg. Aber wir blieben unentdeckt. Vier Wochen ging das so, dann fragte der Milizenführer die vier Gruppenleiter, was wir eigentlich bei unserem nächtlichen Rundgängen machten, wo wir nach Minen suchten und wo wir uns aufhielten. Er wunderte sich, dass wir ihm bis zu diesem Tag noch keinen einzigen Zünder präsentiert hatten. Einer der Gruppenleiter antwortete, dass es nun mal nicht einfach wäre, in der Dunkelheit die Minen zu finden.

Als wir in der folgenden Nacht von unserem Rundgang zurückkamen, empfing er uns vor unserer Höhle – die Arme in die Seiten gestemmt, sein Blick grimmig. Er hatte sich in der Nacht auf einen Hügel gestellt und uns mit seiner neuen Nachtsichtkamera beobachtet, erzählte er uns. „Ihr habt euch abseits des Wegs im Gestrüpp versteckt und euch dort die Zeit vertrieben!", stieß er wütend zwischen seinen Zähnen hervor. Dann rief er Omid und Masrur zu sich, weckte die anderen beiden Gruppenführer, die noch schliefen, und brachte die vier zu seiner Höhle. Wir anderen legten uns schlafen. Etwa fünfzehn Minuten später kam einer der Gruppenführer zu uns und sagte, dass der Milizenführer mich sehen wollte. Ich stand auf und ging zu ihm.

Der Mann schlug sofort zu. „Ausgerechnet du, der Kleinste von allen, zwingst die gesamte Gruppe von zwanzig Männern, sich im Gebüsch zu verstecken, statt Minen zu entschärfen!", brüllte er.

Ich hatte mich wieder eingenässt, was meine beigefarbene Hose leider nicht verbergen konnte. Der Mann sah das und sagte:

„Schaschoo, hör zu! Ab sofort wirst du jede Nacht an die Front gehen, nicht wie deine Kollegen nur jede zweite. Und du wirst in den nächsten zwei Wochen tagsüber vier Stunden Wache halten, nicht zwei wie die anderen. Hast du mich verstanden?"

„Ja!", antwortete ich.

Er schob mich Richtung Ausgang. Doch ich drehte mich zu ihm um und sagte: „Sie sprachen gerade von zwanzig Männern. Wir sind aber noch keine Männer, wir sind noch Kin…"

Weiter kam ich nicht. Er gab mir eine kräftige Ohrfeige. Sie traf genau die Stelle, an der ich seit Tagen schon Zahnschmerzen hatte.

In dieser Nacht wurden die Zahnschmerzen unerträglich. Am nächsten Tag war meine Backe so dick, als steckte ein Tennisball in meinem Mund. Meine Lippen waren taub. Ich spürte keinen Schmerz mehr und lag wie bewusstlos auf dem Boden. Omid weckte mich, er hatte mir einen Tee gekocht. Er sagte, dass es ihm leidtat, dass er mich verraten hatte. Wieder weinte er. Aber ich war ihm nicht böse. Ich mochte ihn viel zu sehr. Später erfuhr ich, dass er mich erst verraten hatte, nachdem man ihn brutal geschlagen hatte.

Jemand sagte, der Milizenführer sei mit dem Jeep weggefahren. Omid und ein anderer Gruppenführer übernahmen meine vierstündige Wache. So konnte ich liegenbleiben. Doch ich hatte nicht lange meine Ruhe. Am Nachmittag stand plötzlich der Milizenführer in unsere Höhle – mit einer roten Zange in der Hand. Jemand muss ihm von meinen Zahnschmerzen berichtet haben. Als er meine geschwollene Backe sah, grinste er von einem Ohr zum anderen und fragte, was ich wohl in meinem Mund versteckt hielt.

Ich zitterte, als ich die Zange in seiner Hand sah. Das war ein Werkzeug, kein Instrument, das ein Zahnarzt benutzte. Ich schloss die Augen und ließ den Mann machen, was er vorhatte. Er fragte nicht, welcher Zahn schmerzte. Ich hoffte, er würde sehen, welcher es war. Er machte sich ans Werk. Es tat furchtbar weh. Ich bekam kaum Luft und hatte das Gefühl, mein gesamter Unterkiefer werde gerade aufgebrochen. Nach etwa fünf quälend langen Minuten ließ er von mir ab. Ich ging mit meiner Zunge über die Stelle in meinem Mund, die er bearbeitet hatte. Doch ich ertastete kein Loch, sondern etwas scharfkantiges, das im Zahnfleisch steckte. Er hatte den Zahn offensichtlich nicht gezogen, sondern nur einen Teil davon abgebrochen. Der Schmerz war noch schlimmer als zuvor. Die nächsten zwei Tage lag ich in der Höhle. Ich war nicht in der Lage Wache zu halten oder den nächtlichen Rundgang mitzumachen.

Am dritten Tag ging es mir etwas besser, doch ein anderes Kind in unserer Höhle, Sharon, hatte starke Bauchschmerzen. Der Milizenführer schlug vor, dass uns in dieser Nacht ein Bassidsch-Milizionär in die irakischen Minenfelder begleiten würde. Er bestand darauf, dass ich mitging, obwohl ich noch krank und schwach war. Sharon durfte weiter in der Höhle schlafen. Gegen 23 Uhr holte uns der junge Soldat ab. Bevor wir aufbrachen, erklärte er uns, dass es Minen gab, von denen aus dünne Seile im Gelände gespannt waren. Würden diese Seile berührt, würde die Mine explodieren. Wir sollten so vorsichtig sein wie nur möglich. Wir erschraken: Von solchen Minen hatten wir noch nie zuvor gehört. Wie sollte man diese dünnen, unsichtbaren Seile in der Dunkelheit erkennen? Es erschien mir unmöglich.

Der junge Soldat führte uns näher an die Front, als wir jemals zuvor waren. Nach etwa einer halben Stunde erreichten wir einen kleinen Fluss, an dem wir einige Minuten entlangliefen und ihn dann überquerten. Danach ging es bergauf. Der Soldat teilte uns in drei Gruppen ein, schickte die erste los, wartete dann eine Weile und ließ schließlich die zweite und später die dritte Gruppe loslaufen. Er wollte nicht, dass wir alle zusammen gingen. Kurze Zeit später waren wir dort, wo uns der Milizionär hinbringen wollte: auf einem irakischen Minenfeld. Es sah aus wie auf dem Mond. Es gab keine Bäume oder andere Pflanzen, nur Gesteinsbrocken in verschiedensten Größen. Einige der Steine waren so groß wie ein Medizinball, andere wie ein Auto.

Der Soldat schickte uns auf das Minenfeld. Wir sollten zuerst alle zusammen geradeaus laufen und uns dann je nach links, rechts und mittig verteilen. Dann ließ sich der Soldat hinter einem dieser Gesteinsbrocken nieder.

Ich war mit Omid und Farhad in einer Gruppe. Wir waren nur wenige Schritte gegangen, als wir plötzlich einen lauten Knall hörten. Wenige Sekunden später gab es einen zweiten und einen dritten. Ich schaute zu dem Soldaten. Doch der saß weiter hinter seinem Stein und bewegte sich nicht. Plötzlich wurde es taghell. Über uns in der Luft hing ein großes Licht und brannte vor sich hin. Darüber spannte sich ein kleiner Fallschirm. Langsam trudelte der Feuerball auf den Boden. Ich hatte so etwas noch nie zuvor gesehen. Intuitiv wussten wir, was zu tun war: Wir setzten uns hin und bewegten uns nicht, solange der Leuchter über uns stand und uns sichtbar machte. Danach versteckten wir uns hinter einem der großen Steine. In unserer Ausbildung hatten wir nicht gelernt, wie wir uns in so einer Situation verhalten sollten. Man hatte uns nicht gesagt, dass der Feind Leuchtkörper in die Luft schießen könnte, um unsere Position zu ermitteln, und dass wir uns dann nicht bewegen dürfen, damit wir nicht gesehen werden. Man hatte uns lieber Koranverse gelehrt statt überlebenswichtige Kriegsstrategien. Kaum war das Licht erloschen, erschien plötzlich ein weiteres über unseren Köpfen.

Von unserer Position aus konnten wir unseren Anführer sehen. Er hockte immer noch hinter seinem Stein und machte sich klein, um nicht gesehen zu werden. Wir drei taten das Gleiche. Ich fragte mich, wo die anderen beiden Gruppen wohl jetzt waren und was sie taten. Und wo waren die Explosionsgeräusche hergekommen? Hatte es jemanden von uns erwischt?

Wir warteten eine Weile. Als der vierte Leuchter erloschen war und der Himmel daraufhin dunkel blieb, gingen wir drei die etwa zwanzig Schritte zurück zu dem Soldaten. Auch eine andere Gruppe fand sich dort ein, die dritte fehlte.

Plötzlich durchbrach ein Stöhnen die Stille der Nacht. Es schien ganz aus der Nähe zu kommen.

„Wartet hier", sagte der Soldat und verschwand im Dunkeln. Kurz darauf kehrte er zurück – auf den Armen trug er einen verletzten Jungen. Ich konnte nicht erkennen, wer es war oder was ihm fehlte. Auf jeden Fall konnten wir jetzt keine Minen mehr suchen, sondern mussten zurück ins Camp. Der Soldat ging mit dem Jungen auf den Armen voran, wir folgten ihm. Die beiden anderen aus der Gruppe des verletzten Jungen waren nicht mehr aufgetaucht. Der Soldat war der letzte, der die beiden Jungen gesehen haben könnte. Vermutlich wusste er, was mit ihnen geschehen war. Wir trauten uns nicht zu fragen.

Als wir den Fluss erreicht hatten, konnten wir sehen, was mit dem Jungen war. Ihm fehlten beide Unterschenkel, die Oberschenkel waren so zerschmettert, dass sie vermutlich amputiert werden mussten. Der Junge musste sofort in die Militärkrankenstation und medizinisch versorgt werden.

Jetzt erkannte ich ihn auch. Es war Jam. Jam war das Enkelkind eines politisch sehr einflussreichen Generals aus der Schah-Zeit, wie er uns einmal erzählt hatte – als er noch beide Beine besaß und bei Bewusstsein war. Jetzt starrten wir den verstümmelten Jam an und zitterten vor Angst. Wir wussten jetzt auch, wer in unserer Mitte fehlte. Es waren Amir und Kian. Wir hatten sie einfach zurückgelassen.

Plötzlich sah ich, dass der junge Soldat weinte. Ich traute meinen Augen kaum. Bis zu diesem Moment hatte ich die Bassidsch-Milizen für herzlose Krieger gehalten, die keine Gefühle für ihre Mitmenschen hegten. Doch in dem Moment, als der Soldat um den Jungen trauerte, fiel mir auf, dass ich so gut wie gar nichts über die Bassidsch-Milizen, mit denen wir zusammen im Lager lebten, wusste. Ich wusste nicht, aus welchen Familien sie kamen. Ich wusste nicht, aus welchen Motiven sie hier an der Front waren. Vielleicht waren sie arm und kämpften für Geld. Vielleicht glaubten sie wirklich an die Islamische Revolution. Ich hatte keine Ahnung. Ich wusste nur, dass der junge Soldat vor uns Reue zeigte. Es tat ihm leid, eine Gruppe von drei Kindern offensichtlich in die falsche Richtung geschickt zu haben.

Meine Gedanken kreisten nicht lange um den jungen Soldaten, denn Omid kippte auf einmal um und rang nach Luft. Ich musste sofort an Großmutter denken, auch sie war einfach auf den Boden gesackt und hatte hilflos nach Luft geschnappt – bevor sie starb. Ich stürzte zu ihm und half ihm, aufzustehen. Omid zitterte am ganzen Körper und konnte sich kaum auf den Beinen halten. Er hockte sich hin und übergab sich. Ich hielt seinen Bauch fest und passte auf, dass er nicht erstickte. So hatte mich Mutter immer gehalten, wenn ich Probleme mit dem Magen hatte und brechen musste. Nachdem sich Omid übergeben hatte, ging es ihm etwas besser. Dem Soldaten dafür nicht. Er fing auf einmal an, sich mit beiden Händen auf den Kopf zu schlagen. Er war völlig überfordert und durcheinander. Mir war klar, dass er in diesem Zustand nicht mehr in der Lage war, die Gruppe zu führen und ins Lager zurückzubringen. Ich ließ Omid los und bat die anderen, sich um ihn zu kümmern.

Ich nahm den Arm unseres Anführers und half ihm aufzustehen. Der verletzte Jam lag auf der Erde. Ich vermied es, ihn anzuschauen. Er stöhnte nicht mehr. Entweder war er bewusstlos oder bereits tot.

„Wir müssen aufbrechen", sagte ich zu dem Soldaten. „Wir müssen uns beeilen, sonst wird er sterben!"

Mein Appell mobilisierte alle – nur unseren Anführer nicht. Der brach weinend neben Jam zusammen und schien sich von dort nicht mehr wegbewegen zu wollen. Ich wurde nervös. Was sollten wir nur tun? Jemand musste Jam tragen. Ich selbst war zu klein und zu schwach dafür. Omid, der größte von uns, konnte sich kaum auf den Beinen halten – geschweige denn, jemanden tragen. Außerdem mussten wir weg von hier. Wir saßen direkt am Fluss und nicht weit entfernt von den irakischen Wachposten. Wir konnten hier nicht einfach sitzen bleiben und uns ausweinen. Ich griff erneut den Arm des Anführers und flehte ihn an aufzustehen. Endlich erhob er sich, nahm das verletzte Kind auf seine Arme und lief los. Wir waren kaum ein paar Schritte gegangen, da sagte er: „Er ist tot."

„Nein, er ist nicht tot, er ist nur bewusstlos", versuchte ich den Soldaten zu beruhigen, „wir müssen nur so schnell wie möglich ins Lager, damit man ihn in die Militärkrankenstation bringen kann."

„Er ist tot", murmelte der Soldat wieder.

Im Lager angekommen, legte er den Körper des Jungen sofort auf die Ladefläche des Jeeps. Ich sah, wie sich die Finger des Jungen bewegten. Dann setzte sich der Soldat ans Steuer und fuhr los.

Ich schaute dem Jeep nach, solange seine Scheinwerfer das Dunkel erleuchteten. Und während ich so dastand und zusah, wie die Rücklichter des Wagens erst auf winzige Punkte schrumpften und dann von der Finsternis verschluckt wurden, traf ich eine Entscheidung. Ich beschloss zu überleben. Ich würde weiterleben für alle, die es nicht schafften. Deren Stimme würde ich sein, ich würde mich für alle Kinder einsetzen, die gegen ihren Willen zu Soldaten gemacht wurden und an der Front ihr kurzes Leben ließen. Ich würde die Stimme sein für Jam, Amir und Kian – und für all die anderen. Ich würde alles daran setzen, um zu verhindern, dass so etwas jemals wieder geschieht. Mit meinen elf Jahren hatte ich nun also eine Mission: Ich wollte für die Rechte der Kinder kämpfen, für die Rechte der Menschen – und gegen jegliche Form von Missbrauch und Misshandlung. Auf Gott setzte ich nicht mehr. Ich musste selbst etwas tun. Inzwischen war ich überzeugt davon, dass unser Land, der Iran, weit entfernt von Gottes Sichtweite lag. Gottes Blick, so ahnte ich, reicht einfach nicht bis nach Persien.

Es war gegen zwei Uhr morgens, als wir in die Höhle zurückkamen. Jemand nahm ein Streichholz und machte die Öllampe an. Sharon, der kranke Junge mit den Bauchschmerzen, schlief noch. Er hatte hohes Fieber und stöhnte. Seine Wangen waren feuerrot. Ich nahm ein Geschirrtuch, machte es nass und legte es auf seine Stirn. Auch das hatte ich von meiner Mutter gelernt. Wie oft hatte sie es so geschafft, mein Fieber zu senken. Ich kann mich noch erinnern, wie ich mich erst immer über das kalte Tuch erschrocken hatte, es dann aber bald als Wohltat empfand. Sharon schien es ähnlich zu gehen. Er öffnete die Augen. Ich beneidete ihn darum, dass er hier geblieben war und ihm all das Leid und der Anblick des verstümmelten Jam erspart geblieben war. Er hatte keine Ahnung, was geschehen war. Er war so krank, dass er noch nicht einmal mitbekam, dass drei Jungen von uns fehlten.

Omid machte uns einen Tee. Ich trank davon und gurgelte damit, um meine Zahnschmerzen besser zu ertragen. Sharon stöhnte immer lauter. Seine Krankheit schien auf den Höhepunkt zuzusteuern. Ich musste an Hustensaft und Lutschtabletten denken. Wenn ich krank war, hatte meine Mutter die Medizin immer aus der Apotheke besorgt. Mir kam es seltsam vor, in diesem Moment ausgerechnet an Hustensaft zu denken. Hier gab es natürlich keinen. Wie es so vieles aus meinem alten Leben einfach nicht mehr gab.

Ich hatte starke Zahnschmerzen und lag lange wach. Die anderen schliefen aber auch nicht oder nur sehr schlecht. Sie waren unruhig und hatten Alpträume. Manche schreckten immer wieder auf. Am nächsten Tag ging es mir und Sharon sehr schlecht. Wir waren beide fast bewusstlos und konnten uns kaum bewegen. Der Milizenführer wurde benachrichtigt und fuhr uns in seinem Jeep in die Militärkrankenstation. Dort bekam Sharon eine Infusion und ich eine Spritze in den Hintern. Nach kurzer Zeit spürte ich keine Schmerzen mehr. Ich fragte den Militärarzt nach dem verletzten Kind, das in der letzten Nacht eingeliefert worden war. Er reagierte nicht und tat einfach so, als habe er meine Frage nicht gehört.

Ich musste auf Sharon warten, dessen Infusion brauchte noch etwas Zeit. Also nutzte ich die Gelegenheit und fragte einen Soldaten, der gerade Wache hielt, ob er etwas von unserem eingelieferten Freund wisse. Noch während ich sprach, drehte sich der Mann einfach weg und ging weiter. Nach ein paar Schritten blieb er stehen, blickte über seine Schulter und musterte mich von Kopf bis Fuß, als wäre ich von einem anderen Planeten. Dann ging er weiter. Er war meine einzige Hoffnung gewesen, einen anderen Soldaten konnte ich nicht fragen. Irgendwann fuhr uns der Milizenführer zurück ins Lager. Die anderen aus der Nachbarhöhle wussten inzwischen, was passiert war. Sie fragten, ob wir etwas von dem verletzten Kind erfahren hätten. Ich schüttelte resigniert den Kopf.

Da wir nun in unserer Höhle mehr Platz hatten als die Kinder in der anderen, schlug ich vor, dass zwei Jungen von drüben zu uns ziehen sollten. Die anderen fanden meinen Vorschlag gut, und so geschah es. Eine Woche lang mussten wir nicht an die Front und wurden von den nächtlichen Rundgängen verschont. Unsere Gedanken kreisten ständig um Amir und Kian, unsere beiden Freunde, die im Minenfeld zurückgelassen wurden. Von dem einen wussten wir, dass er der Sohn eines Ministers aus der Schah-Zeit war, der Vater des anderen war ein Großgrundstückbesitzer in Teheran. Auch ihre Familien wurden kurz nach der Islamischen Revolution ausgelöscht. Was war nun mit ihnen geschehen? Wir ahnten es – und wollten es nicht wahr haben.

Nach dem Vorfall im Minenfeld ging es Omid psychisch sehr schlecht. Er war kaum ansprechbar und weinte nun nahezu ununterbrochen. Ich wusste nicht mehr, wie ich ihm helfen sollte. Ich bat Masrur in seiner Funktion als Gruppenleiter, den Milizenführer über Omids Gesundheitszustand zu informieren. Das tat ich allerdings nicht nur, damit Omid endlich geholfen wurde. Ehrlich gesagt glaubte ich nicht, dass man ihm helfen konnte – zumindest nicht mit den Mitteln und Instrumenten, die man in der Krankenstation hatte. Vielmehr wollte ich, dass wir mit unseren ständigen Krankmeldungen und Beschwerden den Milizenführer zum Nachdenken bewegten: Er sollte endlich unsere Ungeschicklichkeit und Unerfahrenheit erkennen. Er sollte unser Alter sehen – und unsere Ängste. Und dann sollte er sich bei seinem Chef oder einer anderen höherrangigen Person über unsere Untauglichkeit als Minenexperten beschweren. Masrur ging los und kam wenige Zeit später zurück, um mir zu berichten, wie es gelaufen war. Der Milizenführer sei komplett ausgerastet, erzählte mein Kamerad. „Sind wir in einem Kindergarten oder was?", habe er geschrien. Ich lächelte. Kindergarten war genau das richtige Stichwort.

Am nächsten Nachmittag lud ich die acht Kinder von der Nachbarhöhle zum Teetrinken zu uns ein. Sie ahnten, dass ich was zu sagen hatte, und schauten mich erwartungsvoll an. Seit jener Nacht in den Minenfeldern waren sie alle sehr verängstigt. Ich spürte ihren Wunsch danach, dass ihnen jemand sagte, was zu tun sei, dass ihnen jemand Halt und Orientierung gab. Und ich spürte in mir, dass ich dieser jemand sein sollte. Weder mein Stottern noch meine Zahnschmerzen hielten mich davon ab, die Führung in der Gruppe zu übernehmen.

„Die kleinsten falschen Schritte in den Minenfeldern können tödlich enden, deshalb müssen wir es vermeiden, überhaupt in die Minenfelder geschickt zu werden", sagte ich. „Wir müssen uns ab sofort so oft wie möglich krank melden. So oft, bis der Milizenführer von uns die Nase voll hat. Wir müssen ihm unseren Unwillen, unsere Unzufriedenheit und unsere Untauglichkeit beweisen. Wir sind ihnen zu nichts verpflichtet. Lasst uns stark sein! Lasst uns lernen, uns zu wehren!"

Dann sprach ich mit ihnen über die Konsequenzen einer Befehlsverweigerung. Sie alle hatten erlebt, wie oft ich deswegen in den letzten Jahren bestraft worden war. „Einige Ohrfeigen und zusätzliches Wacheschieben können wir aber verkraften, wenn wir alle zusammen anfangen, uns zu wehren", versuchte ich sie zu überzeugen. „Zusammen sind wir stark! Nur allein sind wir zerbrechlich!" Alle hörten mir geduldig zu, ohne mich ein einziges Mal zu unterbrechen. Es sah so aus, als würde ihnen mein Vorschlag gefallen.

Die Krankmeldungen mussten wir nicht fingieren. Neben unseren dauerhaften seelischen Erkrankungen hatten wir nun immer häufiger auch Magen-Darm-Probleme. Es muss am Wasser gelegen haben. Unser Trinkwasser wurde aus einem Fluss herausgepumpt und im Tank zu uns gebracht. Der Fluss entsprang in den Bergen, die die Iraker besetzt hielten. Wie wir den Gesprächen der Milizionäre entnahmen, wurde der Fluss von der irakischen Armee absichtlich verunreinigt. Und so litten wir regelmäßig unter Durchfall und Bauchschmerzen.

Es vergingen drei Wochen, danach mussten wir wieder in die Minenfelder. Der Milizenführer teilte uns siebzehn Kinder in drei verschiedene Gruppen auf und bestimmte für jede einen Gruppenleiter. Wieder waren es diejenigen, die größer waren als die anderen. Dann sagte er, dass uns in den ersten zwei Wochen ein Bassidsch-Milizionär begleiten würde: „Solange ein Milizionär bei euch ist, ist dieser euer Gruppenleiter. Jeder von euch hat ihm zu gehorchen!" Jede Nacht müsse eine Gruppe an die Front, so war jeder von uns alle drei Nächte im Einsatz. Die Gruppe, der ich zugeteilt wurde, hatte noch zwei freie Nächte, als die erste sich auf den Weg machte – und mit zwei Jungen weniger am nächsten Morgen zurückkam. Wie wir von unseren Kameraden erfuhren, wollte der Bassidsch-Milizionär den Kindern zeigen, wie man eine Mine entschärft. Dabei war diese explodiert. Der Soldat verlor seine rechte Hand, Parsa und Shahab, unsere beiden Kameraden, ihr Leben. Mit Hilfe der anderen Kinder schleppte sich der Soldat zurück ins Lager. Parsa und Shahab wurden auf dem Minenfeld zurückgelassen.

Nach diesem Vorfall beschloss der Milizenführer, nur noch jede zweite Nacht einen Kindertrupp an die Front zu schicken. Demnach war jede Gruppe nur noch alle sechs

Ich starrte auf den Fußboden. Natürlich hätte ich es wissen können. Der jüngere Aufpasser in dem anderen Lager hatte mehrmals gedroht, mich zu töten, wenn er herausbekommen würde, dass ich weitererzählt hatte, was er mit mir angestellt hat. Doch das war in dem anderen Lager. Da war ich noch nicht der Sohn von Khomeini, der mich beschützen und für mich sorgen würde. Dort hatte ich nur Gott. Und Gott hatte mir nicht geholfen. Ich bereute, den Mund aufgemacht zu haben und erwartete mit gesenktem Kopf mein Todesurteil. Doch ich wurde nicht umgebracht. Ich durfte gehen.

Am nächsten Tag hatte der Aufpasser, mit dem ich geredet hatte, Nachtwache. Mitten in der Nacht kam er zu meiner Matratze und forderte mich auf, mitzukommen. Ich hatte noch wach gelegen, er musste mich nicht wecken. Als wir in seinem Büro waren, nahm er meine Hand und führte mich in ein kleines Hinterzimmer. Er setzte sich auf einen Stuhl. Ich sollte vor ihm stehen bleiben.

Ich dürfe ihm ausnahmsweise erzählen, was der Aufpasser in dem anderen Lager mit mir gemacht hatte, sagte der Mann freundlich und leise. Ich schwieg, die Situation war mir unheimlich. Ich wollte so schnell wie möglich zurück zu den anderen. Meine Windel war völlig nass.

„Sag mir, was der Aufpasser mit dir gemacht hat", flüsterte der Mann, „erzähl mir jedes Detail."

Ich schämte mich und weinte. Dann berichtete ich in groben Zügen, was vorgefallen war. Über die Einzelheiten konnte ich zunächst nicht sprechen. Doch während ich erzählte, merkte ich, wie gut es tat, darüber zu reden. Endlich konnte ich aussprechen, was mich Jahre lang gequält hatte und innerlich zerriss. Der Aufpasser hörte interessiert zu und verlangte immer mehr Einzelheiten. Das ermunterte mich, und ich ging ins Detail. Auf einmal stand der Wächter auf und befahl mir, auf seinem Stuhl Platz zunehmen. Ich solle das Geschehen nachspielen, damit er es besser verstehen könne, behauptete er. Das wollte ich nicht, aber ich setzte mich hin. Dann nahm er meine Hand und streichelte damit über seine Hose. Erst in dem Moment begriff ich. Der Mann hatte sich von meiner Geschichte inspirieren lassen und nun das Gleiche mit mir vor wie der jüngere Aufpasser in dem anderen Lager. Ich fing erneut an zu weinen und machte mir wieder in die Hose. Der Wächter bemerkte das und ließ meine Hand los. Ich zitterte.

„Hör mit gut zu", sagte er, „wenn du wieder das Bedürfnis verspüren solltest, zu plaudern und irgendjemandem erzählst, was der andere oder ich mit dir gemacht haben, dann wird man dich umbringen."

Ich zitterte am ganzen Körper, als ich das Büro des Aufpassers verließ. Auf dem Weg zurück in den Schlafsaal schwor ich mir, nie wieder irgendjemanden zu erzählen, was man mir jahrelang angetan hatte. Es schien ohnehin nicht neu zu sein für die Aufpasser. Im Gegenteil. Ich glaubte langsam, dass die meisten von ihnen nur deswegen diesen Job gewählt hatten, weil sie „Batschebaz" waren. Das Wort hatte ich aufgeschnappt, als sich ein paar ältere Jungs über Wächter unterhalten haben, die es mit kleinen Kindern trieben. Die Großen wussten auch, was Sex ist. Aus diesen Gesprächen hatte ich schon einiges gelernt. Batschebaz heißt also so viel wie Pädophile. Und für Pädophile war die Arbeit bei uns im Kinderlager natürlich das Paradies: Hier konnten sie ungestört ihre Perversion ausleben und sich ihre Jungs sogar aussuchen.

Es dauerte nicht lange, bis ich nachts feststellen musste, dass auch hier im Trainingslager mitten in der Nacht Kinder von Aufpassern geweckt und mitgenommen wurden. Wenn die Männer durch die Reihen schlichen, stellte ich mich schlafend. Ich konnte nicht sehen, wer mitgenommen wurde. Doch sie schienen zielsicher vorzugehen. Offensichtlich suchten sie sich ihre Opfer schon tagsüber aus und wussten dann nachts sehr genau, wen sie wecken mussten. In einer Winternacht, ich war gerade acht Jahre alt, war ich an der Reihe. Es war der Mann, dem ich mich Monate zuvor anvertraut hatte. Er führte mich in das Hinterzimmer seines Büros und vergewaltigte mich. Als er fertig war, drohte er mir, mit seiner lautlosen Pistole, die er immer an seinem Gürtel trug, in den Kopf zu schießen, sollte ich irgendjemandem erzählen, was er mit mir gemacht hatte.

Ich war gerade neun Jahre alt, als man mich mit gut achtzig anderen Jungen auswählte, ins Kriegsgebiet geschickt zu werden. In der letzten Nacht vor unserer Abreise schlief ich nicht. Ich weinte nur. Ich war verzweifelt und hatte Angst. Ich kannte den Krieg nur aus dem Fernsehen. Aber ich erinnerte mich genau, dort keine Kinder an der Front kämpfen gesehen zu haben. Ich war mir sicher, dass Kinder da nichts zu suchen hatten. Eigentlich würde ich jetzt in die dritte Klasse kommen. Und nicht ins Kriegsgebiet.

Am nächsten Morgen wurden wir früher als sonst geweckt. Wir bekamen eine Wasserflasche aus Messing und eine kleine Tasche, in die wir unsere Unterwäsche packten. Dann mussten wir zum Morgengebet. Während wir beteten, fuhren zwei Busse auf den Hof. Weiße Tücher hingen in den Fenstern, darauf stand „Imams Fedaii", Khomeinis Kämpfer. Es war kurz nach Sonnenaufgang, und die Luft war schon sehr warm. Es sollte ein heißer Tag werden, es war Ende Sommer. Wir stiegen ein, und die Busse setzten sich in Bewegung. Wir wussten nicht, wohin sie uns bringen würden. Doch bei aller Angst vor dem, was uns erwartete, war ich froh, das Lager endlich hinter mich zu lassen. Ich wollte nur noch weg von den Aufpassern, gegen deren Misshandlungen ich machtlos gewesen war und die mich öfter und heftiger schlugen und bestraften als jedes andere Kind. Je älter ich geworden war, desto schwerer war es mir gefallen, den Mund zu halten und einfach widerstandslos das zu machen, was von mir verlangt wurde. Immer öfter hatte ich mich geweigert, Befehle zu befolgen. Zudem nässte ich mich weiterhin regelmäßig ein. Das alles blieb nie unbestraft.

Während der Bus durch die Straßen Teherans fuhr, glitten die letzten Jahre vor meinem inneren Auge vorbei wie draußen die Gebäude der Stadt vor dem Fenster. Die Erinnerung tat weh. Sie machte mich wütend und hilflos. Ich fing an, laut zu heulen. Alles brach aus mir heraus, ich konnte nichts dagegen tun. Mein Geflenne steckte sofort einige andere Kinder an. Sie weinten mit mir, ohne zu wissen, warum ich es tat. Aber sie brauchten meine Gründe nicht. Jeder hatte genug eigene, um zu weinen.

Etwa eine Stunde nach der Abfahrt hatte unser Bus einen Motorschaden und musste anhalten. Wir waren in einem Vorort von Teheran. Es war gegen acht Uhr am Morgen. Der zweite Bus war nicht mehr zu sehen. Vermutlich war er in eine andere Richtung gefahren. Während der Busfahrer und sein Assistent hinten am Fahrzeug damit beschäftigt waren, den Motor wieder zum Laufen zu bringen, blieben wir im Bus. Wir durften nicht raus. Also saßen wir da und schauten durch die Fenster nach draußen. Zum ersten Mal nach vier Jahren im Gefängnis sahen wir, wie Menschen ganz normal ihrem Alltag nachgingen. Für uns war das völlig unwirklich. Als würden wir in einem Kino sitzen und einen Film sehen, der in einer anderen Welt spielte, in einer, die mit der unsrigen nichts zu tun hatte.

Es waren viele Leute unterwegs. Vor einer Bäckerei standen einige nach frischem Brot an. Ich versuchte mich daran zu erinnern, wie frisches Brot schmeckte, und mir lief das Wasser im Mund zusammen. Ich sah Kinder, die mit ihrem Ranzen auf dem Rücken unterwegs zur Schule waren. Sie wirkten sorglos und fröhlich. Sie neckten sich und alberten herum. Es war der erste Schultag, wie ich einem Gespräch zwischen dem Busfahrer und seinem Assistenten entnommen hatte. Ich sah den Kindern nach und beneidete sie, wie ich noch nie in meinem Leben zuvor jemanden beneidet hatte. Nichts auf der Welt wünschte ich mir mehr, als mit diesen Kindern in die Schule gehen zu dürfen. Ich hörte ihr Lachen. Es war laut und schrill. Unweigerlich fragte ich mich, ob die Kinder da draußen nicht ganz dicht seien, ob sie vielleicht verrückt waren. Seit dem Tag, an dem ich ins Kinderlager gebracht worden war, hatte ich kein einziges Mal mehr gelacht und auch niemanden mehr lachen gehört. Nun schien es mir völlig absurd, solche Laute von sich zu geben. Ich hatte vergessen, dass Menschen sie überhaupt machen konnten. Doch dann wurde mir langsam klar, dass nicht die Kinder draußen verrückt waren. Wir waren es, wir waren nicht ganz dicht. Schweigend saßen wir im Bus und schauten apathisch nach draußen. Außer einem Husten oder Niesen war nichts zu hören. Es war, als wären wir schon lange gestorben, nur dass unsere Körper einfach weiter wuchsen, statt zu verwesen. Ich schaute die Kinder draußen an und konnte mir kaum vorstellen, dass jemand von ihnen sich manchmal den Tod wünschte, so wie ich es oft tat. Ich fragte mich, ob diese Kinder ihre Freiheit zu schätzen wussten. Ich fragte mich, was sie wohl über uns dachten, wenn sie uns in dem Bus sitzen und glotzen sahen. Ich wollte, dass sie und ihre Eltern, ihre Nachbarn und alle andere draußen wussten, wer wir waren und was man mit uns gemacht hatte. Sie sollten uns nicht für arme Waisenkinder halten. Sie sollten die Wahrheit erfahren. Ich wollte so gern das Fenster aufmachen und die Menschen da draußen aufklären. Ich wollte ihnen entgegenschreien, dass die Islamisten uns erst zu Waisenkindern gemacht und dann zu Soldaten ausgebildet hatten. Dass wir nicht freiwillig hier waren, sondern gezwungen wurden. Dass man uns folterte und misshandelte. Und dass wir viel lieber so wie alle anderen Kinder in unserem Alter in die Schule gehen würden. Doch ich blieb auf meinem Sitz, als wäre ich mit ihm verwachsen. Ich wusste nicht, ob ich überhaupt so laut schreien konnte, dass mich die anderen da draußen auch wirklich verstehen. Und ich hatte Angst.

Nach etwa drei Stunden kamen der Fahrer und sein Assistent zurück in den Bus, und es ging weiter. Wir fuhren durch Teheran. Ich wunderte mich, wie sehr sich die Stadt verändert hatte. An nahezu allen Mauern und Fassaden hing Khomeinis Konterfei. Viele dieser Plakate waren so hoch wie ein fünfstöckiges Haus. Ich hatte noch nie so große Bilder gesehen. War kein Platz für Khomeinis Kopf, hatte man zumindest seine Losungen auf die Wände geschrieben. Diese Sprüche waren oft plumpe Kampfansagen an den Westen wie: „Ich schlage der USA und auch Israel aufs Maul."

Nach etwa vier Stunden Fahrt mussten wir erneut anhalten. Wir waren in einer kleinen Stadt in eine Demonstration geraten. Die Demonstranten waren allesamt Schulkinder – bis auf den Bärtigen in der ersten Reihe, der in einen Lautsprecher vorsprach, was die Kinder hinter ihm in Sprechchören wiederholten: „Tod den USA! Tod Israel! Tod dem Schah!" Ich wunderte mich, der Schah war doch schon lange tot. Mohamad Reza Pahlavi war am 27. Juli 1980 in Kairo gestorben. Unser Lehrer hatte uns diese Nachricht damals überbracht.

Wir fuhren den ganzen Tag durch und machten zweimal für jeweils eine halbe Stunde Pause. Dafür wurden wir in vier Gruppen von je zehn Kindern eingeteilt. Jede Gruppe durfte für fünf Minuten den Bus verlassen, um sich draußen zu erleichtern. Toiletten gab es nicht, nur Wüste. Bis auf die vorbeifahrenden LKWs und Busse war nichts weiter zu sehen. Bei der ersten Pause wurden unsere Wasserflaschen nachgefüllt, und wir bekamen einen Apfel. Das letzte Mal, dass ich einen Apfel gegessen habe, war ein Jahr her. An einem islamischen Feiertag wurde uns einer gegeben. Obwohl ich nun hundemüde war, biss ich herzhaft in den Apfel und genoss es, wie dessen Wasser mir das Kinn herunterrann.

„Kermanshah 35 Kilometer", las ich auf dem Straßenschild, das im Scheinwerferlicht des Busses erschien. Kermanshah ist die größte Stadt im Westen des Landes und liegt nur wenige Kilometer entfernt von der Grenze zum Irak. Nach der Islamischen Revolution wurde die Stadt in Bakhtaran umbenannt, aber die größtenteils kurdischen Einwohner wehrten sich dagegen und übermalten den neuen Namen auf den Straßenschildern einfach. Auch auf dem Schild, das ich in dieser Nacht sah, stand vorher Bakhtaran.

Eine halbe Stunde später waren wir dort und durften aussteigen. Man brachte uns in einen großen Saal, in dem hunderte Matratzen lagen. Wir legten uns in unseren Uniformen hin. Bevor ich die Augen schloss, schaute ich mich unauffällig um, ob uns irgendwelche Aufpasser beobachteten, aber bis auf uns vierzig Kindern war niemand dort. Ich war beruhigt und schlief bald ein.

Am nächsten Tag fiel mir auf, dass wir seit 24 Stunden nicht gebetet hatten. Keiner von uns hatte je freiwillig gebetet – nicht einmal diejenigen, die aus muslimischen Familien kamen. Wir alle taten es nur, weil wir es mussten. Hier in unserem neuen Camp gab es kein Klingeln, das uns zum Gebet rief. Wir hörten zwar den Muezzin, der die Muslime dreimal am Tag zum Beten ruft, ignorierten ihn aber. Da niemand von uns verlangte, dass wir beteten, taten wir es auch nicht. Es war erst ungewohnt, aber dann genossen wir die neue Freiheit. Wir begannen auch langsam, miteinander zu reden. Erst nur leise und vorsichtig, immer auf der Hut, ob uns jemand beobachtete und belauschte. Später wurden wir mutiger. Nach etwa drei Tagen kannten wir alle unsere Vornamen. Auch das war ungewohnt: Wir hatten jahrelang im Kinder- oder später im Trainingslager zusammengelebt, wussten aber nicht, wie der andere hieß. Dann begannen wir, uns gegenseitig unsere Geschichten zu erzählen. Während einer sprach, hörten alle anderen aufmerksam zu. Nicht jedem fiel es leicht, zu berichten, was ihm widerfahren war. Mancher brach mitten im Gespräch weinend zusammen. Dann trösteten wir ihn. Wir hatten alle in etwa das Gleiche erlebt, unsere Geschichten ähnelten sich – und schweißten uns zusammen. Uns war es egal, ob der andere Jude, Christ oder Muslim war, wir hielten zusammen. Wir hatten alle unsere Familien verloren und wussten weder, was mit unseren Eltern und Geschwistern geschehen war, noch, ob wir sie jemals wiedersehen würden. Aber wir hatten uns – und was das bedeutete, wurde uns nun immer mehr bewusst.

Nach etwa zwei Wochen kam ein Mann zu uns, der sagte, er sei Minenspezialist. Er wolle uns eine Woche lang weiterbilden und auf unseren Einsatz in den Minenfeldern vorbereiten. Er verriet uns nicht, wie er hieß, und er wollte auch unsere Namen nicht wissen. Dafür fiel sogleich ein anderer. Der von Imam Khomeini. In dessen Namen bedankte sich der Fremde nun bei uns Namenlosen dafür, dass wir uns freiwillig für den Kampf gemeldet hatten. Freiwillig – das Wort brachte bei mir wieder die Alarmlampe zum Leuchten. Mir wurde heiß, in mir kochte die Wut. Niemand sagte etwas. Unruhig rutschte ich hin und her.

Der Mann packte ein paar Minen aus seinem Rucksack aus und legte sie sorgfältig vor sich auf den Tisch. Er hatte noch gar nicht alle ausgepackt, als ich nicht mehr an mir halten konnte und meine Hand in die Höhe streckte.

„Bitte schön?", sagte der Minenexperte.

„Es stimmt nicht, was Sie gesagt haben", stotterte ich. „Keiner von uns ist freiwillig hier. Wir sind noch Kinder und würden lieber zur Schule gehen, als hier ausgebildet zu werden."

Ich musste das sagen. Ich ahnte zwar langsam, dass alle, die zu uns kamen, wussten, wer wir waren und was mit unseren Eltern geschehen war. Aber ich konnte die Unterstellung, wir seien freiwillig hier, nicht so einfach im Raum stehen lassen.

Der Mann strich sich über seinen Bart und sagte nichts. Also nutzte ich meine Redezeit für ein weiteres Anliegen: „Aber da es nun einmal so ist, würde ich gern erfahren, worum es in diesem Krieg eigentlich geht, in dem ich mein Leben in den Minenfeldern riskieren werde. Wir haben keinerlei Informationen. Wir wissen gar nichts. Ich finde, ich habe ein Recht darauf, aufgeklärt zu werden."

Der Mann sah das anders: „Ich sehe in euch zwar erwachsene Männer. Aber ihr seid noch nicht reif genug, um die politische Lage des Landes zu verstehen und zu begreifen."

Da hob ein anderes Kind die Hand und fragte: „Halten Sie uns denn für reif genug, um im Krieg eingesetzt zu werden?"

Diese Frage überging der Ausbilder einfach. Er tat so, als habe er nichts gehört. Dann begann er, uns vom Paradies zu erzählen. Er sprach von all den Süßigkeiten, die dort auf uns warteten, all die Torten und Tafeln Schokolade. Er geriet regelrecht ins Schwärmen. Das war so bizarr, dass wir lachen mussten. Nach über vier Jahren in Gefangenschaft gab es für uns zum ersten Mal tatsächlich einen Grund zu lachen. Wir lachten. Aber es war kein fröhliches Lachen.

Am nächsten Tag brachte uns der neue Ausbilder weitere und noch größere Panzerminen und zeigte uns, wie man sie entschärfte. Eine der Minen war so groß und schwer, dass keiner von uns sie bewegen konnte, um an den Zünder heranzukommen. Wir sollten zumindest alle einmal versuchen, sie anzuheben. Die schwere Mine ging von Hand zu Hand. Plötzlich entglitt sie einem von uns. Sie knallte laut auf den Boden und rollte ein paar Zentimeter, bis sie endlich liegen blieb. Der Ausbilder war außer sich: „Seid ihr wahnsinnig? Ihr könnt doch keine Panzermine fallen lassen! Die ganze Gruppe würde ausgelöscht werden, wenn so eine Mine explodiert. Wir sind im Kriegsgebiet, nicht im Kindergarten!"

Ich freute mich über den Vorfall, zeigte er doch, dass wir für unseren großen Einsatz noch viel zu klein waren. Das mussten die Ausbilder doch merken. Sie mussten erkennen, dass wir im Kriegsgebiet mehr Schaden anrichten würden, als wirklich der Sache zu dienen. Sie mussten doch sehen, dass wir erst acht bis zehn Jahre jung waren. In unserem Alter lernt man normalerweise, einen Kugelschreiber zu halten und nicht eine sechs Kilogramm schwere Panzermine. Der Ausbilder schien es tatsächlich zu begreifen. Am nächsten Tag war er einfach verschwunden. Wir sollten ihn nie wiedersehen. Damit war die Weiterbildung frühzeitig beendet. Wir freuten uns und sahen es auch ein bisschen als unseren Erfolg an, dass der Ausbilder das Handtuch geschmissen hatte.

Es vergingen weitere zwei Wochen, ohne dass jemand kam, um uns weiterzubilden. Es gab zwei Aufpasser im Camp. Aber sie sprachen nur Kurdisch, was keiner von uns verstand. Wir hatten mit den Männern kaum Kontakt. Keiner von ihnen schlug oder misshandelte uns – oder rasierte unsere Köpfe. Nun wuchsen langsam unsere Haare. Wir hatten nichts zu tun. Es sah so aus, als ob die Behörden nicht wussten, wo wir eingesetzt werden sollten. Wir waren auf uns allein gestellt. Niemand kommandierte uns herum. Wir fühlten uns unbeobachtet und redeten viel miteinander. Einmal sprach ich mein Problem an. Ich konnte es ohnehin nicht vor ihnen verstecken, weil ich die Tücher, die ich als Windel benutzte, immer wieder waschen und zum Trocknen hängen musste. Doch meine Kameraden hatten großes Verständnis. Im Gegensatz zu den Erwachsenen wurde ich niemals von einem Kind deswegen ausgelacht. Ich hatte ohnehin einen guten Stand bei den anderen. Ich war beliebt und ich wurde respektiert. Dass ich mich im Lager mehrmals getraut hatte, im Unterricht kritische Fragen zu stellen, war den anderen im Gedächtnis geblieben. Mein Mut hatte sie, wie sie mir jetzt erzählten, sehr beeindruckt.

Eines Nachmittags wurde es im Saal so unerträglich heiß, dass wir nach draußen gingen und uns unter einen großen Baum niederließen. Wir saßen eng beieinander, die gesamte Kindergruppe. Ich spürte plötzlich die Kraft dieser Gemeinschaft und fühlte mich ganz stark. Ich fing an, zu den anderen zu sprechen. Meine Worte kamen mir in dem Moment in dem Sinn, als ich sie aussprach.

„Wir alle haben unsere Familie und unser Heim verloren", sagte ich zu den anderen, nicht ohne zu stottern, „nun haben wir nichts mehr zu verlieren. Wenn wir alle zusammen den Mund aufmachen und uns wehren, können wir es schaffen, wieder in Freiheit zu leben."

Alle Blicke waren auf mich gerichtet. Als ich das Wort „Freiheit" aussprach, merkte ich, dass bei den anderen etwas geschah. Von Freiheit war während der Revolutionszeit vier Jahre zuvor häufiger die Rede gewesen. Das Wort war in den Gehirnen der Kinder meiner Generation auf Ewigkeit gespeichert. Ich fuhr fort, und während ich vor den anderen sprach, fühlte ich mich ein wenig wie unser Lehrer aus dem Kinderlager, der uns ständig etwas predigte. Nur war das, was ich zu sagen hatte, von ganz anderen Motiven geleitet.

„Wir haben neulich den neuen Ausbilder vertrieben, weil wir ihm klar machten, wo wir herkommen und dass wir der Aufgabe, die sie uns zuteilen, nicht gewachsen sind. Wir haben daraus gelernt, dass wir nicht ohnmächtig sind. Dass wir etwas bewegen können. Wir müssen nur zusammenhalten und mutig sein! Gemeinsam sind wir stark und können vieles besser ertragen, wenn nicht sogar verändern. Bitte lasst uns von nun an immer zusammenhalten!"

„Wir könnten doch auch fliehen", sagte da ein anderer. „Meine beiden Eltern wurden erschossen. Ich habe aber noch zwei Tanten und einen Onkel. Ich könnte zu ihnen fliehen."

Bei dem Gedanken an seine Familie fing er an zu weinen. Ein anderer beantwortete seine Frage: „Hast du nicht gesehen, wie lange wir gefahren sind? Wir sind weit entfernt von unseren Verwandten."

„Niemand hat von Flucht gesprochen", mischte ich mich ein, „wir können nicht fliehen. Aber was wir tun können, ist, überall, wo wir hinkommen, zu sagen, wer wir sind und dass wir nicht freiwillig dort sind. Wir können sagen, dass wir noch Kinder sind und zuerst zur Schule gehen wollen, bevor wir im Kampf eingesetzt werden. Wir können ihnen klarmachen, dass Minenentschärfung eine Aufgabe für Erwachsene ist, aber nicht für Kinder wie wir."

Bis zu diesem Moment war es mir noch gar nicht in den Sinn gekommen, dass wir fliehen könnten. Ich dachte eine Weile darüber nach und fand Gefallen an der Idee. Die Behörden im Lager wussten gar nicht, wo sie nach uns suchen sollten, falls wir einfach abhauen würden. Es gab keine Liste von uns, sie wussten noch nicht einmal unsere Namen. Auch Fotos gab es von uns nicht. Wir hatten keine Identität. Eigentlich gab es uns gar nicht.

Etwa zwei Stunden nach unserer kleinen Versammlung unter dem Baum kam der ältere Aufpasser zu uns und teilte uns etwas halb auf Persisch, halb auf Kurdisch mit. Er sprach sehr schnell und undeutlich. Dann ging er wieder. Wir schauten uns fragend an. Keiner von uns hatte irgendetwas verstanden. Ich ahnte jedoch, was seine Worte bedeuteten – dass wir abgeholt werden würden.

Kapitel 5
Im Regen der Klatschmohnblätter

Kurz vor Sonnenaufgang wurden wir geweckt. Wir bekamen eine Tasse Tee sowie ein Stück Fladenbrot, und einer der Aufpasser füllte unsere Messingflaschen mit Wasser. Wir zogen unsere Uniformen an, nahmen unsere kleine Tasche und stiegen in den Bus, der schon auf uns wartete. Stundenlang fuhren wir durch eine von hohen, kantigen Bergen beherrschte Landschaft. Am Straßenrand sahen wir ausgebrannte Panzer und Militärjeeps. Die Häuser wirkten verlassen, an ihren Mauern trugen sie die Spuren von Einschüssen. Auch die Blechdächer waren durchlöchert.

Nach vier Stunden hatten wir unser Ziel erreicht. Wir waren kurz vor Ghasre Shirin, der westlichsten Stadt Persiens. Ghasre Shirin war schon von der irakischen Armee erobert worden, und die iranischen Truppen lagen in hunderten von Erdhöhlen versteckt davor.

Wir waren etwa vierzig Kinder und wurden nun in zwei Gruppen aufgeteilt. Die eine Gruppe fuhr in eine andere Richtung weiter. Die Gruppe, der ich zugeteilt wurde, brachte man zu zwei dieser Erdhöhlen, die von den Soldaten gegraben worden waren. Vor den Höhlen hing jeweils ein sandfarbenes Tuch, dahinter war ein enger Eingang. Obwohl wir klein waren, mussten wir uns bücken, um hineinzukommen. In der Höhle lagen ein paar dünne Matratzen, es gab eine Öllampe für die Nacht – sonst nichts. Für zehn Kinder war es reichlich eng. In der Ferne hörten wir Raketen explodieren. Wir hatten große Angst.

Am nächsten Tag bekamen wir neue Uniformen und Unterwäsche. Die Uniformen waren sandfarben, so wie der Erdboden, in den unsere Höhlen gegraben waren – und wie die Spinnen und Skorpione, die blitzschnell durch unsere Höhle flitzten. Wenn sie sich nicht bewegten, waren sie kaum zu erkennen.

Zweimal am Tag kam ein Wagen mit Essen vorbei. Abendessen und Frühstück wurden zusammen geliefert. Zum Mittag bekamen wir eine warme Mahlzeit. Meistens gab es Reis. Während der ersten Woche redete kaum jemand mit uns. Wir waren auf uns selbst gestellt. Einerseits genossen wir es, nicht mehr im Lager und den Aufpassern gnadenlos ausgeliefert zu sein. Andererseits hatten wir Angst vor unserem nächtlichen Einsatz in den Minenfeldern. Im Trainingscamp war es für uns schon am helllichten Tag schwer genug gewesen, die in der Erde versteckten Minen zu finden – und die waren noch nicht einmal gefährlich. Es waren Attrappen, für uns zur Übung hergestellt. Nun sollten wir in der Dunkelheit die scharfen Sprengkörper in der Erde ertasten und sie entschärfen. Schon der Gedanke, überhaupt eine scharfe Mine in der Hand zu halten, ließ meine Hände zittern. Was wäre, wenn sie explodierte? Wenn sie uns Körperteile abriss und wir verletzt und allein im Minenfeld liegen blieben?

Am vierten Tag entdeckten wir eine schwarze Schlange in der Höhle. Wir gerieten sofort in Panik. Jeder versuchte, so schnell wie möglich die Höhle zu verlassen, doch das Loch nach draußen war zu eng für mehrere Kinder gleichzeitig. Chaos brach aus. Ein Wachsoldat, der in der Nähe unserer Höhle im Schatten stand, hörte das Geschrei und kam uns zu Hilfe. Er versuchte, die Schlange einzufangen. Doch erfolglos. Sie entschwand in einer Gesteinsspalte. Der Soldat beruhigte uns: Die Schlange würde nur wegen der Mäuse in die Höhle kommen, nicht wegen uns. Doch ein Trost war das nicht. Von nun an hatte jeder von uns Angst, in die Höhle zu gehen. Wir hatten aber keine andere Wahl. In der Sonne war es nicht auszuhalten. In der Höhle war es zwar auch heiß und zudem sehr stickig, aber immer noch besser als draußen. Solch eine Hitze hatte ich in meinem Leben noch nie erlebt.

Nach ungefähr einer Woche wurden wir von einem jungen Mann in Uniform abgeholt. Unter seinem Haaransatz leuchtete das rote Stirnband der Bassidsch-Milizen. Wir setzten uns hinten auf die Ladefläche des Jeeps, der junge Fahrer saß vorne alleine. Nach etwa einer halben Stunde Fahrt mussten wir absteigen. Wir befanden uns in einer staubigen, trostlosen Ebene, der Boden war überwuchert mit trockenen, flachen Büschen. Wieder bekamen wir zwei kleine Erdhöhlen zugeteilt, jeweils eine für zehn Kinder. Von unserem neuen Posten war der Feind nur ein bis zwei Kilometer entfernt. Die irakische Armee war in den Bergen stationiert, direkt auf dem Gipfel. Das Gebirge, so erklärte man uns, gehörte eigentlich zum Iran. Doch die Iraker hatten es schon besetzt.

Die ersten drei Tage verbrachten wir in der Höhle. Dann wurden wir zur Wache eingeteilt. Es gab drei Wachposten, welche Tag und Nacht besetzt werden mussten. Alle zwei Stunden wurden die Wachen abgelöst. Uns wurde gesagt, worauf wir zu achten hätten, und wir taten, was von uns verlangt wurde. Wir hielten jeweils zu zweit Wache, ausschließlich tagsüber, wenn es hell war. Nachts standen die Milizen auf dem Posten. Das war für alle eine gute Lösung: Die Milizen freuten sich, dass sie nicht mehr in der sengenden Hitze stehen mussten, und wir waren erleichtert, im Dunkeln nicht raus zu müssen und von der Nachtwache verschont zu bleiben. Da wir keine Uhren hatten und auch den Muezzin nicht hörten, richteten wir uns nach der Sonne, wenn es darum ging, uns abzulösen. Einer der Wachposten lag genau über der Höhle des Milizenführers. Wenn ich dort Wache hielt, hörte ich, was geredet wurde. Die meisten Gespräche drehten sich darum, wie man die verlorenen Gebiete zurückerobern konnte. Die jungen Soldaten waren fest entschlossen, bald das Gebirge von den irakischen Besatzern zu befreien.

Die Soldaten waren alles Bassidsch-Milizionäre. „Bassidsch-e Mostasafan" heißt: „die Mobilisierten der Unterdrückten". Es ist eine Armee von Freiwilligen, die Khomeini nach seiner Revolution als Keimzelle einer „Armee der 20 Millionen" ins Leben gerufen hatte. Mit Beginn des Krieges wurden die Bassidsch als Volksmiliz ausgebaut, die parallel zur iranischen Armee an der Front kämpfen sollte. Ihre Ausbildung dauerte kaum länger als zwei Wochen, wobei viel Zeit allein für Religionsunterricht drauf ging. Kennzeichen der Bassidsch war das blutrote Stirnband, das sie als „Freiwillige Märtyrer" auszeichnete. Die Bassidsch in unserer Einheit waren sehr jung. Sie waren zwar keine Kinder mehr wie wir, aber richtige Erwachsene waren sie auch nicht. Die jüngsten waren zwölf oder dreizehn und die meisten noch keine achtzehn. Aber sie schienen tatsächlich freiwillig hier zu sein. Sie waren stolz auf ihren Einsatz, und sie waren sehr religiös: Sie beteten dreimal am Tag. Wir hingegen waren weder freiwillig hier noch stolz auf unsere Aufgabe – und wir beteten inzwischen überhaupt nicht mehr. Da keiner kontrollierte, ob wir in unserer Höhle tatsächlich regelmäßig unsere Gebete gen Mekka richteten, taten wir es natürlich auch nicht.

Eines Tages fuhr man uns in einem Militärwagen in das etwa zehn Kilometer entfernte Sare Pole Sahab. Die Stadt schien ausgestorben. Die Anwohner hatten sie bereits verlassen. Kein einziger Zivilist war dort unterwegs, nur Männer und Jungen in Uniformen. Die Gebäude standen verlassen da, viele waren kaputt. Nur das Badehaus und die Post waren einigermaßen intakt – und beides wurde von den

Soldaten, die hier in der Umgebung stationiert waren, auch rege genutzt. Nach Sare Pole Sahab kamen sie ausschließlich, um zu duschen und um ihre Post abzuschicken. Wir durften keine Post abgeben, aber duschen durften wir. Wir reihten uns in die Schlange vor dem Badehaus ein. Als die Soldaten aus der iranischen Armee uns sahen, rempelten sie sich gegenseitig an, zeigten mit Fingern auf uns und lachten. Sie machten sich lustig über unser Alter. „Minisoldaten" nannte uns der eine. Sie dachten vermutlich, wir gehören zu den Freiwilligen der Bassidsch. Wie ich später erfuhr, gab es tatsächlich Kindersoldaten, die sich freiwillig meldeten – oder von ihren Eltern für den Krieg freigegeben wurden. Ich hätte den Soldaten gern gesagt, wer wir in Wirklichkeit waren. Doch die Bassidsch-Milizionäre waren immer in unserer Nähe. Also schwieg ich und wartete, bis wir endlich duschen durften.

Im Badehaus stand ein großer Spiegel. Er hatte zwar mehrere Risse und war etwas blind, schien aber seinen Dienst noch zu tun. Es war das erste Mal nach fünf Jahren, dass ich mich in einem Spiegel sah. Ich schaute hinein – und erkannte mich nicht. Vorsichtig berührte ich mein Gesicht, um sicher zu gehen, dass die Person im Spiegel tatsächlich ich war. Ich hatte in den letzten fünf Jahren nicht bemerkt, wie groß ich geworden war, und für meine Länge war ich eindeutig zu dünn. Meine Knochen zeichneten sich so stark unter meiner Haut ab, als hätte jemand eine Folie darüber gespannt. Meine Augen hatten keinen Glanz mehr. Ich hatte sie grün in Erinnerung, jetzt waren sie dunkel.

Von da an fuhren wir alle zehn Tage zum Duschen nach Sare Pole Sahab. Ansonsten hatten wir weiterhin nicht viel mehr zu tun, als ein paar Stunden am Tag Wache zu halten. Wir hatten viele Gelegenheiten, miteinander zu reden, und wir taten es ausgiebig. Wir sprachen oft über unsere Familien und trösteten uns gegenseitig. Wir wurden Freunde.

Manchmal fragten wir uns, wo wohl die anderen vierzig Kinder jetzt waren, die in den Süden geschickt wurden. Oder die anderen zwanzig, die nicht weit von uns irgendwo stationiert waren.

Etwa zwei Monate vergingen. Es wurde kühler, manchmal regnete es sehr stark. Von den Kampfhandlungen bekamen wir nicht unmittelbar etwas mit. Wir hörten die Raketen einschlagen und sahen die Bassidsch-Milizen in den Krieg ziehen. Manche kamen nicht wieder, andere mit schweren Verletzungen. Die jungen Milizionäre waren im Gegensatz zu den Aufpassern im Kinder- und Ausbildungslager nicht aggressiv oder gemein zu uns. Sie halfen uns, wenn wir sie darum baten. Aber wir hatten wenig Kontakt mit ihnen und sprachen sie nur an, wenn es wirklich nötig war. Vor dem Winter fingen die Milizionäre an, stabilere Höhlen zu bauen. Wir halfen ihnen dabei. In den neuen Höhlen war es dennoch so kalt, dass wir uns reihum ständig erkälteten. Überhaupt waren wir oft krank. Viele hatten Zahnschmerzen oder Probleme mit dem Magen. Mittel gegen Schmerzen gab es nicht. Wenn jemand sehr krank war, wurde er mit dem Jeep in die etwa zehn Kilometer entfernte Militärkrankenstation gefahren.

Als der Ramadan kam, der muslimische Fastenmonat, wurden wir aufgefordert, auch die Nachtwache zu übernehmen. Die jungen Bassidsch-Milizionäre fasteten tagsüber. Wir dagegen waren noch nicht alt genug, um fasten zu müssen. „Ihr müsst darauf achten, dass ihr den Feind entdeckt und auf ihn schießt, bevor er euch überrascht, angreift und tötet", instruierte uns der Kommandoführer. „Das Leben aller Soldaten hier im Lager liegt allein in euren Händen. Wer Wache hält, ist verantwortlich für die Sicherheit des gesamten Lagers." Als der Kommandoführer die Angst in unseren Augen sah, sagte er, dass wir nicht allein Wache halten würden, sondern immer zu zweit. Außerdem müssten wir nur während des Ramadans Nachtwache schieben, danach würden wir wieder nur für die Tagesschicht eingeteilt. Und dann sagte er noch, dass es nicht immer der Feind sein müsse, wenn sich im Gebüsch etwas bewegt. Es gebe auch nachtaktive Tiere – keine unwichtige Information.

In der Nacht, in der ich zum ersten Mal Wache halten und dafür irgendwann geweckt werden sollte, lag ich lange wach und weinte. Ich hatte große Angst und dachte an Gott. Wo war er nur? Er musste sich sehr weit von der Erde entfernt haben und irgendwo im Himmel unterwegs sein, sonst würde er doch sehen, was hier mit uns geschah und eingreifen. Großmutter hatte so an ihn geglaubt, er konnte uns doch nicht im Stich lassen. Ich wünschte mir und glaubte daran, dass Gott eines Tages zur Erde zurückkehren würde. Ich hatte auch die Hoffnung nicht aufgegeben, meine Familie irgendwann und irgendwo wiederzusehen. Meine Eltern und meine älteren Geschwister müssten mich doch schon lange suchen und sicher bald finden. Dann könnte ich zur Schule gehen und später studieren. Ich wusste auch schon sehr genau, was ich studieren wollte: Physik. Das hatte mich schon als Fünfjährigen fasziniert. Meine Mutter und meine Großmutter bewunderten Lise Meitner und Marie Curie. Sie sprachen oft darüber, wie schwer es die Physikerinnen gehabt hatten, sich in einer wissenschaftlichen Männerdomäne zu behaupten. So durfte etwa Lise Meitner, wie Großmutter erzählte, am Forschungsinstitut in Berlin nur den Hintereingang benutzen, weil sie eine Frau war. Und der Nobelpreis ging dann an Otto Hahn und Otto Frisch, obwohl Lise Meitner mit ihnen gemeinsam die Kernspaltung erforscht hatte. Doch während meine Mutter und meine Großmutter vorwiegend von den Biografien dieser beiden bemerkenswerten Frauen fasziniert waren, war ich es von ihrem Arbeitsgebiet. Ich fragte

„Wer seid ihr denn, was wollt ihr?", fragte er hilflos.

Ich ahnte, dass uns mit der Wahrheit am meisten geholfen wäre. Schon als Kind wusste ich, dass Kurden weniger religiös und eher kämpferisch und rebellisch waren. Ich war mir sicher, dass sie das islamische Regime und den Krieg ablehnten. Ich hatte das Gefühl, dem Mann vor mir vertrauen zu können.

„Wir sind Kinder von Politikern, Generälen, Regierungsmitgliedern und wohlhabenden Iranern aus der Schah-Zeit", erklärte ich, „unsere Eltern wurden kurz nach der Islamischen Revolution, also vor acht Jahren, erschossen."

Der Busfahrer schien seinen Ohren nicht zu trauen. Ich erzählte ihm dann kurz, wo wir gerade herkamen und was wir vorhatten. Der Mann stand auf und brachte uns fünf Tassen Tee. Dann verließ er die Hütte und kam kurze Zeit später mit einem anderen Busfahrer wieder zurück. Die beiden sprachen kurdisch miteinander, ich verstand kein Wort.

Wenige Augenblicke später saßen wir in der letzten Reihe eines Minibusses nach Kermanschah. Wir fünf bekamen drei Plätze, für die wir nicht bezahlen mussten, und waren überglücklich. Die meisten Passagiere sprachen kurdisch. Sie waren alle sehr freundlich. Wir fühlten uns wohl in ihrer Mitte. Zum ersten Mal nach acht Jahren waren wir unter normalen Menschen. Wir konnten es kaum fassen. Ein wunderbares Gefühl von Freiheit durchflutete mich und meine Gedanken wanderten zu meiner Familie. Ich fühlte mich schon fast wie Zuhause. Zuhause, das war für mich da, wo das Feuer der Freiheit und Unabhängigkeit brannte.

Etwa drei Stunden später erreichten wir Kermanschah. In der Stadt angekommen, brachen die anderen auf einmal ihr lethargisches Schweigen. Sie wurden richtig lebendig und überlegten, wie es nun weitergehen sollte. Masrur, der inzwischen stark erkältet war und kaum sprechen konnte, erinnerte sich noch an die Telefonnummer seines Elternhauses. Er wusste allerdings nicht, wer jetzt in diesem Haus lebte. Wir gingen in ein Geschäft und fragten den Ladenbesitzer, ob wir kurz telefonieren dürften. Er erlaubte es uns. Masrur wählte die Nummer. Allerdings ohne Vorwahl und somit ohne Erfolg. Ich erinnerte mich daran, dass man ein paar Ziffern mehr wählen musste, wenn man in einer anderen Stadt war. Das sagte ich ihm und half ihm, die Nummer erneut zu wählen. Und tatsächlich: Es ertönte ein Freizeichen und kurz darauf nahm jemand den Hörer ab. Doch die Person in der Leitung kannte Masrur nicht. Auch der Name von Masrurs Eltern sagte ihm nichts. Masrur legte auf. Wir bedankten uns höflich bei dem Ladenbesitzer und verließen das Geschäft.

Es war Mittagzeit. Wir alle hatten großen Hunger. Bis auf die Tasse Tee in der Hütte der Busfahrer hatten wir nichts zu uns genommen. Da ich die Flucht geplant hatte, fühlte ich mich verantwortlich für meine vier Freunde. Ich wusste aber nicht, wie es weitergehen sollte. Ich schlug den anderen vor, zurück zu dem alten Ladenbesitzer zu gehen und ihn zu fragen, wie wir ohne Geld nach Teheran fahren konnten.

„Aber der Mann könnte uns verraten", sagte Masrur da.

Ich war froh darüber, dass mir endlich mal jemand widersprach.

„Ich finde, der Alte macht einen guten Eindruck", beruhigte ich ihn. „Außerdem ist es für uns weit gefährlicher, in der Stadt herumzulaufen."

Also kehrten wir zurück in das Geschäft. Der Mann war alleine. Als er uns wiedererkannte, fragte er, welchen Truppen wir angehörten. Masrur fing sofort wieder an zu weinen. Der Mann bückte sich und kramte in einer Schublade. Dann förderte er fünf Bonbons zu Tage und gab sie uns. Für mich war das ein Zeichen, dass er verstanden hatte. Er sah unsere Uniformen und wusste, dass wir viel zu klein waren für den Krieg. Dass wir Bonbons bekommen und nicht mit Bomben zu tun haben sollten. Ich fasste Vertrauen und fragte den Mann, ob er eine Idee habe, wie wir nach Teheran kommen könnten.

„Warum geht ihr nicht in die Moschee?", fragte er uns.

Ich wurde hellhörig: „Was ist mit der Moschee?"

„Da bekommen alle Bassidsch-Milizionäre und andere freiwillige Kämpfer umsonst eine Mahlzeit und ein freies Ticket für die Heimfahrt, soweit ich weiß. Sie dürfen da auch übernachten."

Ich fand, das hörte sich gut an. Ich fragte den Mann nach dem Weg zu der Moschee. Er trat aus seinem Laden heraus und zeigte uns die Richtung. Wir müssten nur noch um eine Ecke und wären dann da.

Schon von weitem rochen wir das Essen. Uns lief das Wasser im Mund zusammen. Unsere Bassidsch-Uniformen waren quasi unsere Essensmarken. Problemlos kamen wir in die Moschee und reihten uns in die Schlange. Niemand fragte nach unserem Namen oder einem Ausweis. Während wir den Teller Suppe löffelten und langsam zu Kräften kamen, schauten wir uns in der Moschee um. Einige Milizionäre lagen auf dem Boden und schliefen. In einer Ecke lagen zusammengerollte Matratzen – weitere Betten für die Nacht. Die Moschee schien eine Einrichtung für Bassidsch-Milizen zu sein, die auf dem Weg zur Front oder zurück in die Heimat hier Station machten.

Nachdem wir aufgegessen hatten, gingen wir zu dem älteren Mann, der die Suppe ausgab. Ich sagte ihm, dass wir gerade aus dem Kriegsgebiet kamen und unterwegs nach Teheran zu unseren Familien waren.

„Na dann passt ja auf, dass ihr den Bus nicht verpasst", sagte er gleich und lachte: „Viele Milizionäre verschlafen in der Moschee und verpassen ihre Busse!"

Ich erwiderte, dass wir fünf noch gar keine Tickets nach Teheran hätten. Daraufhin verschwand er in der Küche und kam nach einer Weile zurück. In der Hand hielt er fünf Gutscheine: „Damit geht ihr zu dem Sonderschalter im Busterminal, dort bekommt ihr eure Tickets!"

Ich konnte nicht glauben, dass das alles so einfach ging.

Auf der Straße fragte ich Leute nach dem Weg zum Busterminal. Als wir dort ankamen, war es genau fünfzehn Uhr. Viele große Busse standen dort. Sie alle waren frisch gewaschen und sauber. Wir fanden den Sonderschalter. Masrur und ich stellten uns an, während die anderen drei abseits warteten. Vor uns standen einige Soldaten aus der Armee. Im Gegensatz zu den Milizionären mussten sie alle für ihre Heimfahrt zahlen. Als wir an der Reihe waren, reichte ich dem Mann am Schalter die Gutscheine, und er gab uns fünf Tickets nach Teheran. Der nächste Bus ging in zwei Stunden. Ich dachte an die Warnung des Mannes in der Moschee. Nein, diesen Bus würden wir nicht verpassen. Wir warteten direkt am Terminal, der Bus fuhr pünktlich ab.

Die Fahrt nach Teheran dauerte zehn Stunden. Zweimal machten wir Pause – einmal direkt vor einem Restaurant, wo die anderen Passagiere etwas zu essen bestellten. Doch wir hatten kein Geld und blieben draußen. Es machte uns nicht viel aus. In der Gefangenschaft hatten wir gelernt, mit dem Hunger umzugehen. Wir waren zu Überlebenskünstlern geworden.

Am nächsten Morgen kamen wir am Busbahnhof in Teheran an. Wir stiegen aus. Alle Passagiere, sogar die Soldaten, hatten mindestens eine Tasche dabei. Wir dagegen hatten nur das, was wir am Leibe trugen. Als wir auf dem Bahnsteig standen, schauten wir uns ungläubig an. Wir waren tatsächlich in Teheran – und wir waren frei! Jahrelang hatte ich davon geträumt.

Doch was sollten wir jetzt tun? An wen könnten wir uns wenden? Die Konditorei in Yusefabad würde ich vielleicht noch wiederfinden. Aber wäre dort noch jemand, der sich an meine Familie erinnerte? Von Tante Simin hatte ich weder eine Adresse noch eine Telefonnummer. Es nützte auch nichts, die Auskunft anzurufen, denn ich wusste ihren Nachnamen nicht. Vor unserer Festnahme lebte mein Vater in der Stadt Karaj. Doch wie sollte ich ihn dort finden – und lebte er überhaupt noch dort? Aber vielleicht fiel den anderen etwas ein. Schließlich würde es für den Anfang reichen, wenn wir zumindest einen einzigen unserer Verwandten telefonisch erreichen konnten. Da Masrur schon getan hatte, was er konnte, fragte ich die anderen drei, ob sie etwas von ihrer Verwandtschaft wüssten – Telefonnummern oder den vollständigen Namen, damit wir bei der Auskunft anrufen konnten. Doch die drei sagten nichts. Einer von ihnen wusste noch nicht einmal, wie er mit Nachnamen hieß.

Draußen war es kalt, also gingen wir in den Busbahnhof hinein, dort wurde geheizt. Wir setzten uns auf eine Bank und betrachteten schweigend die Menschen, die zu ihren Bussen eilten oder auf sie warteten. Manche waren in Zeitungen vertieft, andere zogen gedankenverloren an Zigaretten. Familien standen in Grüppchen zusammen, Kinder liefen um sie herum, kichernd, lachend. Jedes Lachen ließ mich neugierig aufhorchen. Ich hatte so lange kein Lachen mehr gehört, dass es mir ganz fremd vorkam. Wir waren es gewohnt zu weinen, nicht zu lachen. Wir wussten nicht einmal mehr, wie man lacht oder warum man überhaupt lacht. Mir fiel auf, wie anders wir waren als alle diese Menschen – und wir glotzten sie an, als kämen wir direkt vom Mond und sähen diese Spezies zum ersten Mal. Wir konnten nicht aufhören, sie zu betrachten. Alles, was sie taten, fanden wir spannend. Jede kleinste unwichtige Bewegung der Menschen, jede Geste, jedes Wort kamen uns äußerst interessant vor. Den Leuten, die uns auf der Bank gegenübersaßen, fielen wir mit unserem schamlosen Geglotze schon auf. Wir mussten aufpassen.

Der Busbahnhof füllte sich. Wir waren so sehr damit beschäftigt, die anderen Menschen anzuschauen, dass wir darüber fast vergessen hatten, warum wir eigentlich da waren oder was wir hier suchten. Ich schaute meine vier Kameraden an, die vor Müdigkeit kaum sitzen konnten. Wir waren seit mehr als vierundzwanzig Stunden unterwegs und wir hatten immer noch die Bassidsch-Milizen-Uniform an. Die Uniform hat uns zwar zu einem kostenlosen Mittagessen und einem Ticket nach Teheran verholfen. Aber langsam wäre es besser, wenn wir sie nicht mehr trugen. Ohne sie wären wir weniger verdächtig.

Plötzlich hörte ich, wie die zwei Frauen, die uns gegenüber saßen, über uns sprachen.

„Wie können Eltern nur so dumm sein und freiwillig ihre kleinen Kinder in den Krieg schicken!", sagte die eine und nickte in unsere Richtung.

„Sie schicken ihre zehnjährigen Kinder doch nicht umsonst in den Krieg", sagte die andere, „sie bekommen vom Regime viel Geld dafür und werden jahrelang finanziell unterstützt. Und wenn ihre Kinder fallen, gibt es sogar noch eine gute Rente obendrauf."

Die beiden Frauen schauten uns an und schüttelten die Köpfe. Ich sagte leise zu den anderen, dass wir beobachtet würden, und schlug vor, uns woandershin zu setzen. Wir standen auf, gingen auf die andere Seite des Terminals und setzten uns dort auf den nackten, kalten Boden. Das war pure Gewohnheit. In den letzten Jahren hatten wir nicht mehr auf Stühlen gesessen. Für uns war es ganz normal, auf dem Boden zu sitzen. Da hockten wir nun – und hatten immer noch keinen Plan. Die anderen schienen noch mehr von der Situation überfordert zu sein als ich. Also schlug ich vor, dass ich losgehe und schaue, ob ich ein paar Münzen zum Telefonieren auftreiben könnte. Doch Masrur wollte nicht, dass ich alleine ging. So verließen wir fünf das Gebäude.

Auf der Straße schauten wir nach Menschen, denen wir vertrauen könnten. Wir entschieden uns für eine ältere Frau, die mit einem Kind in einer Ecke stand. Ich bat sie um ein paar Münzen, Dosari, zum Telefonieren. Sie kramte in ihrer Handtasche und gab mir drei. Ich bedankte mich.

Dann gingen wir zu einer öffentlichen Telefonzelle, vor der sich bereits eine Schlange gebildet hatte. Wir stellten uns an. In der Kabine wählte ich die Telefonnummer von zu Hause. Seit meinem vierten Lebensjahr wusste ich sie auswendig. Ein Mann nahm ab, aber er kannte weder mich noch die Familie Avramian. Ich hängte den Hörer zurück auf die Gabel, und während die Münze im Inneren des Automaten laut scheppernd nach unten fiel, fiel auch alle Hoffnung von mir ab, all der Mut. Bis zu diesem Augenblick hatte ich noch an das Unwahrscheinliche geglaubt: dass meine Mutter wieder in dem Haus leben durfte, dass meine Geschwister ebenfalls da waren – und dass sie nur darauf warteten, dass ich endlich anriefe und wir alle wieder zusammen wären. Mit gesenktem Kopf verließ ich die Telefonzelle.

Als ich draußen war, fiel mir die Auskunft der Teheraner Telefongesellschaft ein. Ich könnte dort nach meinem Vater fragen. Wir stellten uns also wieder an. Als wir an der Reihe waren, gingen alle fünf von uns in die Kabine. Ich wählte die Nummer und gab den Namen meines Vaters und den der Stadt durch, in der er damals wohnte. Eine Dame sagte mir, dass keine Nummer unter diesem Namen registriert sei. Ich wollte schon auflegen, da fiel mir die Konditorei in Yusefabad ein. Diese Nummer hatte sie. Doch als ich dort anrief, konnte niemand etwas mit meinem Familiennamen anfangen. So legte ich wieder auf und wir kehrten in den Terminal zurück.

Seit über dreißig Stunden hatten wir nichts gegessen. Zwar hatten sich unser Mägen in den letzten acht Jahren an die ständigen Hungergefühle gewöhnt. Aber über so einen langen Zeitraum hatten wir äußerst selten hungern müssen. Die Kräfte verließen uns zusehends. Eigentlich sollten wir jetzt weitere Münzen besorgen und überlegen, wen wir noch anrufen könnten. Doch zuvor mussten wir unbedingt etwas essen. Ich schlug vor, dass ich losginge und eine Bäckerei suchte. Masrur wollte mitkommen, und so ließen wir die anderen drei im warmen Terminal zurück.

Während wir durch die Straßen gingen, merkte ich, wie meine Kräfte schwanden. Mein Kiefer tat mir wieder weh, die Wurzel des abgebrochenen Zahns schien sich erneut zu entzünden. Auch Masrur ging es nicht gut. Er war stark erkältet und hustete ständig. Vor lauter Müdigkeit konnte er kaum laufen. Wir irrten ziellos umher, taumelnd und schwach. Plötzlich sprach Masrur eine verschleierte Frau an. Er fragte nach einer Bäckerei. Ich war überrascht. Zum ersten Mal hatte er eine fremde Person angesprochen. Ich hatte es mir bisher vergeblich gewünscht, dass nicht immer ich die Leute ansprechen musste. Masrur konnte das viel besser als ich, er sprach akzentfreies Persisch und stotterte nicht wie ich. Trotzdem hatte er es bisher mir überlassen, Menschen anzusprechen oder überhaupt: zu sprechen und Entscheidungen zu fällen. Ich hatte ihm deswegen keine Vorwürfe gemacht. Wir waren doch eine Familie. Und in einer Familie ist man füreinander da. Wenn einer schwach ist, muss der andere eben doppelt so stark sein. Nur musste ich bisher für vier andere Stärke zeigen. Bei allem Überlebenswillen, den ich an den Tag legte, überstieg das doch meine Kräfte.

Schließlich fanden wir eine Bäckerei. Wir waren so hungrig, dass wir uns einfach anstellten, obwohl wir gar kein Geld hatten. Uns war auch völlig egal, ob wir auffielen oder uns jemand beobachtete. Als wir nach einer halben Ewigkeit endlich an der Reihe waren, fragte ich den Bäcker, ob wir ein altes oder verbranntes Brot umsonst haben könnten. Wir hätten seit zwei Tagen nichts gegessen und seien sehr hungrig. Während ich mit dem Bäcker sprach, hörte ich Masrur hinter mir weinen. Der Bäcker sah uns erstaunt an, dann ging er nach hinten und brachte zwei frisch gebackene Fladenbrote sowie zwei Scheiben Schafskäse mit. Masrur und ich waren nicht mehr in der Lage, uns bei dem freundlichen Bäcker zu bedanken. Wir stürmten aus den Laden und rannten so schnell wir konnten zu unseren Kameraden zurück. Schon als wir den Busbahnhof betraten, sahen wir, dass Schahram auf dem Boden lag. Er war zu schwach geworden, um zu sitzen, und schlief fest. Ich weckte ihn und versuchte ihn dazu zu bewegen, sich wieder aufzurichten und etwas Brot zu essen. Mühsam setzte er sich auf. Als er das Brot sah, wurde er schnell wach. Wir alle freuten uns über das frische Fladenbrot und den Schafskäse und aßen beides sehr schnell auf. Danach gingen wir zusammen zur Toilette, um aus dem Hahn Wasser zu trinken. Schahram mussten wir auf dem Weg dorthin stützen. Zurück in der Wartehalle, fragten wir an einem Ticketschalter nach einem Stück Papier und einem Bleistift und setzten uns damit in eine ruhige Ecke. Ich wollte aufschreiben, welche Namen uns von unseren Verwandten einfielen. Nach diesen konnten wir dann bei der Auskunft fragen. Ich ahnte, dass unsere Eltern nicht mehr im Telefonbuch standen, weil sie alle entweder erschossen worden waren oder im Gefängnis saßen. Deshalb fragte ich die anderen nach ihren Onkeln oder Tanten. Ich selbst erinnerte mich nicht mehr an die Namen meiner Verwandten. Als ich vier oder fünf Jahre alt war, kannte ich die meisten Hauptstädte der Welt und die meisten Präsidenten mit Namen. Die Erwachsenen hatten mich immer für meine Allgemeinbildung gelobt und gemeint, wie intelligent ich doch für mein Alter sei. Doch nun, mit meinen dreizehn Jahren, musste ich feststellen, dass ich gar nicht so intelligent war. Die wichtigsten Sachen, die, die mir in der Not hätten helfen könnten, hatte ich nicht gelernt.

Den anderen ging es ähnlich. Schahram und Sasan waren sogar erst vier Jahre alt gewesen, als man sie von ihren Familien trennte. Kein Wunder, dass sie nicht mehr viel von ihren Verwandten wussten. Schahram erinnerte sich nur noch an seine Großmutter, wusste aber nicht, wie sie mit Vor- oder Nachnamen hieß. Von Masrur kannte ich immerhin schon den Nachnamen, Schams. Seine Familie war zur Schah-Zeit landesweit bekannt und nach der Revolution – wie alle unsere Familien – auseinandergerissen worden. Aber vielleicht hatte irgendwer überlebt. Wir hatten noch eine Münze zum Telefonieren übrig. Ich ging mit Masrur zur Telefonzelle, wählte die Auskunft und sagte zu der Dame in der Leitung, dass ich dringend einen Herrn Schams sprechen müsste, aber nicht wüsste, wie er mit Vornamen hieß. Die Frau von der Auskunft sagte, dass es über fünfzig Einträge unter diesem Namen gäbe. Ob ich den Stadtteil wüsste, in dem mein Herr Schams wohnte, fragte sie mich. Ich dachte kurz nach. Masrur hatte mir einmal erzählt, in welchem Viertel von Teheran er als Kind gelebt hat. „Stadtteil Schemiran", antwortete ich. Wir bekamen vier Telefonnummern, die ich alle aufschrieb, dann legte ich auf. Unsere Münze, die wir eingeworfen hatten, kam wieder aus dem Automaten heraus. Wir freuten uns darüber und wählten damit gleich die erste Nummer auf unserer Liste an. Die Dame in der Leitung kannte keinen Masrur, also legte ich wieder auf. Nun hatten wir noch drei Nummern auf der Liste, aber keine Münze mehr. Ich schlug Masrur vor, Münzen aufzutreiben, bevor es dunkel würde. Wir wussten schließlich nicht, wo wir die Nacht verbringen konnten. Vor der Telefonzelle fragte ich ein paar Passanten, ob sie mir eine Münze schenken könnten. Manche kramten kurz in den Taschen und fanden leider nichts, andere zuckten nur entschuldigend die Achseln, doch ein Soldat gab mir gleich zwei.

Wir reihten uns erneut in die Schlange vor der Telefonzelle ein und warteten, bis wir an der Reihe waren. Ich wählte eine der drei übrig gebliebenen Nummern, doch da war besetzt. Bei der nächsten ging zwar jemand ran, aber auch der hatte noch nie von einem Masrur gehört. Als Masrur das hörte, schien ihn der ganze Mut zu verlassen. Ich beruhigte ihn und sagte, dass wir es später noch einmal unter der Nummer, die eben besetzt gewesen war, versuchen würden.

Als wir in den Busbahnhof zurückkehrten, lagen unsere drei Freunde auf dem Boden und schliefen bereits tief und fest. Masrur und ich setzten uns neben sie. Ich konnte nicht schlafen. Ich war erschöpft und resigniert. Acht Jahre lang hatten wir auf den Moment gewartet, endlich wieder frei zu sein. Nun waren wir so weit gekommen, hatten so viel riskiert – und mussten festzustellen, dass wir hier draußen genauso wenige Menschen hatten, die uns helfen konnten, wie eingeschlossen im Lager. Es gab absolut niemanden, an den wir uns wenden, keinen Ort, an den wir hingehen und Schutz suchen konnten. Zur Polizei oder zu den Behörden konnten wir auf gar keinen Fall. Die hätten uns wegen Fahnenflucht sofort wieder eingesperrt, wenn nicht sogar umgebracht.

Masrurs Erkältung verschlechterte sich. Er hustete immer öfter und konnte vor lauter Halsschmerzen kaum noch sprechen. Ich bat ihn, im warmen Terminal sitzen zu bleiben, während ich noch einmal die Nummer ausprobieren würde, bei der zuvor besetzt gewesen war. Auf dem Weg zur Telefonzelle betete ich zu Gott. Ich flehte ihn an, dass gleich am anderen Ende der Leitung jemand abnimmt, der Masrur kennt.

Diesmal ertönte ein Freizeichen – und kurz darauf war eine Frau am Apparat. Ich fragte sie höflich, ob sie vor acht Jahren ein fünfjähriges Kind mit Namen Masrur Schams gekannt hat. Bevor die Frau meine Frage beantwortete, fragte sie, wer ich denn überhaupt sei. Ich erzählte ihr in groben Zügen meine Lebensgeschichte und obwohl ich stark stotterte und es eine Weile dauerte, bis ich fertig war, ließ mich die Frau aussprechen und unterbrach mich nicht. Dann bat sie mich, einen Moment zu warten und nicht aufzulegen. Ein Mann kam ans Telefon und ich musste von vorne anfangen. Im Hintergrund hörte ich, wie weitere Personen miteinander sprachen. Sie klangen aufgeregt. Der Mann am anderen Ende der Leitung fragte mich, woher ich seine Telefonnummer hatte. Ich erzählte es ihm.

„Masrurs Vater war mein Cousin", sagte er schließlich. Dann stellte er mir viele Fragen. Ich beantwortete sie alle, so gut ich konnte. Dann musste ich weinen. Schluchzend bat ich ihn um Hilfe und versprach ihm, ihn wieder anzurufen, sobald ich eine weitere Münze zum Telefonieren aufgetrieben hatte. Die Zeit sei gleich vorbei, ich müsse nun auflegen.

Ich ging zurück zu den anderen. Obwohl ich Masrur gebeten hatte, sitzen zu bleiben und aufzupassen, hatte auch er sich hingelegt und war eingeschlafen. Ich rüttelte ihn wach und erzählte ihm von meinem Gespräch mit dem Cousin seines Vaters. Doch Masrur war so fiebrig und erschöpft, dass es ihn gar nicht interessierte, was ich ihm erzählte. Ich ging zum Ticketschalter und bat den Verkäufer um eine Münze. Er sagte, er dürfe mir kein Geld geben. Ein älterer Fahrgast, der in der Schlange stand, hatte das mitbekommen und gab eine Münze, die größer war als die, die man uns bisher gegeben hatte: „Damit kannst du fünf Mal telefonieren, wenn du sie wechselst." Dankbar nahm ich die Münze an, wechselte sie direkt am Schalter und lief zurück zu meinen Kameraden. Ich weckte sie und bat sie, mit mir zur Telefonzelle zu gehen. Ich war sehr aufgeregt und konnte es kaum erwarten, die Nummer erneut zu wählen.

„Wo seid ihr denn? Und was macht ihr da?", fragte mich der Mann, noch bevor ich überhaupt etwas sagen konnte. Ich erzählte es ihm und sagte, dass nun auch Masrur und meine anderen drei Freunde mit mir in der Telefonzelle waren. Dann gab ich den Hörer weiter an Masrur. Der kannte den Cousin seines Vaters nicht und war inzwischen so heiser, dass er kaum einen Ton herausbekam. Ich nahm den Hörer wieder an mich und bat den Mann um Hilfe.

„Wo finde ich euch denn?", fragte er.

„Im Gebetsraum des Busbahnhofs."

„Gut, wartet dort auf mich. Ich bin in zwei bis drei Stunden da und hole euch ab."

Ich hängte den Hörer ein und atmete vor Erleichterung auf. Ich vertraute dem Mann und war sicher, dass er uns abholen würde. Wir machten uns auf den Weg zum Gebetsraum.

Masrur ging es inzwischen richtig schlecht. Er musste sich immer wieder hinsetzen und sich übergeben. Wir stützten ihn und führten ihn auf die Toilette an den Wasserhahn, wo wir sein Gesicht wuschen und er etwas trinken konnte. Danach gingen wir in den Gebetsraum und setzten uns in der Nähe der Eingangstür auf den Boden. Einige andere Soldaten in Uniformen saßen auch dort. Einer von ihnen fragte uns, wer wir seien. Freiwillige Helfer, antwortete ich, gerade von der Front zurück, und gleich würden wir abgeholt werden.

Masrur legte sich hin. Er stöhnte. Er bekam keine Luft mehr. Nach einer Weile fragte mich Schahram, ob wir noch etwas Brot besorgen könnten. Ich erinnerte mich daran, am Morgen neben der Bäckerei eine Apotheke gesehen zu haben. Ich bat meine drei Freunde, auf Masrur aufzupassen, während ich Brot und Medikamente besorgen würde. Es war bereits dunkel, als ich den Terminal Richtung Bäckerei verließ. Zum ersten Mal in meinem Leben war ich in Teheran allein unterwegs. In der Dunkelheit sah die Stadt ganz anders aus, es fiel mir schwer, mich zu orientieren. Als ich eine halbe Stunde umhergeirrt war, fragte ich zwei Frauen, die frischgebackenes Fladenbrot in einem Korb trugen, nach der Bäckerei. Sie zeigten mir den Weg. Vor der Bäckerei hatte sich eine lange Schlange gebildet, ich reihte mich ein und wartete etwa eine halbe Stunde, als ich plötzlich sah, dass die Apotheke gleich nebenan schließen wollte. Ich verließ meinen Platz in der Schlange und rannte zu dem Apotheker, der gerade die Tür zumachen wollte.

„Bitte schließen Sie noch nicht!", bat ich ihn, „Ich brauche ein Medikament. Mein Freund ist erkältet und sehr schwach und er musste sich übergeben".

Der Mann ließ mich eintreten und zeigte mir einige Medikamente in verschiedenen Packungen, die ich ohne Rezept kaufen konnte. Ich sagte ihm, dass mein Geld nur für eine Tablette reichte und streckte ihm meine Hand mit den vier übrig gebliebenen Münzen entgegen. Der Mann musterte mich von Kopf bis Fuß an, dann sagte er: „Steck dein Geld wieder ein. Hier hast du zwei Tabletten gegen Mandelentzündung. Ich hoffe, sie helfen deinem Freund."

Ich nahm die Tabletten dankbar entgegen und rannte zurück zur Bäckerei. Vor lauter Aufregung fand ich meinen Platz in der Schlange nicht wieder. So musste ich mich erneut ganz hinten anstellen.

Es dauerte eine Stunde, bis ich an der Reihe war. Wortlos zeigte ich dem Bäcker meine vier Groschen.

„Du warst doch heute schon mal hier, oder?", fragte der Bäcker, der mich sofort erkannt hatte. „Wo kommst du denn her?"

Stotternd berichtete ich, dass ich mit ein paar anderen aus dem Kriegsgebiet gekommen war und wir nun auf unsere Verwandten warteten. Dann sagte ich, dass wir alle hungrig waren und bat ihn um ein altes Brot, das wir umsonst bekommen könnten.

Der Bäcker gab mir ein großes Fladenbrot und packte den Rest von seinem Mittagessen in eine Tüte. Dankbar nahm ich alles entgegen und machte mich auf den Rückweg zu meinen Freunden.

Ich war etwa zwanzig Schritte gegangen, als ich plötzlich den Bäcker hinter mir rufen hörte: „Hey, Minisoldat, warte!"

Ich blieb stehen und bekam große Angst. Ich zitterte am ganzen Körper und machte mir natürlich sofort in die Hose. Unheil ahnend drehte ich mich um. Der Bäcker stand in der Tür und schwenkte eine durchsichtige Plastiktüte mit Obst: „Die kannst du auch für deine Freunde mitnehmen." Mir fiel ein Stein vom Herzen. Ich rannte zu ihm und nahm die Plastiktüte in Empfang. Ich war aufgeregt und unendlich dankbar.

Unterwegs zu meinen Freunden dachte ich, dass meine Gebete endlich erhört worden waren. Ich dankte Gott dafür und bat ihn, dass er mir helfe, auch meine Verwandten zu finden. Ganz versunken in diese Gedanken und vor lauter Freude über das besorgte Essen und die Medikamente, hatte ich gar nicht gemerkt, dass ich mich erneut verlaufen hatte. Ich wusste nicht mehr, wo ich war. Ich fragte einen Passanten nach dem Weg zum Busterminal. Er zeigte in die Richtung, aus der ich gerade gekommen war. Also kehrte ich um und lief so schnell, wie ich konnte, zurück. Doch ich hatte kaum noch Kräfte. Ich hatte seit achtundvierzig Stunden nicht mehr geschlafen. Auch tat der entzündete Kiefer wieder weh.

Es war kurz vor zweiundzwanzig Uhr, als ich in den Busbahnhof endlich erreichte. Ich rannte sofort in den Gebetsraum. In der Tür blieb ich wie angewurzelt stehen. Meine

Knie wurden weich und ich konnte mich vor lauter Schreck nicht mehr bewegen. Von meinen Freunden fehlte jede Spur. Sie waren weg. Die Erkenntnis tat so weh, als hätte mir jemand ein Messer zwischen die Rippen gestoßen: Meine Freunde wurden von Herrn Schams abgeholt, und mich hatten sie einfach vergessen.

Ich legte die Tabletten, das Brot und die anderen zwei Tüten mit dem Essen auf den Boden und setzte mich daneben. Einige junge Milizionäre saßen immer noch da und warteten auf ihren Bus. Einer von ihnen erkannte mich:

„Deine Freunde wurden abgeholt. Vor etwa einer Stunde kamen zwei Männer hinein und riefen zwei Namen, Cyrus und Masrur. Dann aber nahmen sie alle vier mit."

Bei aller Enttäuschung freute ich mich darüber, dass es wenigstens die vier geschafft hatten. Ich legte mich auf den Teppichboden und versuchte zu schlafen. Doch mein Kiefer schmerzte. Es musste kurz nach Mitternacht gewesen sein, als ein älterer Mann hereinkam und sagte, dass er den Gebetsraum nun schließen würde. Ich müsste ihn verlassen. Ich stand auf und ging zurück in den Busbahnhof. Ohne meine Freunde fühlte ich mich ganz verloren. Ich nahm mir vor, am nächsten Tag Herrn Schams anzurufen, damit er mich ebenfalls abholte. Im Busbahnhof saßen noch einige Fahrgäste herum, darunter auch einige Soldaten. Ich suchte mir einen Platz in einer Ecke und legte mich hin. Dann wurden die letzten Passagiere aufgerufen und der Terminal war plötzlich menschenleer. Ich war ganz allein in dem großen Busbahnhof. Kurze Zeit später kam eine Putzkolonne vorbei, und einer der Männer forderte mich auf, den Terminal zu verlassen. Ich wusste nicht, wo ich hingehen sollte. Draußen war es sehr kalt und windig. Ich war hungrig und schwach. Ich hätte von dem Fladenbrot und den Trauben essen können. Doch mein Kiefer tat so weh, dass ich den Mund nicht aufbekam. An Kauen war gar nicht zu denken.

Schließlich muss ich vor lauter Schmerzen und Erschöpfung irgendwo im Dunkeln das Bewusstsein verloren und umge-kippt sein.

Kapitel 7
Gang in die Hölle

Als ich am nächsten Morgen erwachte, lag ich in einem Bett. Ich hatte keine Ahnung, wie ich hierhergekommen war. Zwei Männer traten zu mir, einer hatte einen weißen Kittel an, der andere eine Uniform.

„Wo bin ich?", fragte ich.

„In einem Militärkrankenhaus in Teheran. Du hattest eine Uniform an, deswegen hat man dich hierher gebracht", antwortete der eine.

„Welcher Truppe gehörst du an?", fragte der in Uniform.

Ich fasste an meinen Kiefer, der plötzlich wehtat. Der Schmerz kam mir nicht ungelegen, ich musste etwas Zeit gewinnen. Ich musste mir etwas überlegen. Ich verzog das Gesicht und schien mich ganz meinem Zahnschmerz hinzugeben. „Ich bin kein Soldat", sagte ich schließlich, „ich bin ein Straßenkind. Die Uniform, die ich anhatte, habe ich in einem Busbahnhof gefunden und angezogen, weil meine eigenen Kleider dreckig waren."

Die Männer stellten keine weiteren Fragen. Entweder fanden sie meine Geschichte schlüssig, oder sie wollten mir nicht länger zusehen, wie ich litt. Sie schickten sich an, zu gehen. Vorher sagte der Mann im Kittel noch, dass man mir Medikamente gegen meine Zahnschmerzen gegeben hatte und es mir bestimmt bald besser gehe.

Am nächsten Tag konnte ich schon wieder aufstehen. Ich sollte mich anziehen und wurde zu einem Geländewagen geführt. Ich stieg ein, und das Auto fuhr los. Ich hatte keine Ahnung, wohin man mich brachte. Die Tabletten hatten nicht nur meinen Schmerz betäubt, sondern mich auch lethargisch und gleichgültig gemacht. Ich schaute aus dem Fenster, ohne wirklich irgendetwas zu sehen. Doch dann erschrak ich: Die Gebäude, vor denen wir hielten, kamen mir bekannt vor. Schrecklich bekannt. Es war die Kaserne, in der ich vor vier Jahren meine Militärausbildung erhalten hatte. Hier brachte man offensichtlich nicht nur die Kinder erschossener Schah-Anhänger hin, sondern auch Straßenkinder, wie ich nun eines war.

Ich bekam eine gebrauchte Uniform und wurde in den Waschraum geschickt. Unter der Dusche heulte ich hemmungslos. Ich war wieder in Gefangenschaft gelandet! Dabei war die Freiheit schon zum Greifen nah gewesen. Ich konnte nicht fassen, dass ich nach all den Anstrengungen, den vielen glücklichen Zufällen und der ganzen Hilfsbereitschaft, die wir erfahren hatten, nun wieder inhaftiert war. Immerhin hatten es die anderen vier wohl geschafft. Der Gedanke, dass sie nun in Freiheit waren, löste in mir Glücksgefühle aus, die mich mein eigenes Leid für einige Augenblicke ganz vergessen ließen. Ich war stolz auf uns. Wir hatten es geschafft, aus dem Kriegsgebiet zu fliehen. Vier von fünf Kindern war die Flucht gelungen, das ist doch eine gute Quote.

Ich wurde wieder in einen Schlafsaal mit 300 anderen gesteckt und bekam wieder eine Matratze, die ich nachts als Bett benutzte. Tagsüber lag ich auf dem Teppich. Die erste Woche verbrachte ich fast nur im Liegen. Mein Kiefer tat weh, und ich musste nicht am Unterricht teilnehmen, zu dem die anderen Kinder jeden Tag für mehrere Stunden verschwanden. Statt erneut zu lernen, wie man Minen entschärft und Waffen hält, lag ich auf dem Boden und machte mir Vorwürfe. Warum hatte ich nicht wie die anderen im Gebetsraum gewartet, bis man uns abholte? Warum musste ich auch unbedingt noch mal raus? Und warum hatte ich mich dort in der Dunkelheit verlaufen? Ich wusste natürlich die Antworten, aber sie machten es nicht besser. Ich war losgegangen, weil ich mich für die anderen verantwortlich gefühlt hatte. Die Flucht war meine Idee gewesen. Und als Shahram Hunger hatte und Masrur krank wurde, sah ich es als meine Pflicht an, schnell für Medikamente und Essbares zu sorgen. Ich hätte nicht einfach neben meinen Freunden im Gebetsraum sitzen und zusehen können, wie es Masrur immer schlechter ging und sich die anderen vor Hunger kaum noch aufrecht halten konnten.

Ich war ganz mit diesen Gedanken beschäftig, als ein Aufpasser zu mir kam, um mir Medikamente zu bringen.

„Bist du eigentlich noch krank?", fragte er mich. Ich schaute ihn an und erstarrte. Es war der Aufpasser, dem ich mich Jahre zuvor anvertraut und erzählt hatte, was man im Kinderlager mit mir gemacht hatte – und der mich daraufhin, wie viele andere meiner Freunde und Kameraden, regelmäßig missbraucht und vergewaltigt hatte.

„Was hast du eigentlich? Weshalb bist du krank?", fragte er.

„I-i-ich ha-ha-be Zahnschmerzen."

Mein Stottern verriet mich sofort, der Mann erkannte mich. „Ach du bist das! Der Junge, der seine Klappe nicht halten konnte! Warum bist du wieder hier?", wunderte er sich. „Ich dachte, ihr wärt alle an der Front!"

Ich schwieg. Bis zu diesem Zeitpunkt hatte ich mir noch keine Gedanken darüber gemacht, was passieren würde, wenn rauskäme, dass ich von der Front geflohen war. Ich hatte über mögliche Konsequenzen, die mir als Fahnenflüchtigen drohten, noch gar nicht nachgedacht. Der Mann hakte nicht weiter nach. Er zuckte die Achseln und ging.

Nach ein paar Tagen ging es mir so weit wieder gut, dass ich am Unterricht teilnehmen konnte. Vormittags brachte man uns Schießen bei und zeigte uns, wie man mit verschiedenen

Kriegswaffen umgeht. Etwa mit der R.P.G7, einer Panzerfaust. Die konnten wir Kinder nur zu zweit bedienen, wobei einer im Stehen auf den Panzer zielte, während der andere, hinter ihm kniend, dessen Beine umfasste, damit die Wucht des Schusses ihn nicht umriss. Nachmittags wurden wir in Persisch und Koranstudien unterrichtet.

Ich war etwa seit zehn Tagen im Lager, als ich an einem Nachmittag während des Religionsunterrichts ins Büro der Aufpasser gerufen wurde.

„Da bist du ja", begrüßte mich der Mann, der mich Tage zuvor erkannt hatte, „aber wo sind deine vier Freunde?"

Ich erschrak und machte mir sofort wieder in die Hose. Der Mann trat auf mich zu und schlug so kräftig mit der geballten Faust auf meine Brust, dass ich hinfiel. Ich rang vergeblich nach Luft und presste beide Hände auf die getroffene Stelle, als könnte ich den Schmerz damit wegdrücken. Es tat so weh, als hätte mir jemand das Herz herausgerissen.

Der Wärter ergriff mein Ohr und zog mich daran hinter sich her in das Nebenzimmer, in dem ich und viele meiner Freunde Jahre zuvor von ihm vergewaltigt worden waren. Er schubste mich in den Raum und schloss die Tür von außen ab. Vier Stunden saß ich da. Dann kam der Wärter wieder herein.

„Sag mir, wo die anderen vier Jungs sind!", brüllte er.

Ihre Namen kannte er nicht, genauso wenig wie meinen. Niemand von uns Kindern war den Aufpassern namentlich bekannt. Wir waren namenlos – und wertlos.

Ich schwieg. Meine Brust schmerzte immer noch. Ich bedeckte sie hilflos mit meinen Händen, damit er nicht noch einmal dorthin schlug. Der Mann ging wieder zur Tür und schloss sie ab – diesmal von innen. Dann kam er zu mir und zog mir meine Hosen herunter. Ich versuchte, mich zu wehren und meine Hose wieder hochzuziehen, war aber viel zu schwach, um gegen den kräftigen Mann etwas ausrichten zu können. Er hielt mir mit der rechten Hand meinen Mund zu und vergewaltigte mich auf brutalste Art und Weise. Als er fertig war, stand er auf und ging. Kurze Zeit später brachte er mir ein Glas Wasser und ein Stück Fladenbrot.

Später sollte ich erfahren, dass das Personal in der Kaserne in engem Kontakt mit unserem Milizenführer im Kriegsgebiet stand. Immer, wenn es Bedarf an neuen Kindersoldaten gab – weil die anderen beim Minensuchen draufgegangen waren oder Wege gefunden hatten, sich selbst umzubringen –, wurde ein neuer Kindertrupp aus dem Lager auf die Reise an die Front geschickt. Eines Tages hatte man den Aufpassern im Lager mitgeteilt, dass am Morgen fünf Kinder mit einer Waffe spurlos verschwunden waren. Als mich der Aufpasser dann an meinem Stottern erkannte, musste er nicht lange überlegen, um zu kombinieren, dass ich wohl einer dieser fünf Jungen war.

Am nächsten Tag wurde ich verlegt. Ich kam in ein Jugendgefängnis – von außen ein fensterloser Betonklotz mit Wachtürmen an jeder Ecke, von innen ein typisches Gefängnis, wie ich es schon mal in Filmen gesehen hatte: mit langen, von kaltem Neonlicht erhellten Fluren und schweren Stahltüren links und rechts davon.

Ich wurde zunächst in ein Büro geführt und dort verhört. Es war ein kleiner fensterloser Raum. Zwei Männer saßen mir gegenüber, ein Soldat stand hinter mir neben der Tür. Die Männer fragten, wo meine Freunde waren – und die verschwundene Waffe, die wir an jenem Morgen bei uns trugen. Ich erzählte, dass die Flucht Masrurs Idee gewesen war. Er war unser Gruppenleiter, und wir hatten ihm widerspruchslos zu folgen. „Wir taten alles, was er sagte", log ich, „und als er vorschlug zu flüchten, stellten wir keine weiteren Fragen. Schließlich hatte man uns befohlen, seinen Anweisungen zu folgen."

Ich erfand diese Lüge, weil ich hoffte, so um die Bestrafung herumzukommen, die auf mich wartete, sobald sie erfuhren, dass ich zu der Flucht angestiftet hatte. Ich hätte die Schuld natürlich nicht auf Masrur geschoben, wenn er wie ich ebenfalls in Gefangenschaft gewesen wäre.

„Wann hat sich die Gruppe getrennt?", fragte der Mann.

„Es war in Kermanschah", sagte ich, „ich hatte starke Schmerzen und ging von den anderen weg, um Medikamente aufzutreiben. Als ich wieder zurückkam, waren die anderen fort. Ich bin dann in eine Moschee gegangen und habe jemanden um ein Ticket nach Teheran gebeten. Ich wollte zurück in mein Trainingslager, wo ich Jahre zuvor ausgebildet worden war. Ich habe doch sonst niemanden. Ich wusste nicht, wohin. Im Busbahnhof in Teheran bin ich dann zusammengebrochen. Ich hatte schon die ganze Zeit Zahnschmerzen gehabt und bin immer schwächer geworden. Irgendjemand hat mich dort gefunden. Doch ich kann mich ab dann an nichts mehr erinnern."

„Und was ist mit der Waffe? Wer hat sie jetzt?"

Diese Frage hatte der Mann schon zu Anfang gestellt. Ich antwortete wieder wahrheitsgemäß: Dass wir das Gewehr gemeinsam mit den Messern kurz vor der Flucht nicht weit vom Lager in der Erde vergraben hätten.

Nach dem Verhör wurde ich in eine Zelle gebracht, die ich mir mit sieben weiteren Häftlingen teilen musste. Auf engstem Raum standen hier vier Etagenbetten. Mir wurde das Bett unten links, gleich neben der Tür, zugewiesen. Eine dünne Baumwollmatratze lag auf der Pritsche. Hier musste man keine Matratze zusammenrollen. In der Wand sehr weit oben gab es ein kleines vergittertes Fenster. Nach draußen schauen konnte man dadurch nicht, es war zu hoch.

Wir konnten lediglich durch das vergitterte Fenster in der Tür auf den Gang sehen. Die Tür war tagsüber nicht verschlossen, so dass wir in den Waschraum und auf Toilette gehen konnten. Es durfte immer nur eine Person aus einer Zelle den Waschraum benutzen. Abends nach dem Gebet wurde die Zellentür abgeschlossen. Wer nachts auf Toilette wollte, musste den Wärter rufen, der die Zellentür aufschloss.

Der Tagesablauf im Jugendgefängnis war dem im Kinder- und Trainingslager ähnlich. Auch hier mussten wir dreimal täglich beten und wurden vor Sonnenaufgang geweckt. Auch hier hatten wir Unterricht, allerdings nur in Religion. Unser Lehrer war ein Hassprediger und der Unterricht eine einzige quälend lange Hasspredigt. Der Mann wetterte vor allem gegen die USA und gegen Israel. Große „Sheitan" nannte er die Länder, große Teufel. Das Christentum und vor allem das Judentum lehnte er grundsätzlich ab, andere Religionen wie den Buddhismus erwähnte er gar nicht. Er war überzeugt davon, dass alle Nichtmuslime, die sogenannten Ungläubigen, in die Hölle kämen und dort jämmerlich schmoren würden. Deswegen müssten alle Menschen anderen Glaubens von der Vollkommenheit des Islams überzeugt werden, damit sie konvertierten. Wer nicht freiwillig Muslim werden wolle, müsse gezwungen werden. Wäre das ohne Erfolg, bliebe nur noch der „Dschihad" – die Tötung der Ungläubigen im Namen des Islams, Gewaltanwendung im Namen Gottes.

Ich hörte mir das einige Monate an. Dann platzte mir eines Tages der Kragen:

„Religion ist etwas Angeborenes", sagte ich, nachdem mir der Prediger erlaubt hatte, eine Frage zu stellen, „wir haben sie nicht gewählt, wir wurden hineingestoßen. Sie, Herr Lehrer, wurden zum Beispiel als Muslim geboren, ich und einige andere in diesem Raum als Juden und manche wiederum als Christen. Wenn wir als Nichtmuslime in die Hölle kommen und unaufhörlich und leidensvoll schmoren müssten, wie Sie sagten, warum hat Gott diese Religionen überhaupt geschaffen?"

Als ich fertig war, atmete ich auf. Die Frage quälte mich schon seit Monaten, jetzt war sie endlich raus. Der Lehrer stand von seinem Stuhl auf, ging zur Tafel und sagte: „Gott hat den Islam als die letzte und die vollkommenste Religion auf die Erde geschickt. Nur der Islam ist zeitgemäß und vollkommen, alle anderen Religionen sind unreif und fehlerhaft. Nur die Gläubigen, also nur die Muslime haben Zugang zum Paradies. Die Anhänger aller anderen Religionen kommen in die Hölle. Das ist nun mal so."

Ich war nicht mehr zu stoppen und sprach, ohne vorher die Hand zu heben und auf Erlaubnis zu warten: „Es gibt aber Menschen, die in abgelegenen Gebirgsregionen dieser Erde leben. Es gibt Menschen, die völlig verborgen in Urwäldern hausen und vom Rest der Welt und vor allem vom Islam noch nie etwas gehört haben. Ihrer Meinung nach müssten sie somit alle in die Hölle kommen und unaufhörlich verbrennen. Wenn das wirklich so ist, wie Sie behaupten, müsste dann nicht Allahs Hölle viel größer sein als sein Paradies, weil die Mehrheit der Menschheit auf Erden aus Nichtmuslimen besteht?"

Ich wusste, was ich da tat. Ich legte mich mit einem Fundamentalisten an, einem Islamisten. Der diskutiert nicht, der toleriert weder andere Meinungen noch andere Religionen noch die Unterschiede und die Vielfalt, die auf dieser Welt existieren. Meine Worte waren wie eine Rakete, die neben seinem schön zurechtgezimmerten Gedankengebäude aus Überzeugung und Halbwissen einschlug und selbiges ordentlich erschütterte. Er reagierte mit einem Gegenschlag. Er ohrfeigte mich links und rechts und trat mir dann mit aller Kraft in den Bauch. Dann schmiss er mich aus dem

Unterricht. Doch ich spürte keinen Schmerz. Ich fühlte mich stark, ich fühlte mich stärker als er.

Ich wurde für drei Monate in eine Einzelzelle gesperrt und bis auf weiteres vom Unterricht ausgeschlossen. Meine Einzelzelle war sehr dunkel, kalt und vor allem: sehr klein. Sie war sogar noch kleiner als die Besenkammer im Kinderlager, in die ich so oft zur Strafe für mehrere Stunden eingesperrt wurde. Meine Einzelzelle maß etwa einen Quadratmeter. Wie ich später erfahren sollte, wurden hier die Insassen, die sich nicht an die Gefängnisregeln hielten, für ein paar Stunden zur Strafe eingesperrt. Ein paar Stunden waren schon die Hölle, doch ich war drei Monate darin. Es war stockdunkel, Tag und Nacht. Ich wusste nie, welche Tageszeit war. Dreimal am Tag durfte ich kurz auf die Toilette gehen, freitags durfte ich duschen. Das Essen wurde vom Wächter in die Zelle gebracht. Mir taten ständig meine Knochen weh. Ich konnte mich nicht ausstrecken. Selbst wenn ich mich quer in den Raum legte und den begrenzten Platz so gut wie möglich ausnutzte, ging das nicht. Sogar die Matratze ließ sich nicht ganz ausrollen.

Die Zeit verging hier so gut wie gar nicht. Ich hatte überhaupt nichts zu tun. Die drei Monate erschienen mir so lang wie dreißig Jahre. Ich verbrachte die Zeit mit Nachdenken. Ich dachte darüber nach, wer ich war und was mich ausmachte. Ich dachte darüber nach, was ich alles wusste und was ich in den Jahren in Gefangenschaft gelernt hatte. Ich dachte an all die Situationen, in denen ich Mut bewiesen hatte und stark gewesen war. Ich spürte, dass diese Stärke und dieser Mut ein Teil von mir waren, und ich war stolz darauf. Ich nahm mir vor, immer stark und mutig zu sein und für meine Ideale – für Freiheit und Gerechtigkeit – durch die Hölle zu gehen, wenn es sein muss. Auch verabschiedete ich mich von einigen Illusionen und Wunschträumen. Schon auf der Flucht im Busterminal war mir klar geworden, dass ich mich damit abfinden sollte, dass meine Familie nicht mehr existierte. Ich wollte es natürlich erst nicht wahrhaben. Doch langsam nahm ich die Erkenntnis an, so schmerzhaft sie war.

Ich verbrachte meine Zeit in Einzelhaft also damit, eine Identität zu finden, eine Position in dieser Welt. Ich war in Klausur mit mir selbst gegangen. In diesen drei Monaten in der dunklen, winzigen Zelle bin ich erwachsener geworden.

Als ich nach drei Monaten aus der Einzelzelle entlassen wurde, brauchten meine Augen ein paar Tage, um sich wieder an die Helligkeit zu gewöhnen. Ich durfte zurück in meine alte Zelle zu den anderen sieben. Doch mir wurde es verboten, mit ihnen zu reden. Ich bekam ein Sprechverbot auferlegt und durfte auch nicht reagieren, wenn mich einer meiner Mithäftlinge ansprach. Zudem bekam ich Strafarbeit auferlegt: Ich musste von nun an jeden Tag die Toiletten, den Duschraum und den Gebetsraum putzen. Doch das war mir allemal lieber, als dem Hassprediger stundenlang zuhören zu müssen.

Es war bereits Winter. Draußen lag Schnee und die Wasserleitung im Gefängnishof, aus der ich das Wasser für den Putzeimer holen musste, war eines Tages plötzlich zugefroren. Ich wusste nicht, was ich machen sollte, und ging in das Büro der Wärter. Dort schickte man mich wieder zurück an den Hahn und sagte mir, es würde sich gleich jemand um mich kümmern. Ich wartete. Schließlich kam der Prediger. Er schaute mich hasserfüllt an, dann erklärte er mir, was ich zu tun hätte: Ich sollte mit meiner eigenen Körperwärme das Rohr erwärmen, damit das Eis darin tauen und fließen konnte. Er stieß mich an das kalte Eisen, das aus dem Boden etwa einen Meter lang frei in die Luft ragte, und legte meine Hände auf die eisige Leitung.

„Es dauert ein bisschen, aber du schaffst das schon!", sagte er höhnisch und verschwand.

Da stand ich nun. Doch statt dass das Rohr warm wurde, wurde ich immer kälter. Ich klapperte mit den Zähnen. Stunden später kamen ein paar Tropfen aus der Leitung, aber einen Eimer konnte ich nicht damit füllen. Ich überlegte, was ich tun konnte. Schließlich musste ich putzen. Tat ich es nicht, galt das als Befehlsverweigerung, und ich würde erneut bestraft werden. Auf keinen Fall wollte ich zurück in die Einzelzelle. Ich hätte heimlich im Waschraum Wasser holen können. Doch das war mir strengstens verboten worden. Mein Blick fiel auf den Schnee vor dem Fenster. Ich ging in den Hof und schaufelte mit den bloßen Händen so viel Schnee in meinen Eimer, bis dieser voll war. Dann knetete ich das weiße, eiskalte Pulver so lange mit meinen Fingern, bis es schmolz. Es dauerte eine halbe Ewigkeit, bis ich etwa einen Liter Wasser in meinem Eimer hatte. Dann füllte ich noch mehr Schnee nach. Da ich den neuen Schnee schon mit Wasser vermischen konnte, schmolz dieser etwas schneller. Nach etwa einer Stunde hatte ich den Eimer mit kaltem Wasser gefüllt. Ich musste meine Hände zwischendurch immer wieder aufwärmen, um überhaupt weitermachen zu können. Als ich endlich genug Wasser hatte, waren meine Finger steif und taten furchtbar weh. Der Gedanke, mit diesen schmerzenden Händen nun auch noch putzen zu müssen, nahm mir all meinen Mut. Doch ich durfte mich nicht beschweren: Ich konnte froh sein, dass ich überhaupt noch am Leben war. Der Prediger war nämlich der Meinung gewesen, ich hätte damals mit meiner Frage im Unterricht Gott und den Islam beleidigt – und auf Gotteslästerung setzte es eigentlich die Todesstrafe.

Zwei Jahre vergingen, von denen ich jeden einzelnen Tag mit Putzen und Schweigen verbrachte. Und sehr viele davon auch mit Zahnschmerzen: Im Laufe der Zeit hatte man mir drei meiner Backenzähne gezogen oder abgebrochen. Zahnschmerzen waren mein ständiger Begleiter. Im Winter taten zusätzlich meine Finger weh. Der Frühling brachte immer eine Erlösung mit sich. Dann wurde es Sommer, und es wurde heiß. Die Hitze war unerträglich. An einem heißen Sommertag brachten die Mitgefangenen vom Religionsunterricht die Nachricht mit, dass der Krieg zwischen dem Iran und Irak zu Ende sei. Über die Einzelheiten wusste keiner von ihnen Bescheid, aber ich durfte ja ohnehin nicht mit ihnen reden. Die Nachricht beschäftigte mich einige Tage. Ich dachte an meine Freunde, die in den Minenfeldern zerfetzt wurden. Ich dachte an alle Kinder, die Jahre zuvor zum Minensucher ausgebildet worden waren. Ich fragte mich, wie viele der Kinder, mit denen ich in den Lagern gewesen war, diese furchtbare Tragödie wohl überlebt hatten.

Mit dem Herbst kam etwas Abkühlung. Der Winter brachte den Schnee und die Kälte zurück – und damit das Problem der eingefrorenen Leitungen. An einem Wintertag nahm ich wie jeden Morgen meinen mit Schneewasser mühsam gefüllten Putzeimer, den Lappen sowie den Besen und ging in den Gebetsraum, um den Boden zu putzen und den Teppich zu kehren. Ich fing jeden Tag im Gebetsraum an, danach kümmerte ich mich um die Toiletten und die Duschen. Ich versuchte, so viel wie möglich am Vormittag zu schaffen. Dann waren die Gefangenen in ihren Zellen und der Wärter meist in seinem Büro, und ich konnte unbeobachtet meine Arbeit erledigen. Acht Stunden brauchte ich in der Regel für meinen Putzdienst, im Winter natürlich etwas mehr, da ich das Wasser erst aus dem Schnee gewinnen musste.

Ich hatte über die Jahre einen festen Ablauf für meinen Putzdienst entwickelt, an den ich mich jeden Tag hielt. Im Gebetsraum kehrte ich immer zuerst den dünnen Teppich und rollte ihn dann an die Wand. Ich machte den Lappen im Eimer nass, wrang ihn aus und schrubbte damit, mich auf Knien rückwärts bewegend, den Boden. Bei dieser Tätigkeit verrutschten regelmäßig die Tücher in meiner Unterhose, die ich nach wie vor als Windel benutzte, weshalb ich oft aufstehen und sie zurechtrücken musste. Tat ich das nicht, wurden meine Unterhose sowie meine Hose nass, wenn ich unkontrolliert urinierte – und das tat ich nach wie vor. Ich nässte mich immer noch ständig ein wie ein Kleinkind. Dabei war ich jetzt sechzehn. Im Winter musste ich mehr als im Sommer darauf achten, dass die Windeln nicht verrutschten, weil es bei der Kälte sehr viel unangenehmer war, in einer nassen Hose herumzulaufen, als es das ohnehin schon war. Um die Windeln zu richten, musste ich immer die vordere Seite meiner Unterhose herunterziehen, damit ich an die Tücher kam.

Ich stand mit dem Gesicht zur Wand und war gerade wieder damit beschäftigt, die Windeln zurechtzurücken, als ich hinter mir plötzlich einen der Wärter schreien hörte:

„Verdammt noch mal, was machst du da?"

Ich erschrak, blieb wie angewurzelt stehen und: urinierte. Ich machte die Wand, den Boden und einen Teil des gerollten Teppichs nass. Fassungslos starrte ich auf die Flecken und fing an zu zittern. Ich konnte nicht glauben, was ich gerade getan hatte: Ich hatte in den Gebetsraum gepinkelt, in die Moschee, in Gottes Haus! Und ich wusste, wie das für den Wärter aussah. Er wusste nichts von meinem Problem mit dem Einnässen und den versteckten Tüchern in meiner Unterhose. Und er brauchte auch keine Erklärung. Für ihn war die Sache klar: Ich hatte in die Moschee gepinkelt, weil ich keinen Respekt vor dem Gotteshaus der Muslime hatte. Aus seiner Sicht ergab das natürlich Sinn: Schließlich war ich schon im Unterricht als Gotteslästerer aufgefallen, außerdem war ich ein Fahnenflüchtiger. Keine

Frage: Jetzt war das Maß voll. Ich hatte keine Gnade mehr zu erwarten. Ich hatte mit meinem Urin gerade mein Todesurteil besiegelt.

Der Mann verschwand und ließ mich mit meiner Todesangst allein. Ich machte mir gleich noch mal in die Hose. Dann betete ich zu Gott und bat ihn um Hilfe. Ich hatte schon so oft Angst um mein Leben gehabt: das erste Mal, als mir der Aufpasser im Kinderlager das Stück vom Ohr abschnitt, dann unzählige Male auf den Minenfeldern. Doch jetzt hatte ich keinerlei Hoffnung mehr. Jetzt, so war ich mir sicher, war es vorbei. Endgültig.

„Raus hier, du Hundesohn!", hörte ich den Wächter brüllen. Ich musste vor ihm den Gang hinunterlaufen. Dann stieß er mich in eine Einzelzelle. Stunden später kam er wieder und band mir ein graues Tuch vor die Augen. Ich sollte aufstehen. Am Arm führte er mich ab. Minutenlang liefen wir Gänge entlang und Treppenstufen hinunter. Irgendwann fiel eine Tür hinter mir zu und das Tuch wurde mir vom Gesicht genommen.

Ein etwa vierzig Jahre alter fremder Mann kam auf mich zu und führte mich zu einem Metallbett, das mitten im Raum stand. Es war nur das Gestell, eine Matratze gab es nicht. Der Mann stieß mich von hinten auf das Bett, so dass ich mit dem Gesicht nach unten auf dem kalten Rost landete. Dann fesselte er mich mit einem Lederband an Händen und Füßen an dem Rahmen fest. Ich öffnete den Mund. Ich wollte ihm erklären, was in der Moschee geschehen war, dass es keine Absicht von mir gewesen war und ich nichts dafür konnte. Doch vor Angst stotterte ich so stark, dass ich keinen Satz beenden konnte und es schließlich aufgab. Es interessierte ohnehin niemanden, was ich zu sagen hatte.

Etwa zehn Minuten lag ich gefesselt auf dem Bett. Dann zog der Mann meine vom Urin nasse Hose und meine Unterhose bis zum Oberschenkel herunter. Ich glaubte zu wissen, was er vorhatte. Schließlich wurde ich seit meinem fünften Lebensjahr regelmäßig vergewaltigt. Doch ich hatte ja keine Ahnung.

Ich fing an zu weinen und versuchte erneut zu erklären, was im Gebetsraum geschehen war.

„Halt die Klappe!", schrie der Mann. Dann hielt er eine kleine Schüssel vor meinen Augen und rührte mit der einen Hand darin herum. In der Schüssel schwammen zwei Eier. Sie waren frisch gekocht, das Wasser dampfte.

„Jetzt zeige ich dir, was es heißt, wenn ein Jude dem Kriegsgebiet entflieht, später Gott beleidigt und dann auch noch in der Moschee uriniert."

Er nahm eins der Eier in die Hand und stieß es in meinen Hintern. Gleich danach machte er dasselbe mit dem zweiten. Ich brüllte wie am Spieß und schlug meinen Kopf vor Schmerzen an das nackte Metallbett, bis meine Stirn aufplatzte. Blut floss in mein linkes Auge. Der Mann band mich los und ich sprang vom Metallbett. Wie ein Schmetterling flog ich durch den Raum um das Folterbett, bis alles vor meinen Augen schwarz wurde und ich nichts mehr sah. Ich brannte innerlich. Der Schmerz war nicht auszuhalten. Ich war zwar noch nicht tot, aber ich war schon in Allahs Hölle, wo das Feuer mich Ungläubigen Zentimeter für Zentimeter auf grausamste Art und Weise auffraß.

Ich erinnere mich nicht mehr daran, wie man mich in die Zelle brachte. Erst am nächsten Tag kam ich langsam wieder zu Bewusstsein. Doch ich konnte schlecht sehen, meine Augen waren geschwollen. Ich brauchte eine Weile, bis ich erkannte, dass man mich verlegt hatte. Die sieben Jungs, mit denen ich nun die Zelle teilte, waren kräftiger und größer als meine früheren Zellengenossen. Irgendwann gingen sie zum Religionsunterricht, ich blieb liegen. Auch ein anderer ging nicht mit, Amir. Er war krank.

Ich schenkte ihm die Hälfte meines Essens. Ich hatte zwar großen Hunger. Aber ich konnte mir nicht vorstellen, etwas durch meine kaputten Eingeweide zu schicken. Allein der Gedanke, auf Toilette zu müssen, jagte mir Angst ein. Es tat auch so schon unbeschreiblich weh. Dankbar nahm Amir das Essen an.

„Aber eigentlich hast du es viel nötiger als ich. Du bist ja nur noch Haut und Knochen!" sagte er. „Bist du sicher, dass du es nicht willst?"

Ich nickte, ich war noch zu schwach, um zu reden. Außerdem hatte ich ja Redeverbot.

„Du hast ganz rote Augen", sagte Amir und schaute mich besorgt an. „Als man dich gestern hierher gebracht hat, haben wir erst gedacht, du bist tot. Doch nach einigen Stunden fingst du an zu stöhnen. Wir haben dich zugedeckt, ein paar von uns haben geweint, weil sie Mitleid mit dir hatten. Und dann hast du die ganze Nacht nur gestöhnt und keiner von uns konnte schlafen." Er legte die Hand auf meine Stirn, die schweißnass war. „Mein Gott, was haben sie nur mit dir gemacht?"

Ich weinte. Die Fürsorglichkeit des Jungen rührte mich und tat gut. Unter Tränen erzählte ich ihm, was geschehen war. Das Redeverbot war mir jetzt egal. Amir schüttelte ungläubig den Kopf. Dann klopfte er mir sanft auf die Schulter und sagte: „Alles wird gut."

Amir erzählte, dass er zwanzig Jahre alt sei und seit einundzwanzig Monaten hier im Gefängnis saß. Man hatte ihn eingesperrt, nachdem er in der Schule im Religionsunterricht einige der Scharia-Regeln als nicht sehr zeitgemäß kritisiert hatte. Noch direkt auf dem Schulgelände wurde er festgenommen und von einem islamischen Gericht zu zwei Jahren Haft im Jugendgefängnis verurteilt. Er hatte nur noch drei Monate vor sich. Dann wurde er entlassen. Er zeigte mir ein Notizbuch mit einem Kalender, in dem er jeden Tag seiner Haft abstrich. Jeden Morgen nach dem Gebet machte er ein kleines Kreuz. Ich starrte auf das Papier, und die Kreuze tanzten vor meinen Augen. Ich konnte nicht glauben, dass jemand tatsächlich das islamische Gefängnis lebendig und legal verlassen durfte. Zum ersten Mal seit meiner Gefangenschaft hörte ich, dass das möglich war. Mit den tanzenden Kreuzen vor meinen Augen schlief ich ein.

Als ich wach wurde, waren die anderen wieder da, und ich musste auf Toilette. Ich schleppte mich den Gang herunter. Die Toilette war eine Art Latrine, eine Hocktoilette mit einem Loch im Boden. Als ich dort hockte, wurde mir plötzlich das ganze Ausmaß meiner inneren Verletzungen bewusst. Es war, als würden mir noch einmal die heißen Eier in den Hintern geschoben, der Schmerz war derselbe. Ich brüllte. Ich hatte das Gefühl, erneut innerlich zu brennen, als hätte jemand das Feuer, das schon fast erloschen war, wieder geschürt. Dann kippte ich um. Die anderen kamen und halfen mir, wieder auf die Beine zu kommen. Zwei von ihnen stützten mich und brachten mich zurück in die Zelle. Obwohl ich dort schon den ganzen Tag verbracht und mit Amir geredet hatte, wusste ich auf einmal nicht mehr, wo ich war.

Es dauerte Wochen, bis es mir besser ging. Ich war immer noch sehr schwach, da ich kaum etwas essen konnte. Jeder Gang zur Toilette war ein Gang in die Hölle. Die inneren Verbrennungen wollten einfach nicht heilen. Doch ich gab nicht auf. In diesen Wochen war es vor allem ein Gedanke, der mir Kraft und Hoffnung gab: Wenn Amir in knapp drei Monaten entlassen werden würde, so dachte ich, konnte er da draußen in Freiheit etwas für mich tun. Er könnte sich für mich einsetzen und Verwandte finden. Wir waren inzwischen Freunde geworden. Amir hatte großes Interesse an meiner Geschichte und viel Mitleid mit mir. Ich weiß noch, wie er mich eines Tages fragte, wie alt ich sei und es kaum glauben konnte, dass ich schon sechzehn war. Ich war so schmal und dünn, dass er mich für zwölf oder dreizehn gehalten hatte. Er fragte auch ständig nach meiner Zeit an der Front. Er konnte nicht fassen, dass man mich und meine Freunde in die Minenfelder geschickt hatte. Das machte ihn so wütend wie traurig.

Ich begann, mich auf Amirs bevorstehende Entlassung zu konzentrieren. In der Zelle hatten wir ohnehin kaum ein anderes Thema. Als er eines Morgens wieder einen Tag aus dem Kalender strich und bemerkte, wie ich ihm dabei zusah, sagte er, dass er mir seinen Kugelschreiber und sein Heft schenkt, wenn er entlassen wird.

„Danke, das ist nett von dir", sagte ich, „aber ich werde nicht anfangen, im Kalender Tage zu streichen. Ich werde ja niemals freigelassen."

„Aber irgendwann wirst du hier rauskommen. Das verspreche ich dir. Ich werde deine Verwandten finden, und sie werden dich hier rausholen."

Wir hörten Schritte auf dem Flur und verstummten. Der Wächter kam und führte mich in den Vernehmungsraum. Hier wurde man in der Regel hingebracht, wenn man sich nicht an die Gefängnisregeln gehalten hatte, um ausgepeitscht zu werden. Ein paar meiner Mitinsassen hatten das schon am eigenen Leibe erfahren müssen. An einem Tisch saßen zwei Männer, ich sollte auf einem Stuhl ihnen gegenüber Platz nehmen. Der eine war der Wärter unseres Trakts, den anderen kannte ich nicht.

„Warum hast du in die Moschee gepinkelt?", fragte der eine.

Es war also die Vernehmung, die normalerweise einer Bestrafung vorausgeht. In demokratischen Systemen wäre es zumindest so gewesen, da hätte man den Angeklagten angehört, bevor man eine Strafe über ihn verhängt. Hier war es umgekehrt. Ich hatte gehört, dass schon Jugendliche erschossen wurden, die man danach dann doch freisprach.

Stotternd erzählte ich von meinem Problem mit dem Einnässen und wie ich seit Jahren versuchte, es mittels der Tücher einigermaßen in den Griff zu bekommen. Meine Geschichte schien glaubwürdig. Die Männer stellten keine weiteren Fragen und schickten mich zurück auf die Zelle.

Wochen und Monate vergingen, und Amirs Gefängniszeit näherte sich dem Ende. Am Tag vor seiner Entlassung saßen wir zusammen auf dem Boden und nahmen Abschied voneinander. Wir wussten nicht, ob am nächsten Tag ausreichend Zeit sein würde. Außerdem hatte ich offiziell Redeverbot. Wenn die Wächter kämen, um ihn abzuholen, sollte ich besser schweigen. Wir sprachen ein letztes Mal darüber, was er für mich tun könnte, wenn er frei war.

„Ich finde es ziemlich dumm von dir, dass du dir als Fünfjähriger gemerkt hast, wer 1950 der Präsident der Vereinigten Staaten war. Aber den Nachnamen deiner Tante wusstest du nicht." Amir schüttelte ungläubig den Kopf. Er fand es so amüsant wie frustrierend. Es hätte die Suche nach meinen Verwandten sehr viel einfacher gemacht, wenn er den Nachnamen von Tante Simin gewusst hätte.

„Vergiss nicht, ich war erst fünf, als man mich von meiner Familie wegriss", verteidigte ich mich.

„Aber wer sich den Namen amerikanischer Präsidenten merken kann, kann sich auch den seiner Onkel und Tanten merken!"

Er hatte natürlich Recht.

Amir zuckte die Schultern, dann grinste er: „Weißt du, was ich gleich tun werde? Ich werde zum allerletzten Mal beten! Ab morgen wird nicht mehr gebetet. Da werde ich schön im Bett liegen bleiben, wenn die Sonne aufgeht, und mich nicht vom Fleck rühren!" Ich musste lächeln, Amir

hatte tatsächlich eine große Abneigung gegen die regelmä-
ßige Beterei. Wenn wir vor Sonnenaufgang geweckt wurden, grummelte er unwillig und fluchte leise. Manchmal
drehte er sich auf die andere Seite, um weiterzuschlafen. Wir
mussten ihn dann wachrütteln.

Ich wollte Amir zum Abschied gern etwas schenken, aber
ich hatte nichts. So bot ich ihm mein Abendbrot an – kein
so unpassendes Geschenk, wie ich fand: Schließlich hatte
unsere Freundschaft vor drei Monaten auch damit begon-
nen, dass ich ihm mein Essen schenkte. Er umarmte mich
und bedankte sich, nahm aber mein Geschenk nicht an:
„Das isst du schön selbst, damit du endlich was auf die Rippen kriegst!“

Die ganze Nacht lag ich wach und dachte darüber nach,
ob ich draußen vielleicht doch noch weitere Verwandte
hätte, auf die ich bisher nicht gekommen war und an die
sich Amir wenden könnte. Aber mir fiel keiner ein. Zumindest war ich auf die Hilfsorganisation gekommen, mit der
meine Mutter mal zu tun gehabt hatte. Die Mitarbeiter dort
müssten meinen Namen haben. Amir sollte zu ihnen gehen
und ihnen sagen, dass ich seit mehr als elf Jahren grundlos
festgehalten und grausam gefoltert werde.

Am nächsten Tag wurde Amir kurz vor dem Mittagessen
ins Wächterbüro gerufen. Er schenkte mir wie versprochen
seinen Kuli und sein Heft und verabschiedete sich. Ich
weinte und stotterte stärker als sonst. Dann bat ich ihn:
„Denkst du daran, was du mir versprochen hast?“

„Natürlich!“ Er sah mir tief und fest in die Augen:
„Glaub mir, alles wird gut.“

Eines Tages wurde mir gesagt, dass ich ab sofort wieder jeden Nachmittag am Religionsunterricht teilnehmen müsse.
Ich wurde wütend, als ich das hörte. Ich hatte genug von
den ganzen Hasspredigten. Doch ich hatte keine Wahl. Ich

musste zum Unterricht. Der Lehrer war derselbe Prediger, der mich Jahre zuvor wegen Gotteslästerung aus dem Unterricht geworfen hatte und danach erst für meine dreimonatige Einzelhaft und dann für meinen jahrelangen Putzdienst gesorgt hatte. Er war nicht nur Prediger, sondern auch der Jugendrichter des Gefängnisses. Als Erstes fragte er einige islamische Regeln ab. Dabei pickte er sich Einzelne von uns aus, die antworten mussten. Als er mich in der Menge sah, erkannte er mich sofort. Er wurde rot vor Wut.

„Raus mit dir", brüllte er, „für dich ist kein Platz in meinem Unterricht!"

Ich nahm meine Schulsachen und schickte mich an zu gehen. Der Lehrer stand nun vor mir und zischte mir wütend zu: „Ich brauche dich nicht mehr zu bestrafen. Gott hat dich schon genug damit bestraft, indem er dich als Juden zur Welt kommen ließ."

Am nächsten Tag wurde ich sehr früh am Morgen ins Wächterbüro gerufen. Dort wartete einer der Gefängniswärter auf mich und führte mich in den Abstellraum. Er zeigte auf die Reinigungsmittel und Putzeimer: „Ab sofort wirst du jeden Morgen die gesamte Abteilung, sämtliche Zellen, vor allem die Toiletten und den Duschraum, putzen! Du darfst mit niemandem sprechen! Und du darfst auf keinen Fall den Gebetsraum betreten!"

Ich hatte also meinen alten Putzjob wieder – nur dass der Gebetsraum für mich nun tabu war, ich aber alle Zellen zu putzen hatte. Am ersten Tag musste ich schon halb fünf in der Früh mit der Arbeit anfangen. Gegen fünfzehn Uhr war ich fertig. Als ich in meine Zelle zurückkam, waren meine Mithäftlinge beim Religionsunterricht. Mein Blick fiel auf das Heft, das Amir mir zum Abschied geschenkt hatte, und mir stiegen die Tränen in die Augen. Ich vermisste ihn. Und ich wäre so gern wie er jetzt in Freiheit.

Ich nahm den Kugelschreiber in die Hand und schaute ihn mir an. „Bic" stand darauf. Im Kinderlager hatte ich mir immer Stifte und Malhefte gewünscht. Da ich beides nicht hatte, fing ich irgendwann an, in meinen Tagträumen zu zeichnen. Ich stellte mir die Dinge vor, die ich malen wollte, studierte sie vor meinem inneren Auge und zeichnete sie in Gedanken ab. Es gibt Menschen, die ohne Arme zur Welt kommen und die lernen, alles, was man sonst mit den Händen tut, mit den Füßen zu erledigen: Tee kochen, aus der Tasse trinken oder eben malen und schreiben. So lernte auch ich mit der Zeit, in Gedanken zu zeichnen. Ich malte immer schöne Sachen – Dinge, die ich liebte, die mir Hoffnung gaben und Freude machten.

Ich nahm das Heft und begann zu zeichnen. Ich überlegte mir nicht, was ich malen wollte. Ich malte ohne Intention. Es war fast, als ziehe der Kugelschreiber ohne mein Zutun über das Papier. Ich malte einen Schwarm Fische, der im weiten Ozean schwimmt. Ich malte Vögel, die im endlosen Himmel fliegen. Ich malte Sterne, die in der Nacht funkeln. Ich malte den männlichen Pfau, der bei uns im Garten sein herrliches Prachtgefieder mit seinen sehr langen Schwanzfedern immer wieder zur Schau stellte, um damit seine vier Weibchen damit zu beeindrucken. Ich hätte so gern Farben verwendet, aber der blaue Kugelschreiber war das Einzige, mit dem ich malen konnte. Ich blätterte das Heft durch und schaute mir an, was ich seit Amirs Abschied gemalt hatte. Es waren Bäume und Wolken, Klatschmohn und Wildkamille. Und Häuser, immer wieder Häuser. Doch es waren keine gewöhnlichen Häuser, die ich malte. Meine Häuser hatten weder Dächer noch Türen oder Fenster – und sie standen frei in der Landschaft. Seit meinem fünften Lebensjahr mochte ich Türen und Fenster nicht mehr. Meine Häuser hatten zwar Löcher, durch die man hineingelangte und herausschauen konnte, aber es waren keine Türen oder Fenster eingebaut. Mein Traumhaus war ein Haus, in das jeder Sonnenstrahl und jeder Regenschauer ungehindert hineinfallen könnte und jeder Mensch ganz nach Belieben hinein- und herausspazieren konnte.

Dank meines Putzjobs hatte ich Zugang zu den anderen Zellen und kam in Kontakt mit sämtlichen Gefangenen. So war meine Strafe sogar ein Privileg: Für die Insassen war es sonst strengstens verboten, die anderen Zelle zu betreten oder jemanden zu besuchen. Während ich in den Zellen kniete und den Boden putzte, sprachen die Gefangenen mit mir. Trotz meines Redeverbots erzählte ich ihnen, wer ich war und warum ich seit inzwischen dreizehn Jahren eingesperrt war. Nach nur wenigen Tagen kannten mich alle, mit vielen freundete ich mich an. Alle Gefangenen, die ich traf, waren im Knast gelandet, weil sie politisch angeeckt waren, aufmüpfig waren, unangepasst – keiner von ihnen war kriminell. Aber keiner hatte nur annähernd das erlebt, was mir geschehen war. Diese Jugendlichen waren normale iranische, in der Regel muslimische junge Männer, die – im Gegensatz zu mir – eine Kindheit gehabt hatten: Sie waren zur Schule gegangen und hatten ein Leben außerhalb der Gefängnismauern gehabt. Ich hatte unendlich viele Fragen an sie und lernte eine Menge von ihnen. Sie alle waren meine Lehrer.

Eines Tages erfuhr ich, dass drei der Gefangenen in Kürze entlassen würden. Einer von ihnen hieß Jamal. Er war neunzehn Jahre alt und hatte nur noch fünf Tage abzusitzen. Ich fragte ihn, ob er nach seiner Entlassung etwas für mich tun könne. Sofort sagte er zu. Ich erzählte Jamal das Wichtigste über mich und meine Familie. Leider konnte ich an diesem Tag nicht viel Zeit in seiner Zelle verbringen, um ihm meine gesamte Geschichte zu erzählen. Ich musste noch so viel putzen und hätte es sonst nicht geschafft. Zwei Tage vor Jamals Entlassung bat ich ihn, Kontakt zu der Hilfsorganisation aufzunehmen, von der ich auch Amir schon erzählt hatte. Je mehr Leute dort für mich vorsprachen, so dachte ich, desto größer wäre die Wahrscheinlichkeit, dass sie mir tatsächlich helfen. Jamal versprach mir, mit seinem Onkel, der Rechtsanwalt war, über meinen Fall zu sprechen und ihn um Rat zu fragen.

Zwei Tage später, gegen neun Uhr, als ich gerade eine Zelle putzte, wurde Jamal ins Wärterbüro gerufen. Ich ging in den Korridor und schaute ihm so lange nach, bis er im Büro verschwand. Tränen stiegen mir in die Augen. Es waren Tränen der Freude, weil er bald frei sein würde. Und es waren Tränen der Wut: Alle Jugendlichen in diesem Gefängnis wussten, wofür sie einsaßen und wann sie entlassen wurden. Sie waren namentlich bekannt und registriert. Sie trugen eine Gefangenennummer. Ich dagegen hatte nichts. Ich wusste weder, warum ich hier einsaß, noch, ob ich jemals entlassen werden würde. Doch ich wusste, dass mich Wut nicht weiterbringen würde – vor allem nicht: hier raus. Ich musste meine Kontakte pflegen und mich auf diejenigen konzentrieren, die wie Amir und Jamal bald entlassen werden würden. Ich ging wieder an die Arbeit.

Ich nutzte jede Sekunde in den Zellen, um mein Anliegen mit den Gefangenen zu besprechen. Manchmal halfen sie mir sogar beim Putzen – spätestens wenn sie meine blutenden Knie durch meine zerlöcherte Hose sahen, konnte keiner einfach so zusehen, wie ich mich abrackerte. Sie hatten Mitleid mit mir. Meine Geschichte schockierte sie. Durch mich erfuhren sie, wozu das islamistische Regime in der Lage war. Es änderte ihre Sicht auf die Dinge. Allein das zu schaffen, war meine Bemühungen schon wert.

In etwa drei Wochen sollte der siebzehnjährige Gymnasiast Mohamed Reza entlassen werden. Wie zuvor Amir und Jamal nahm auch Mohamed Reza meine Bitte an und versprach mir, die Organisation, die ich ihm nannte, für mich zu kontaktieren und ihr über meinen Fall zu berichten. Er sagte auch, er würde einen Brief an die UN schreiben. Ich hatte noch nie von den UN gehört, und Mohamed Reza erklärte mir, was die Vereinten Nationen waren und welche Funktion sie in der Weltpolitik spielten. Er drückte sich sehr gewählt aus und benutzte viele mir bis dahin unbekannte persische Wörter. Er schien sehr gebildet und ernsthaft zu sein. Erneut schöpfte ich Hoffnung.

Am nächsten Morgen gegen acht Uhr wurde Mohamed Reza ins Wächterbüro gerufen. Ich putzte gerade die Zelle, die neben seiner lag, und trat auf den Korridor. Ich konnte kaum aufrecht stehen. Mein Rücken tat weh, und auch im Bauch hatte ich wieder Schmerzen, wie so oft seit der Folter. Doch ich wollte Mohamed Reza noch einmal sehen und ihm alles Gute wünschen. Als ich ihm gegenüberstand, musste ich hingegen so stark weinen, dass ich weder sprechen noch ihn vor lauter Tränen überhaupt sehen konnte. Ich hielt mich an der Wand fest und sah verschwommen, wie Mohamed Reza den Flur entlang Richtung Wärterbüro lief, bis er ganz verschwand. Er war der Dritte, dessen Entlassung ich miterlebt hatte.

Etwa zwei Monate später kam ein großer fremder Wärter zu mir, während ich gerade den Duschraum putzte.

„Bist du Cyrus Avramian?", fragte er mich.

Vor Angst machte ich mir in die Hose. Doch ich war in der Lage zu antworten: „Ja, der bin ich."

Er musterte mich von oben bis unten: „Bist du in Hungerstreik oder was?"

„Nein, ich wurde gefoltert und habe seitdem innere Verbrennungen, die nicht heilen. Ich kann deswegen nur wenig essen."

Daraufhin sagte der Mann nichts mehr und ging.

Als er weg war, fragte ich mich, woher er meinen Namen hatte. Keiner der Wärter kannte meinen Namen, nur meine Mithäftlinge wussten, wie ich hieße.

An einem Herbsttag – ich wischte gerade den Flur – spürte ich plötzlich unglaubliche Schmerzen in meinem Bauch. Es tat fast so weh wie an dem Tag, als ich gefoltert wurde. Ich stand auf und hielt mich an der Wand fest. Ich hatte das Gefühl, in meinem Bauch explodierte eine Bombe. Dann kippte ich um. Ich hörte noch, wie mein Kopf auf den nackten Boden aufschlug, doch ich hatte das Gefühl, dass es nicht mein Kopf war. Das alles geschah irgendwem anders.

Als ich aufwachte, hing eine Plastikflasche mit einer Infusion über mir. Ich lag in einem Bett. Mein linker Arm schmerzte und war steif. Langsam erinnerte ich mich an meinen Schwächeanfall, aber nicht daran, was danach mit mir geschehen war. Ich schaute mich um. Es gab ein Tablett mit Arzneimittel, ein Wasserglas stand auf einem Tisch neben dem Bett. Die Matratze war so herrlich weich, dass ich sofort wieder einschlief.

Mein Arm war von der Infusion befreit, als ich Stunden später wieder wach wurde, und ich spürte keine Schmerzen mehr in meinem Bauch. Ein Mann kam an mein Bett. Es war jener Wärter, der mich einige Wochen zuvor gefragt hatte, ob ich Cyrus Avramian hieße. Er beugte sich zu mir herunter und flüsterte:

„Hör zu, falls jemand nach deinem Namen fragt, dann sag, dass du Siamak Bahram bist! Hast du verstanden?"

„Ja", antwortete ich.

Dann war er so schnell wieder weg wie er aufgetaucht war.

Ich wunderte mich. Siamak war ein Junge aus meiner Zelle. Er war kräftig und gut gebaut. Ich hatte überhaupt keine Ähnlichkeit mit ihm.

Es wurde Abend und ich durfte in dem weichen Bett schlafen. Es war der reinste Luxus für mich. Als ich am nächsten Tag aufwachte, stand ein Wärter vor mir, den ich noch nie zuvor gesehen hatte. Ich war sofort hellwach.

„Siamak, du wirst heute verlegt", sagte er, „iss dein Frühstück, und dann geht es los!"

Er verließ den Raum. Vor lauter Aufregung bekam ich das trockene Fladenbrot kaum herunter. Ich wartete etwa eine halbe Stunde, dann kam der Mann wieder. Er drängte mich zur Eile. Zusammen verließen wir die Krankenstation und dann das Gebäude. Wir stiegen in einen Jeep und fuhren los. Hinter mir schloss sich die Schranke des Gefängnisses, in dem ich über vier Jahre gesessen und gelitten hatte. Ich war dreizehn, als man mich nach meinem gescheiterten Fluchtversuch hier einsperrte. Jetzt war ich siebzehn. Und wieder auf der Flucht.

Kapitel 8
Unter dem Granatapfelbaum

„Den Namen Siamak Bahram vergisst du am besten sofort wieder", sagte der Mann, während er das Auto durch die Straßen von Teheran lenkte, „und mich hast du sowieso nie gesehen. Verstanden?"

„Ja", sagte ich.

Nach einer halben Stunde Fahrt hielten wir vor einem kleinen, alten Haus, ich musste aussteigen. Der Mann öffnete das Tor, und ich sollte im Garten neben einem rostigen Auto warten. Dann sprach er etwa fünf Minuten lang mit dem älteren Herrn, der hier wohnte, und ging dann zurück zu seinem Auto, ohne sich noch einmal nach mir umzudrehen. Ich hörte, wie der Jeep wegfuhr. Der andere kam zu mir, machte die hintere Autotür auf und sagte, dass ich einsteigen solle. Während ich in den Wagen kletterte, öffnete er das Gartentor. Der Mann war etwa Mitte fünfzig, er hatte einen kurzen grauen Vollbart und eine Mütze auf dem Kopf. Dann fuhren wir los.

Ich hätte gern gewusst, wohin ich gebracht würde. Aber vor lauter Aufregung konnte ich nicht sprechen. Auch der Mann am Steuer schwieg. Ich schaute aus dem Fenster und versuchte zu verstehen, was gerade geschah: Man hatte mich aus dem Gefängnis geschmuggelt. Ich war in Freiheit! Doch noch fühlte es sich nicht echt an. Es kam mir vor, als träumte ich.

In einem Vorort von Teheran hielten wir vor einem Haus, und der Mann klopfte an. Eine Frau und ein Mann öffneten mir die Tür und baten mich schnell herein. Der Mann war etwa Mitte vierzig, die Frau etwas jünger. An ihrer Kleidung erkannte ich, dass sie Kurden waren. Der Mann trug die typische weite Hose, die nach unten enger wird und immer ein bisschen aussieht wie eine Schlafanzughose. Um den Leib hatte er eine Weste und auf dem Kopf einen Turban. Seine Frau trug ein farbenfrohes langes Kleid. Ich hatte sofort Vertrauen zu den beiden. Bei meinem ersten Fluchtversuch vor vier Jahren waren es immer Kurden gewesen, die mir geholfen hatten.

Die Frau reichte mir eine Hose, die genauso geschnitten war wie die des Mannes, sowie ein Hemd, eine Weste – und eine Mütze, auf die kleine silberne Münzen genäht waren. In den neuen Sachen sah ich aus wie ein normaler kurdischer Junge. Ich ging in den Garten. Es war Herbst. Die Blätter färbten sich bunt, und im Licht der Nachmittagssonne strahlten sie besonders kräftig. Ich fasste die Stämme der Bäume an und ließ meine Finger über die Rinde gleiten. Vorsichtig berührte ich die Gräser und Blumen. Ich pflückte Kräuter und roch an ihnen. Ich sammelte Walnüsse auf, die ich auf dem Boden fand. Ich entdeckte ein paar letzte blutrote Granatäpfel in der Baumkrone eines sehr alten Baumes. Ich sammelte Blätter und verglich ihre Größe und ihre Form. Ich staunte. Alles schien hier wild und frei wachsen zu dürfen. Kein Gärtner griff hier durch. Es war ein Paradies. Es war ein Garten Gottes. Es war der Inbegriff der Freiheit. Und langsam begann ich zu realisieren: Auch ich war frei. Ich atmete in Freiheit. Niemand würde mich mehr wie Unkraut behandeln, wie eine giftige Teufelsblume. Niemand würde mich mehr zurechtstutzen. Ich würde mich nun frei entfalten können, unter der wärmenden Sonne, sanftem Regen und dem unendlichen Himmel. Ich spazierte weiter durch den Garten. Ich tastete, ich roch, ich schmeckte, ich fühlte – und versuchte auf diese Weise, die Freiheit, dieses beste aller Geschenke, anzunehmen. Mit allen Sinnen.

Die Frau kam aus dem Haus und hatte Rosinenbrötchen in ihren Händen.

„Greif zu", sagte sie, „die habe ich selbst gebacken."
Dankend nahm ich eins von ihrer Hand.

„Nimm sie alle! Du musst etwas essen! Du siehst doch aus wie einer dieser ausgehungerten Afrikaner, die man immer im Fernsehen sieht."

Ich nahm die übrigen Brötchen und bedankte mich für ihre Großzügigkeit. Dann ließ sie mich allein und ging zurück ins Haus.

Als ich alle Brötchen gegessen hatte, legte ich mich ins Gras. „Ich habe es geschafft, ich habe es geschafft." Dieser Gedanke fuhr munter Karussell in meinem Kopf, schneller und immer schneller, bis ich ganz berauscht war davon – und erschöpft. Schließlich schlief ich unter dem Granatapfelbaum ein. Ich weiß nicht, wie lange ich da lag. Irgendwann weckte mich der Mann und führte mich ins Haus. Die Frau lächelte:

„Du weißt, dass es Glück bringt, wenn man unter einem Granatapfelbaum einschläft?"

Das Glück war bereits da.

Wir aßen zusammen Abendbrot, und die Frau reichte mir eine Schüssel, randvoll mit Suppe. Dazu gab es frisch gebackenes Brot. Ich solle mehr essen, sagte sie immer wieder. Sie schien ernsthaft besorgt um mich. Ein bisschen erinnerte sie mich an meine Großmutter, obwohl diese Frau viel jünger war. Nach dem Essen zeigte sie mir meinen Schlafplatz. Das Bad war nicht direkt im Haus, sondern in einer Hütte im Garten. Als ich mit dem Waschen fertig war, ging ich noch einmal in den Garten. Es war ziemlich kühl, aber ich fühlte mich draußen viel wohler als im Haus. Ich lief durch den Garten und berührte wieder die Pflanzen und die Bäume, pflückte frische Kräuter und genoss ihren Duft. Unter der Weite des Himmels spürte ich ein Gefühl von Freiheit. Es machte mich glücklich. Mein Blick fiel auf die Mauer, die das Haus und den Garten begrenzte. Würde das Haus mir gehören, so dachte ich, würde ich die Mauer abreißen. Ich wollte nie wieder hinter Mauern leben.

Es war schon spät. Langsam sollte ich zurück ins Haus gehen und mich hinlegen. Doch ich spürte einen großen Widerwillen in mir. Ich konnte mir nicht vorstellen, hineinzugehen und die Tür hinter mir abzuschließen. Ich wollte nicht wieder eingesperrt sein. Ich stand eine Weile da und versuchte, mich zu überwinden. Schließlich hatten die beiden freundlichen Kurden mir ein Bett gegeben und erwarteten, dass ich die Gastfreundschaft annahm und dort schlief. Doch so sehr ich es auch wollte, ich konnte nicht zurück ins Haus. Irgendwann legte ich mich ins Gras und schlief ein.

Mitten in der Nacht weckte mich die Frau. Sie nahm meine Hand und führte mich ins Haus. Auf dem Weg dorthin sang sie ein kurdisches Lied. Es war ein trauriges Lied, und auf einmal merkte ich, dass sie weinte. Im Haus legte ich mich hin und schlief sofort ein. Am frühen Morgen weckte mich der Mann. Es war noch dunkel, als wir ins Auto stiegen und losfuhren. Ich hatte die Rückbank für mich allein und schlief wieder ein. Als ich wach wurde, lag eine Decke über mir. Es war das bunte Tuch, das die Frau bei unserer Abfahrt um die Schultern getragen hatte. Als sie sah, dass ich wach war, fing sie an, Äpfel und Orangen zu schälen und mir die Stücke nach hinten zu reichen. Die Beiden behandelten mich wie ihr Kind. Dabei wussten sie noch nicht mal meinen Namen. Niemand hatte danach gefragt, und auch ich wagte nicht zu fragen, wie die beiden hießen. Ich hatte das Gefühl, dass es besser wäre, wenn ich ihre Namen nicht kannte. Doch es ließ sich nicht vermeiden. Obwohl die beiden Kurdisch miteinander sprachen, hörte ich sehr schnell heraus, wie die Frau hieß. Raschide.

Als die Sonne oben am Himmel stand, hielten wir auf einem Parkplatz und aßen zu Mittag. Raschide hatte Körbe voll Essen gepackt und reichte uns nun hauchdünnes Brot mit weißem Hartkäse und Frikadellen. Nach dem Mittagessen tranken wir Tee aus der Thermoskanne. Bei der nächsten Pause ein paar Stunden später gab es Rosinenbrötchen und Tee. Später packte Raschide Walnüsse und Granatäpfel aus. Wer uns beobachtete, musste uns für eine ganz normale kurdische Familie halten.

Vor jeder großen Stadt standen Kontrollposten. Überall wurden wir problemlos durchgelassen. Manchmal fragten die Uniformierten mit ihren schweren Waffen, wohin wir unterwegs waren.

„Ins Dorf", antwortete der Mann erst auf Kurdisch, dann auf Persisch.

Als es dunkel wurde, waren wir in der Nähe der Stadt Täbris, wie ich den Hinweisschildern entnahm. Täbris ist eine Großstadt im Nordwesten des Iran. Hinter Täbris stößt das Land bald an seine Grenzen – zu Aserbaidschan, Armenien und zur Türkei. Beim Abendessen fragte ich Raschide, wohin wir fuhren. Doch auch sie antwortete nur: „Ins Dorf." Ich gab mich mit der Antwort zufrieden, ich vertraute den beiden.

In einem Vorort von Täbris hielten wir an und übernachteten im Haus einer kurdischen Familie. Wir schliefen zusammen in einem kleinen, sehr einfach eingerichteten Zimmer. Am nächsten Tag brachen wir noch vor Sonnenaufgang auf. Wir verabschiedeten uns und fuhren etwa fünf Stunden in westliche Richtung. Die Straßen waren nicht asphaltiert, der Wagen quälte sich über Geröll und Steine.

Es wurde langsam hell, als wir in einem Dorf ankamen, das malerisch zwischen Bergen lag. Gleich neben dem Haus, vor dem wir hielten, floss ein kleiner Bach. Eine Kurdin, um einiges älter als Raschide, lebte hier allein. Es war alles sehr einfach. Als Ofen diente ein rundes Loch neben dem Haus. Die Toilette war gleich hinter dem Haus, ein kleiner Verschlag aus Bambus und Lehm mit einem Loch in der Mitte und einer Gießkanne als Spülung. In dem Haus lebte die alte Frau zusammen mit den Ziegen, die nur durch ein paar Balken vom Wohnraum getrennt waren. In einer Ecke des Zimmers standen zwei kleine Zicklein. Ich lief sofort auf sie zu, um sie zu streicheln. Und ich fragte Raschide, warum die beiden kleinen Ziegen nicht bei ihrer Mutter waren. Kinder gehörten doch zu ihrer Mutter. Daraufhin hob Raschide die meckernden Zicklein hoch und trug sie zu den anderen. Noch bevor sie den Stallbereich erreicht hatte, sprangen die beiden Raschide aus den Armen und rannten zu ihrer Mutter, um an ihren Zitzen zu saugen. Ich schaute den Kleinen gerührt zu und lächelte.

Es stellte sich heraus, dass die alte Frau die Mutter von Raschides Mann war. Sie erlaubte es mir, die Zicklein alle paar Stunden in den Stall zum Milchtrinken zu bringen. Gegen Abend wurde dann die Ziegenmutter gemolken. Zum ersten Mal in meinem Leben trank ich Ziegenmilch.

Wir schliefen alle in dem Bereich des Hauses, der als Wohnzimmer diente. Aus Gewohnheit wachte ich am nächsten Morgen sehr früh auf. Auch Raschide wurde wach. Sie erlaubte mir, die beiden Zicklein zum Milchtrinken in den Stall zu bringen. Während ich das tat, sah ich, dass die Matratze ihres Mannes zusammengerollt war. Er war außer Haus. Noch vor Sonnenaufgang kam er wieder – in Begleitung von zwei Frauen und einem etwa zehnjährigen Mädchen.

Die drei Neuankömmlinge trugen die typischen kurdischen Frauengewänder. Aber die Gesichter schienen nicht dazu zu passen. Sie trugen Make-up, das hatte ich bei den kurdischen Bäuerinnen, denen ich bisher begegnet war, noch nicht gesehen. Sobald sie im Haus waren, fingen die Frauen an, die weiten Kleider abzustreifen. Dabei machten sie eine Miene, als entledigten sie sich einer Sache, die sie nur widerwillig ertrugen. Die Mutter des Mädchens war sehr hübsch. Sie trug eine graue Hose mit einer kurzen dunkelblauen Jacke und hatte auffällig viel Schmuck am Körper. Sie sah so aus, als hätte sie sich für eine Verabredung mit einem Mann zurechtgemacht – zumindest nicht für eine Nacht in einem kurdischen Bauernhaus. Die andere Frau war eher unscheinbar, aber beide waren in etwa im gleichen Alter. An ihrem Akzent glaubte ich herauszuhören, dass die drei aus Teheran kamen.

Die beiden Frauen schauten sich im Haus um. Als eine von ihnen die Toilette erblickte, schrie sie auf.

„Hier werde ich auf keinen Fall die Nacht verbringen", sagte sie zu der anderen.

„Mama, müssen wir hier wirklich übernachten?", fragte das Mädchen.

Die alte Frau verstand nicht, was die Neuankömmlinge sagten. Sie sprach nur Kurdisch, konnte kein Persisch. Es schien sie auch nicht sonderlich zu interessieren. Sie nahm eine große Schüssel und begann, einen Teig aus Mehl, Wasser und Ziegenmilch zu kneten. Ich schaute ihr dabei zu. Jede ihrer Handbewegungen beobachtete ich. Sie knetete den Teig lange durch, dann deckte sie ihn zu und stellte die Schüssel neben die Feuerstelle im Raum. Ihre Schwiegertochter machte Tee und packte ihre mitgebrachten Rosinenbrötchen aus. Die Alte holte frische Ziegenmilch und Ziegenkäse. Dann setzten wir uns alle zum Frühstück auf den Boden. Raschide achtete darauf, dass ich auch ja genug aß.

„Warum bist du eigentlich so dünn?", fragte sie mich unvermittelt.

Ich schwieg und schaute auf den Boden.

„Bist du krank?"

Ich sagte immer noch nichts. Tränen tropften auf das Brötchen in meiner Hand. Die beiden neu angekommenen

Frauen und das Mädchen schauten mich neugierig an. Jetzt erst wurde ihnen bewusst, dass auch ich ein Fremder in diesem Haus war, wie sie.

„Wo kommst du her?", fragte mich eine der beiden Frauen.

„Aus dem Gefängnis", sagte ich.

„Warum warst du im Gefängnis?", wollte Raschide wissen. Ich atmete tief durch, wischte mir die Tränen vom Gesicht und begann, in groben Zügen meine Geschichte zu erzählen. Alle hörten aufmerksam zu. Ab dann war ich das interessanteste Gesprächsthema im Haus. In den folgenden Stunden hatte jeder Fragen an mich, die ich alle, so gut es ging, beantwortete. Dabei hätte ich auch ein paar Fragen stellen sollen. Ich wusste immer noch nicht, was die kurdische Familie mit mir vorhatte. Oder warum die beiden Frauen aus Teheran mit dem Mädchen gekommen waren. Vielleicht waren sie da, um meine verschollene Familie wiederzufinden? Das hätte zumindest ihre Neugier erklärt.

Als ich mit Raschide ungestört reden konnte, erzählte ich ihr auch von der Folter und dass ich seitdem immer noch Schmerzen beim Stuhlgang hatte, was auch der Grund sei, warum ich nicht so viel essen könne. Sie sprach mit ihrer Schwiegermutter und machte mir dann ein ölhaltiges Getränk. Es rührte mich, wie sehr sich die Frauen um mich bemühten. Ich revanchierte mich, indem ich mich um die Zicklein kümmerte und dafür sorgte, dass sie regelmäßig Milch bekamen.

Als es dunkel wurde und den Damen aus Teheran klar geworden war, dass sie tatsächlich in der ärmlichen Hütte übernachten sollten, ging das Gezeter los. „Ich habe doch nicht kiloweise Gold und mein gesamtes Vermögen dafür ausgegeben, dass ich nun mit meiner Tochter in einem Ziegenstall schlafen muss!", schrie die Mutter des Mädchens den Mann an. Der bat sie, nicht laut zu werden. Die Nachbarn durften nicht mitbekommen, dass außer ihm und seiner Frau noch mehr Gäste im Haus seiner Mutter waren. Sie solle sich zu ihrer eigenen Sicherheit daran halten. Wenn die Sache aufflog, konnte es ihrer aller Leben kosten. Daraufhin hielt die Frau den Mund und fügte sich in ihr Schicksal. Ich schlief wie in der Nacht zuvor neben den beiden Zicklein und war überglücklich.

Am nächsten Morgen fragte die Frau, wann wir denn zur türkischen Grenze aufbrechen würden.

„Ich weiß es nicht", antwortete der Mann, „jemand anderes ist ab jetzt für euch zuständig. Der müsste nach Einbruch der Dunkelheit hier eintreffen und euch abholen."

Die Frau wurde wütend: „Erst am Abend? Mein Kind und ich wollen endlich duschen!"

Der Mann sagte nichts und ging aus dem Haus.

Später am Nachmittag saß die Frau irgendwann neben mir und wollte wissen, was ich für die Flucht bezahlt hatte. Ich zuckte die Schultern: „Flucht, was für eine Flucht?"

Sie glaubte mir nicht, dass ich nicht wusste, dass wir sehr bald aus dem Iran flüchten würden. Aber mir hatte tatsächlich niemand davon erzählt. Nur durch die Gespräche ahnte ich langsam, dass wir dabei waren, das Land auf illegale Weise zu verlassen.

Mitten in der Nacht wurden wir geweckt. Raschide gab mir einen großen handgestrickten Pullover und half mir dabei, ihn anzuziehen. Dann band sie mir einen Schal um meinen Hals und küsste mich auf die Stirn.

„Ich wünsch dir viel Glück", sagte sie, „und denk daran, was ich dir gesagt habe: Wenn du von deiner Familie niemanden mehr finden kannst, dann kommst du zurück und bleibst bei uns!"

Ich war gerührt. Tränen stiegen mir in die Augen.

Draußen wartete ein Mann in einem sehr alten Auto auf uns. Wir vier stiegen ein und fuhren los. In gebrochenem Persisch erklärte uns der Mann am Steuer, er müsse Umwege nehmen, um die Kontrollposten zu umfahren. Die nächstgelegene Stadt von hier sei Seyah Cheshmeh.

Am frühen Morgen kamen wir in einem Dorf an. Wir wurden in eine große Scheune hinter einem alten Haus geführt. „Ihr wartet hier auf mich", sagte der Mann, „ich werde euch kurz nach Sonnenuntergang abholen. Bis dahin darf keiner von euch die Scheune verlassen. Die Leute im Dorf sollen nicht wissen, dass ihr hier seid!" Dann ging er. Wir schauten uns an. Den ganzen Tag sollten wir hier rumsitzen und warten, dass die Zeit vergeht. Es war kalt, also rückten wir zusammen. Wir aßen das Brot mit dem Ziegenkäse, das uns Raschide und ihre Schwiegermutter mitgegeben hatten. Ich war froh, dass ich den warmen Pullover hatte, und zog den Schal etwas fester um den Hals. Ich musste daran denken, was mir Raschide am Tag zuvor erzählt hatte: Dass sie sich immer Kinder gewünscht hatte, aber als junge Frau keine bekommen konnte. Dass sie vergeblich viele Fachärzte in der Hauptstadt konsultierte und ihr erster Ehemann sie schließlich vor die Tür gesetzt hatte, um eine andere zu heiraten – eine, die in der Lage war, seine Kinder zur Welt zu bringen. Es hatte mir so leidgetan. Raschide wäre eine wunderbare Mutter gewesen.

Wie versprochen kam der Mann nach Anbruch der Dunkelheit zurück. Er hatte zwei weitere Männer mitgebracht und: zwei Pferde. Wir sollten hinter den Reitern Platz nehmen. Auf das eine Pferd stieg die Mutter mit dem Kind. Auf das zweite Pferd die andere Frau. Ich nahm zwischen ihr und dem Reiter in der Mitte Platz. Zum ersten Mal in meinem Leben saß ich auf einem Pferd. Es war sehr dunkel. Ich war unsicher und fragte mich, ob die Pferde in der Dunkelheit den Weg sehen konnten oder ob die Reiter ihn finden würden. Wir alle waren sehr ängstlich – zudem hungrig, durchgefroren und müde. Ich hielt mich an dem Reiter fest und die Frau hinter mir sich an mir. Als sie meine Hüfte umfasste, sagte sie: „Mein Gott, du bestehst ja nur aus Knochen." Ich schwieg dazu.

Stundenlang ritten wir durch Täler und über Berge. Meine Augen hatten sich bald an die Dunkelheit gewöhnt, doch mein Körper nicht an die Kälte. Ich zitterte, meine Beine wurden steif. Auch das Mädchen hatte Schmerzen und weinte. Die Mutter bat den Reiter, eine kleine Pause zu machen. Doch der lehnte ab. Das sei zu gefährlich, meinte er. Daraufhin weinte das Mädchen noch lauter. Der Mann wurde wütend und schlug sie auf ihr Bein, damit sie Ruhe gab. Doch sie wurde nur noch lauter. Schließlich stieg der Reiter ab und befahl der Mutter, das Mädchen zum Schweigen zu bringen: „Nicht weit von hier stehen die Kontrollposten der iranischen Armee. Wenn die uns hören, schießen sie auf uns." Die Warnung wirkte. Das Mädchen wurde ruhig gestellt. Ich hatte noch ein Stück Rosinenbrötchen in der Tasche und gab es dem Kind, das nun leise vor sich weinte.

Wir ritten eine Weile, dann sah ich, wie die Mutter des Mädchens dem Reiter vor ihr einen Goldring zusteckte:

„Den können Sie behalten, wenn Sie uns nur einmal kurz anhalten lassen, nur für ein paar Sekunden, bitte!"

Der Reiter nahm den Ring, steckte ihn in seine Jackentasche und sprach mit dem anderen Reiter. Sofort ließen sie die Pferde anhalten und halfen uns, abzusteigen. Meine Beine waren so steif, dass ich mich kaum bewegen konnte.

„Wie viel Gold habt ihr noch dabei?", fragte der eine Mann barsch.

Die Frau wurde wütend: „Alles, was wir hatten, haben wir bereits für diese verdammte Flucht ausgegeben. Mehr haben wir nicht."

„Na, wenn das so ist, tut es mir leid für euch", sagte der Mann, „den Rest des Weges müsst ihr dann nämlich laufen. Es sind noch drei Berge vor uns."

Die Frau, die schon ihren Ring für die kurze Pause hergegeben hatte, stöhnte. Dann löste sie ihren Schal und zog eine Kette hervor: „Das war das Hochzeitsgeschenk meines verstorbenen Vaters für meine Mutter. Haltet sie ein bisschen in Ehren."

Die Männer grinsten und steckten den Schmuck schnell weg. Dann gaben sie uns etwas Brot gefüllt mit Weichkäse und Sahne. Wir schlangen es in uns hinein. Die Mutter hielt das Mädchen in ihren Armen und küsste es auf die Stirn: „Du musst nur noch ein bisschen durchhalten", sagte sie dabei, „und sobald wir in eine Stadt kommen, kaufe ich dir eine hübsche Barbiepuppe." Das Mädchen nickte müde.

Nach der kurzen Pause bestiegen wir wieder die Pferde und ritten los. Wir kamen immer höher. Hier lag Schnee, und die Nacht war dadurch sehr viel heller. „Wir müssen schnell hier durch", mahnte einer der Männer, „in dem Schnee können uns die Wachposten besser sehen. Wir können viel leichter entdeckt werden." Dann trat er dem Pferd mit seinen Hacken in die Seite, woraufhin dieses etwas schneller voranschritt.

Im Morgengrauen erreichten wir einen Berggipfel und mussten absteigen. Keiner von uns konnte sich noch richtig bewegen, wir waren völlig entkräftet und zitterten vor Kälte. Unsere Hände waren fast erfroren. Meine Finger schmerzten. Einer der Reiter zeigte auf ein kleines Licht in etwa hundert Meter Entfernung.

„Dort ist die Türkei. Wo das Licht brennt, wartet ein kurdischer Schäfer auf euch. Da müsst ihr nun hinlaufen. Sobald die Hunde bellen, werdet ihr abgeholt."

Die beiden Frauen wurden misstrauisch. Sie glaubten den Männern nicht und baten sie mitzukommen.

„Ihr müsst keine Angst haben! Wir warten hier, bis euer Schäfer kommt."

Mit unseren fast erfrorenen Füßen schleppten wir uns den Berg hinab. Hundert Meter kamen uns vor wie zehn Kilometer. Alles tat weh, wir waren müde und froren. Plötzlich hörten wir tatsächlich Hundebellen. Wir schauten uns um. Ein Gefühl der Erleichterung durchflutete meinen Körper, als ich die Hütte nur wenige Meter von uns entfernt stehen sah. Ich drehte mich um. Die beiden Reiter standen wie versprochen immer noch auf dem Gipfel und schauten uns nach.

Tatsächlich kam uns nun jemand bergauf entgegen. Es war der kurdische Schäfer. Er führte uns in seine einfache, aber warme Hütte. Die Tür war kaum zu, da atmeten die beiden Frauen erleichtert auf. Sie strahlten über das ganze Gesicht und fielen sich in die Arme. Die Einfachheit der Hütte schien ihnen nichts auszumachen, sie wollten noch nicht mal die Toilette sehen. Sie waren einfach nur glücklich.

„Wir haben es geschafft, wir sind in Freiheit!", sagte die eine und stand für einen kurzen Moment fassungslos im Raum.

Die andere ging an die Feuerstelle, um sich Hände und Füße zu wärmen. „Aber eins ist klar", sagte sie, „ich steige nie wieder in meinem Leben auf ein Pferd."

Ich stand am Feuer, schaute den Frauen zu und verstand gar nichts. Waren wir nun tatsächlich frei? Waren wir tatsächlich in einem anderen Land, in dem man mich nicht wieder in ein Lager oder Gefängnis stecken würde? Ich konnte es nicht glauben. Doch so langsam, wie sich die Wärme in meinen Körper ausbreitete und meine eingefrorenen Glieder wieder belebte, so langsam breitete sich in meinem Kopf die Gewissheit aus, dass ich tatsächlich frei war – und eine Welle des Glücks und der Freude durchströmte meinen gesamten Körper.

Der kurdische Schäfer betrat die Hütte und sagte in gebrochenem Persisch, dass wir ins Dorf müssten, bevor es hell werde. Die Mutter des Kindes fing an zu weinen. Sie sagte, sie würde sterben, wenn sie nur einen Schritt weitergehen würde. Ihre Tochter wäre völlig entkräftet und unterkühlt.

Der Schäfer winkte ab: „Stadtmenschen fangen immer sofort an zu meckern, wenn es um fünfzig Meter wandern geht."

Fünfzehn Minuten später machten wir uns in Begleitung eines Esels und zahlreicher Ziegen auf den Weg ins Tal. Der Schäfer bekam Mitleid mit dem weinenden und vor Müdigkeit nur noch taumelnden Mädchen und setzte es auf den Esel. Das Mädchen fing an zu schreien, sie hatte Angst allein auf dem Tier. Also setzte der Schäfer sie wieder ab. Keiner von uns war für eine Wanderung ausgerüstet. Wir hatten keine passenden Schuhe an. Wie ich später erfuhr, durften die beiden Frauen keine Wanderschuhe mitnehmen, als sie Teheran verließen. Würden diese an den Kontrollposten entdeckt, so hatte man ihnen gesagt, würden sie sofort Verdacht erregen.

Der Weg wurde immer steiler und steiniger. Der Schäfer lachte, sobald einer von uns ins Straucheln geriet oder ausrutschte. Er machte sich lustig über uns Stadtmenschen. Wir quälten uns eine enge und gefährliche Schneise ins Tal hinab. Nach etwa drei Stunden erreichten wir endlich ein kleines kurdisches Dorf.

Der Schäfer führte uns in ein Haus, das in etwa so aussah wie das der alten Kurdin auf der iranischen Seite. Auch hier lebten die Menschen zusammen mit dem Vieh. Auch hier gab es kleine Zicklein. Ich hatte sie schon von weitem gehört, und obwohl ich müde und schwach war, freute ich mich darauf, sie streicheln zu können. Wir bekamen eine Tasse Tee, etwas Ziegenmilch, Ziegenkäse und frisches, papierdünnes Brot zum Frühstück. Wir setzten uns, streckten die Beine aus und erholten uns von den Strapazen der letzten zwei Tage und Nächte. Ich fühlte mich, als hätte ich die letzte große Prüfung bestanden. Die beschwerliche Flucht war für mich eine Art Abschlussprüfung für meine Seelenschmerzen, für mein dreizehnjähriges qualvolles Leben in Gefangenschaft und für mein gesamtes Leid. Es war der letzte Teil dieser Hölle, ein Abschied, eine endgültige Entlassung.

„Ab jetzt sollte die Reise nur noch mit Autos fortgesetzt werden", sagte die Mutter des Mädchens, „immerhin haben wir für diese Flucht eine Menge Geld und Gold bezahlt."

Das Mädchen legte sich neben die offene Feuerstelle und schlief sofort ein.

Unseren ersten Tag in der Türkei verbrachten wir im Haus der kurdischen Familie. Vom langen Reiten und Laufen hatten wir alle Muskelkater und konnten uns kaum bewegen. Wir ruhten uns aus und schliefen viel. Am nächsten Morgen weckte uns der Schäfer. Vor dem Haus wartete ein Traktor, voll beladen mit Heu. Wir quetschten uns zwischen die getrockneten Ballen und der Traktor tuckerte los. Es war windig und sehr kalt.

„Du hast doch versprochen, dass wir ab jetzt nur noch mit Autos fahren", beschwerte sich das Mädchen bei der Mutter, „du hast gelogen."

Das Kind weinte, und die Mutter versuchte, es zu trösten. Ich hatte noch etwas Brot und Käse in meiner Hosentasche. Den kurdischen Hosen eigen sind sehr große und tiefe Taschen. Es passt eine Menge herein, dauert aber auch eine Weile, bis man an die Dinge herankommt. Ich musste meinen gesamten Arm in die Hosentasche hineinstecken, um an das Brot und den Käse zu kommen. Ich gab meinen Proviant dem Mädchen und während es auf dem Brot herumkaute, beruhigte es sich.

Nach etwa einer Stunde Fahrt kamen wir in einem größeren Ort an. Es war noch dunkel, und auf dem Markt füllten die ersten Gemüsehändler ihre Stände mit Obst, Gemüse und frischen Kräutern. Der Traktorfahrer forderte uns auf, abzusteigen. Dann führte er uns zu einem Minibus, redete kurz mit dem Fahrer und verabschiedete sich von uns.

Wir fuhren Richtung Muradiye, einer Kreisstadt in Ostanatolien. Wir waren kaum im Bus, da begannen die beiden Frauen, ihre kurdischen Gewänder auszuziehen. Darunter hatten sie ihre Kleider aus Teheran. Auch lösten sie ihre Haare, die sie bis zu diesem Moment streng nach hinten zusammengetragen hatten. Dann schlug eine der Frauen vor, dass wir es auch auf eigene Faust bis Ankara schaffen. Die Adresse, die der Kurde uns zum Abschied gab, könnten wir ignorieren. Erst jetzt erfuhr ich das Ziel unserer Reise: es war das Büro der Vereinten Nationen in Ankara.

In Muradiye angekommen, machten wir uns auf den Weg zum Busbahnhof. Dort erfuhren wir, dass es keine direkte Verbindung nach Ankara gab. Wir mussten in Erzurum umsteigen. Endlich fanden wir den nächsten Bus nach Erzurum, und eine der Frauen gab dem Busfahrer fünf Zehn-Dollar-Noten dafür, dass er uns einsteigen ließ. Der überraschte Busfahrer nahm das Geld und steckte es in seine Jackentaschen, ohne es vorher zu zählen. Noch am Nachmittag kamen wir in Erzurum an.

Dort gingen die Frauen zum Ticketschalter, schoben 100 US-Dollar durch und verlangten vier Tickets nach Ankara. Der Mann am Schalter nahm das Geld und gab uns vier Tickets für den Nachtbus nach Ankara.

„Ich hätte nie gedacht, dass die Türken so nett sind", sagte die eine, nachdem wir die Tickets in unseren Taschen verstaut hatten.

„Kein Wunder, dass sie nett zu dir sind. Schließlich winkst du mit Dollarscheinen vor ihren Nasen herum!"

Bis zur Abfahrt unseres Busses hatten wir noch etwa fünf Stunden Zeit. Es gab eine Teestube auf dem Busbahnhof, doch die Frauen wussten nicht, ob die vielleicht ausschließlich für Männer war. Sie schickten mich vor, um das zu prüfen. Als ich die Tür öffnete, quoll mir der Rauch mehrerer Dutzend Wasserpfeifen entgegen. Es saßen tatsächlich nur Männer in dem Teehaus. Ich hatte noch nie eine Wasserpfeife gesehen, nur als Kind mal im Fernsehen. Völlig von der Szene benebelt, stand ich wie angewurzelt in der Tür und betrachtete die rauchenden Männer. Eine der Frauen klopfte mir plötzlich auf die Schulter und machte mich darauf aufmerksam, dass ich den Eingang blockierte. Verwirrt trat ich wieder nach draußen, wo sich die beiden Frauen nun köstlich über mich amüsierten. Es war das erste Mal, dass ich sie lachen sah. Die Fröhlichkeit löste auch bei mir Glücksgefühle aus. Ich lachte aber nicht mit. Der Grund ihres Lachens war mir nicht ganz klar.

Wir verließen den Busbahnhof und entdeckten einen kleinen Markt. Eine der Frauen brauchte dringend ein neues Paar Schuhe und fand auch eins. Ohne mich zu fragen, suchten die beiden für mich eine Jeanshose, einen Pullover und eine Jacke aus. Ich sollte die kurdischen Klamotten endlich ausziehen, und zwar direkt auf dem Markt. Ich mochte meine neuen Kleider.

Wir fanden ein einfaches Restaurant, in dem wir Kebab bestellten. Erst jetzt beim Essen stellten sich die beiden Frauen bei mir vor. Die Mutter des Mädchens hieß Parwin, die andere Leila. Die Tochter wurde Schirin genannt, was auf Persisch „süß" bedeutet. Wir hatten noch viel Zeit und begannen, uns unsere Lebensgeschichten zu erzählen. Meine kannten sie zum Teil schon, doch sie hatten noch viele Fragen. Dann erzählte Parwin, warum sie auf der Flucht war.

Es war wegen Schirin. Nach der Scheidung hatte das islamische Gericht die Tochter nicht der Mutter, sondern ihren Schwiegereltern zugesprochen. Am Tag, bevor das Mädchen abgeholt werden sollte, gelang Parwin mit ihrer Tochter die Flucht. Sie muss sehr wohlhabend gewesen sein. Doch das gut situierte Leben in Teheran war ihr nichts wert ohne die Tochter. Parwin verzichtete auf ihre Eigentumswohnung und ihren gesamten Besitz. „Die Wohnung hat jetzt wohl schon die Regierung konfisziert", sagte sie und wischte sich die Tränen aus den Augen, „aber es kann mir egal sein, solange ich meine Tochter bei mir habe." Sie drückte Schirin an sich und gab ihr einen Kuss auf den Scheitel.

Nun fühlte sich Leila in der Pflicht, ihre Geschichte zu erzählen. Auch Parwin wurde neugierig. In dem Moment erst wurde mir klar, dass sich die beiden Frauen vor ihrer Flucht noch gar nicht kannten. Ich wunderte mich, wie vertraut sie bisher gewirkt hatten.

Leila erzählte, dass sie ein aktives Mitglied der Frauenstudentenbewegung war und deswegen ins Gefängnis kam, wo sie achtzehn Monate einsaß. Sie wurde mehrfach von den Wärtern vergewaltigt und schließlich schwanger. Als ihre Schwangerschaft nicht mehr zu übersehen war, traten ihr die Wärter so oft in den Bauch, bis sie ihr Kind verlor. In diesem Moment wurde Leila von ihren Gefühlen und Erinnerungen überrollt. Sie brach weinend zusammen. Parwin tröstete sie. Nach ein paar Minuten konnte Leila weitersprechen:

„Nach meiner Entlassung durfte ich nicht mehr studieren. Mir wurde der Zugang zu allen Universitäten des Landes verboten. Ich hatte mir einen Anwalt genommen und das Gefängnis wegen Vergewaltigung und Kindstötung angezeigt. Am Abend vor der Verhandlung drangen unbekannte Männer in mein Elternhaus ein. Sie trafen auf meine Schwester und hielten sie für mich. Sie schlugen meine arme kleine Schwester so heftig, dass sie im Krankenhaus operiert werden musste."

Wieder kamen ihr die Tränen.

„Das Verfahren wurde eingestellt, weil ich mich nicht zur Verhandlung getraut habe. Ich habe mich dann monatelang im Keller meines Onkels verkrochen – bis meine Flucht organisiert war."

Leila entschuldigte sich für ihre traurige Geschichte, nahm ein weiteres Taschentuch und wischte sich die Tränen aus dem Gesicht. Ich konnte jetzt nichts mehr essen.

Der Bus fuhr pünktlich in Richtung Ankara los. Nach etwa zwei Stunden Fahrt waren meine drei Begleiterinnen eingeschlafen. Ich blieb wach, schaute aus dem Fenster und dachte nach. Ich wollte nicht schlafen. Ich wollte jede Sekunde meiner Freiheit genießen. Ich konnte immer noch nicht begreifen, was in den letzten paar Tagen geschehen war. Ich war so glücklich, wie ich nie zu träumen gewagt hatte.

Am nächsten Morgen kamen wir in Ankara an. Wir nahmen ein Taxi zum Büro der Vereinten Nationen. Dort angekommen, erzählte man uns erst mal, dass wir dort falsch seien. Um Flüchtlinge kümmert sich die UNHCR, das Flüchtlingshilfswerk der Vereinten Nationen, und deren Büro war woanders. Wir fuhren dorthin und nahmen im Wartezimmer Platz. Es dauerte lange, bis wir dran waren. Wir wurden nach unserer Identität gefragt. Parwin und Leila hatten ihre Geburtsurkunden dabei, ich hatte noch nicht mal einen Ausweis. Doch das machte nichts. Meine Akte lag den Mitarbeitern bereits vor. Dann bekam jeder von uns einen vorläufigen Ausweis auf Türkisch. Den Ausweis sollten wir immer bei uns haben, sagte man uns, sonst könnte die türkische Polizei uns festnehmen. Wir schauten uns an und dachten wohl alle dasselbe: Was für ein Glück, dass uns auf unserer Fahrt hierher niemand kontrolliert hatte. Hätten wir gewusst, wie gefährlich es war, hätten wir uns vermutlich nicht auf eigene Faust durchgeschlagen, sondern doch die Adressen der Fluchthelfer bemüht.

Wir bekamen auch etwas Taschengeld für die Unterkunft und etwas zu essen. Parwin weigerte sich, das Geld anzunehmen: „Geben Sie das jemandem, der es nötiger hat. Ich habe genug Geld für mich und meine Tochter dabei."

Dann gab man uns zwei Adressen, wo wir übernachten konnten, und eine Telefonnummer, unter der wir uns jeden Montag zu melden hätten, solange wir keine feste Anschrift hätten. Mir wurde noch gesagt, dass ich innerhalb der nächsten zwei Tage erneut bei der UNHCR vorsprechen sollte.

Unsere Unterkunft lag am Stadtrand, wir fuhren mit dem Taxi dorthin. Für zunächst einen Monat mieteten wir ein kleines Zimmer für uns vier, wobei wir die Miete anteilig zahlten. Auf dem Flur begegneten wir einigen Iranerinnen und Iranern. Sie warteten auf ein Schreiben, in dem stand, in welches westliche Land sie ausreisen dürften.

An unserem zweiten Tag in Ankara meldete ich mich wie gefordert erneut im Flüchtlingsbüro. Um mir beizustehen, begleiteten die anderen drei mich dorthin. Doch sie mussten im Flur auf mich warten. In das Büro zu dem Mitarbeiter musste ich ganz allein – und genau das war das Problem.

In dem Moment, als sich die Tür hinter mir schloss und ich mit dem Mann allein in dem Raum war, kamen alle schlimmen Erinnerungen von sämtlichen Vernehmungen in iranischen Lagern wieder hoch. Ich fing an zu zittern, der Schweiß brach mir aus und – ich machte mir in die Hose. Ich war nicht in der Lage, auf die Fragen, die mir gestellt wurden, auf irgendeine Art und Weise zu reagieren. Ich war vor Angst wie gelähmt. Schließlich weinte ich.

Kurz darauf kam eine iranische Dolmetscherin in den Raum. Auch auf ihre Fragen konnte ich nicht antworten. Die beiden sprachen kurz miteinander auf Türkisch, dann verließ die Dolmetscherin den Raum, um kurz darauf mit Parwin zurückzukommen. Parwin setzte sich neben mich, nahm meine Hand und tröstete mich. Ihre Anwesenheit und ihre Mütterlichkeit beruhigten mich ein wenig.

„Wir haben bereits Ihre Akte von einer Organisation in Teheran erhalten", sagte die Dolmetscherin, „trotzdem müssen Sie noch einige Fragen über Ihre Identität und über Ihre Familie beantworten."

Ich atmete tief durch. Langsam hatte auch meine Angst erkannt, dass sie hier überflüssig war, und verzog sich, wenngleich widerwillig, langsam wieder in die Ecke, aus der sie gekommen war. Ich beantwortete alle Fragen ruhig und konzentriert. Alle, bis auf die nach meiner Mutter. Als sie bloß erwähnt wurde, brach ich weinend zusammen. Der Mann hinter dem Schreibtisch stand auf und kam auf mich zu. Als ich das sah, fing ich wieder an zu zittern. Die Angst witterte ihre zweite Chance und nahm mich wieder ganz in ihre Gewalt. Ich erwartete, dass der Mann mich schlug oder trat oder irgendwas dergleichen tat, was die Männer in den Lagern mit mir gemacht hatten. Aber als der Mann vor mir stand, reichte er mir eine Packung Taschentücher und schaute mich ehrlich besorgt an.

Wir waren seit einer Woche in Ankara, als es anfing zu schneien. Der Winter war ausgebrochen. Trotz der Kälte gingen wir in die Stadt und auf den Markt. Schirin bekam endlich die versprochene Barbiepuppe. Auch ich wollte mir einen Wunsch erfüllen. Ich hatte zum ersten Mal Geld in meiner Tasche und marschierte geradewegs in einen Laden, in dessen Schaufenster ich Ballen mit bunten Stoffen gesehen hatte. Ich ging zum Verkäufer und kippte ihm mein gesamtes Taschengeld auf den Tisch. Der Mann starrte mich verdutzt an. Dann fragte er, was ich denn überhaupt kaufen wolle. „Cyrus, was machst du da", fragte Parwin, die plötzlich hinter mir stand, „was willst du hier kaufen?"

„Stoff", sagte ich.

„Wozu denn Stoff?"

Ich schaute sie an, antwortete aber nicht.

„Also", sagte sie, „du musst dir zuerst die Ware aussuchen, bevor du sie bezahlst. Und dann zahlt man nur so viel, wie etwas auch kostet."

Sie sprach mit mir, wie mit einem Kleinkind, das zum ersten Mal einkauft. Und im Prinzip war ich das auch. Es war mein erster Einkauf in meinem Leben.

Ich schaute mich im Geschäft um und tippte auf einen Stoff mit kleinen Teddybären darauf. Der Verkäufer, der mich anschaute wie einen Außerirdischen, fragte, wie viel Meter ich davon haben wolle.

„Nur einen", antwortete ich.

Beide Frauen beobachteten neugierig, wie ich den Stoff einpackte. Sie trauten sich nicht mehr zu fragen, wofür ich ihn brauchte.

Zurück in unserer Unterkunft, suchte ich eine Schere und begann, den Stoff zu zerschneiden. Jetzt konnte ich es ohnehin nicht mehr verheimlichen. Ich erzählte Parwin und Leila, dass ich mir daraus Windeln machte. Die beiden Frauen waren überrascht, zogen mich aber deshalb nicht auf, im Gegenteil: Sie halfen mir beim Zuschneiden. Ich gestand ihnen auch, dass ich mit dem Stoff zum ersten Mal in meinem Leben etwas selbständig gekauft hatte.

Ab dann musste ich die gesamten Einkäufe für uns erledigen. Die beiden Frauen gingen immer mit, beobachteten mich dabei und lobten meine Fortschritte. Ich lernte, den Alltag zu leben.

Eines Tages auf dem Markt blieb ich fasziniert vor einem Stand mit Schulranzen stehen. Der junge Verkäufer bemühte sich um mich und fragte mich etwas auf Türkisch. Ich zeigte auf einen Ranzen, der etwas weiter oben über den anderen hing. Der Verkäufer holte ihn mit einer Stange herunter und gab ihn mir. Ich nahm ihn und schaute ihn mir sehr genau an. Ich öffnete die Klappe und inspizierte die Fächer. Ich roch an dem Material und studierte das farbenfrohe Muster. Wie oft hatte ich als Kind im Lager davon geträumt, so einen Ranzen zu haben und jeden Tag in die Schule zu gehen. Ich hatte mir oft ausgemalt, wie ich meine Stifte und die Hefte in den Fächern verstaute und ihn mir auf den Rücken schnallte. Jetzt hatte ich so einen Ranzen endlich in der Hand und könnte ihn mir sogar kaufen. Ich konnte mich gar nicht satt sehen an dem Ranzen. Ich konnte nicht aufhören, ihn zu betasten. Ich vergaß alles um mich herum.

Plötzlich hörte ich Schirin hinter mir lachen: „Was machst du mit der Schultasche? Die ist für Kinder, nicht für dich. Du bist viel zu groß für so einen Ranzen." Ich gab den Ranzen dem Verkäufer zurück, und wir gingen weiter.

Parwin hatte Schirin Malhefte und Buntstifte gekauft. Damit malte das Mädchen Barbiepuppen mit extrem langen, dünnen Beinen. Als ich Schirin malen sah, setzte ich mich dazu und fragte, ob ich auch etwas malen dürfte. Schirin rollte nur mit den Augen, was wohl so viel bedeuten sollte, wie: Natürlich, du musst doch nicht fragen. Seitdem saßen wir regelmäßig stundenlang zusammen und malten. Meine ersten Bilder zeigten einfache Täler und Felder mit

Klatschmohn, Wildkamelien, Gräsern und Bäumen. Ich malte Häuser mit Gärten, in denen Granatapfelbäume und Rosen in verschiedenen Farben und Größen wuchsen. Meine Häuser hatten immer noch keine Fenster und Türen und nur selten ein Dach. Zeichnete ich dennoch mal eine Tür ein, ließ ich die Klinken und das Schloss einfach weg. Schirin mochte meine Häuser nicht. Sie fand sie unfertig. Wie Baustellen.

Vier Wochen nach unserer Ankunft in Ankara bekam ich einen Brief von der UNHCR. Mir wurde mitgeteilt, dass eine Kopie meiner Akte an verschiedene westliche Botschaften verschickt worden war und die erste Antwort schon gekommen sei – und zwar von der deutschen Botschaft in Ankara. Ich könne nach Deutschland ausreisen.

Ich wusste nicht viel über Deutschland. Als Kind hatte ich ein paar Dokumentarfilme über den Zweiten Weltkrieg gesehen. Ein Familienfreund der Goldmanns, ein Deutscher, war mal bei uns zum Abendessen gewesen und hatte aus seiner Heimat erzählt. Zudem wusste ich, dass die Deutschen im kulturellen und technologischen Bereich sehr gut waren. Doch das war es auch schon.

Parwin und Leila waren überrascht, dass ich schon nach vier Wochen eine Aufenthaltsgenehmigung für ein westliches Land erhielt, und freuten sich für mich. Zusammen fuhren wir in das Büro des Flüchtlingshilfswerks, um einige Formalitäten zu erledigen. Als wir auf dem Flur warteten, kam der Mann, der mich vier Wochen zuvor interviewt hatte, auf mich zu und zeigte mir ein Schreiben, das gerade gekommen war: „Herr Avramian, es ist eben noch eine Zusage von der kanadischen Botschaft in Ankara für Sie gekommen. Wenn Sie wollen, könnten Sie auch nach Kanada."

Da stand ich nun und musste eine Entscheidung fällen. Ich kannte weder in Deutschland noch in Kanada irgend jemanden. Alle schauten mich gebannt an. Mein Blick wanderte auf den Boden, als würde da eine Antwort stehen. Schließlich hob ich den Kopf und sagte: „Ich gehe nach Deutschland." Immerhin war die deutsche Botschaft die erste gewesen, die mir Hilfe angeboten hatte. Dann wollte ich sie auch annehmen.

Ich musste nun nur noch zum Arzt, wo ich gemessen und gewogen wurde. Außerdem wurden mein Blut und mein Urin untersucht. Zwei Wochen später bekam ich bei der Deutschen Botschaft in Ankara einige Reisedokumente und ein einfaches Flugticket nach München. Ich konnte es kaum glauben, als ich die Papiere in der Hand hielt. Ich durfte tatsächlich ausreisen. Parwin nahm mir die Dokumente ab und steckte sie in ihre Tasche. Diese Dokumente seien sehr wichtig, sagte sie, sie dürften auf gar keinen Fall verloren gehen. Also würde sie sich darum kümmern.

An unserem letzten gemeinsamen Abend überraschten mich meine neuen Freunde mit einer Abschiedsparty. Parwin und Leila kochten ein persisches Gericht, und nach dem Essen gab es Geschenke für mich. Parwin und Leila hatten mir ein paar Sportschuhe besorgt, Schirin schenkte mir ein selbstgemaltes Bild von einer Barbiepuppe. Dann holte Leila ein sehr großes weißes Blatt Papier hervor, legte es mitten im Raum auf den Boden und fragte mich, ob ich ihr ein Bild malen könnte. Sie mochte meine Klatschmohnfelder so gern.

Ich machte mich sofort ans Werk. Es war ganz still im Raum, als ich vor dem Blatt Papier kniete und malte. Alle sahen mir schweigend zu. Schirin assistierte mir, indem sie mir die Filzstifte in den Farben reichte, die ich ihr nannte. Ich malte das Klatschmohnfeld aus dem Kriegsgebiet an dem Tag, als es Klatschmohn geregnet hatte. Zuerst malte ich die großen Steine und dann meine Freunde, wie sie darauf sitzen, mit dem Rücken zum Betrachter. Dann malte ich die Hügel und die Pflanzen und den leuchtend roten Klatschmohn. Die Wachposten der Bassidsch-Milizen auf den Hügeln, unsere Erdhöhlen und die Gewehre ließ ich weg. Ich wollte nur die Schönheit der Natur zeigen. Ich ging ganz auf in meiner Arbeit und war auf einmal selbst wieder auf dem Klatschmohnfeld. Ich machte mir auch keine Gedanken darüber, ob das, was ich malte, gut oder schlecht war. Für mich gibt es keine schlechten Maler. Für mich ist die Malerei eine stumme Art von Poesie. Ein Poet packt seine Gefühle in Worte, ein Maler bringt sie aufs Papier. Und Gefühle auszudrücken kann gar nicht schlecht sein.

Als ich fertig war, bedankte sich Leila. Dann schaute sie mir ernst in die Augen: „Ich habe noch eine Bitte. Ich möchte gern wissen, was du gedacht hast, als du das Bild maltest."

Ich schwieg. Ich wollte meinen Freunden diese grausame Geschichte nicht zumuten. Während Parwin und Leila mein Bild mit Stecknadeln an der Wand befestigten, überlegte ich, ob ich meine Geschichte so erzählen könnte, dass sie nicht zu furchtbar klingt, aber dennoch inhaltlich stimmt.

„Egal, wohin ich gehe, ich werde dieses Bild überallhin mitnehmen", sagte Leila, während sie die letzte Nadel in die Tapete steckte. In diesem Moment musste ich lachen. Es war das erste Mal, dass ich lachte, und Parwin schrie auf: „Endlich! Du kannst lachen! Bitte, lach weiter!"

Doch ich wurde wieder ernst. Ich wollte ihnen erst ihre andere Bitte erfüllen. Ich stellte mich neben mein Bild und erzählte die Geschichte dazu. Ich erzählte sie so, wie es war. Nur versuchte ich, die Schönheit der Natur in den Vordergrund zu stellen, und weniger die Brutalität des Milizenführers. Detailverliebt beschrieb ich, wie schön rot der Mohn in der Sonne leuchtete und wie herrlich die Kräuter dufteten. Ich war so tief in die Geschichte eingetaucht, dass ich nicht gemerkt hatte, dass Parwin und Leila weinten. Als ich es festgestellt, war ich bestürzt. Genau das wollte ich doch auf alle Fälle verhindern. Ich war gescheitert.

„Nicht weinen", stammelte ich, „ich fand das gar nicht so schlimm, wirklich nicht. Für mich war das ein schöner Moment, kein trauriger. Ihr müsst also nicht weinen, bitte hört auf. Ich kann euch nicht weinen sehen!"

„Manchmal weint man halt vor Freude", erklärte Parwin, „oder bei schönen Geschichten."

In dieser Nacht sind noch viele Tränen geflossen. Tränen des Abschieds. Vor allem von Parwin fiel mir der Abschied schwer. Sie hatte sich in den Wochen, die wir zusammen waren, sehr verändert. Als ich sie kennenlernte, hatte sie sich über so vieles beschwert. Als Kind aus gutem Haus und wohlhabende, gut situierte Teheranerin schockierten sie die einfachen Lebensverhältnisse der kurdischen Bauern, sie kam damit nicht zurecht. Doch mit der Zeit erfuhr sie, was Armut, Elend und Leid bedeuteten. Durch meine und Leilas Geschichte wurden ihr die Augen geöffnet. Sie fand es unvorstellbar, dass nicht weit von ihrem eigenen Haus unschuldige Menschen wie Leila und ich gefangen gehalten und missbraucht wurden und niemand etwas mitbekam. Manchmal sah ich uns beide wie fünfjährige Kinder, die langsam die Welt entdeckten. Durch mich lernte Parwin eine ihr bis dahin verborgene Welt kennen. Ich dagegen lernte durch sie, wie man in der realen Welt zurechtkommt. Wir ergänzten uns und brauchten einander. Jetzt, an unserem letzten Abend, gab sie mir noch viele Ratschläge mit auf den Weg – und ich musste an meine Mutter denken. Auch sie hatte mir vor unserer letzten gemeinsamen Nacht Ratschläge gegeben. Nur, dass ich diesmal wusste, dass es eine letzte Nacht war.

Am nächsten Morgen musste ich um sechs Uhr am Flughafen von Ankara sein. Das letzte Mal begleiteten mich

Leila, Parwin und die kleine Schirin. Wir nahmen ein Taxi und fuhren zum Flughafen. Ich checkte ein und verabschiedete mich von meinen lieben Freunden. Wir sprachen nicht mehr viel, wir waren alle sehr traurig. Ich warf einen letzten Blick auf meine drei Freunde und ging zum Boarding. Ich konnte nicht glauben, dass ich diese Menschen, die mir so ans Herz gewachsen waren und die mir mit ihrer Liebe, ihrer Toleranz und ihrer Akzeptanz ein anderes Gesicht des Iran zeigten, wahrscheinlich nie wiedersehen sollte.

Kapitel 9
Vierundzwanzig Kerzen

An einem sonnigen Dezembertag 1992, eine Woche vor meinem achtzehnten Geburtstag, landete ich am Flughafen in München. Da ich nur die kleine Tasche, die mir Parwin gekauft und mit meinen wenigen Sachen sowie etwas Essen gefüllt hatte, als Handgepäck bei mir hatte, musste ich nicht zum Gepäckband, sondern konnte nach ein paar Formalitäten am Schalter für Immigranten gleich Richtung Ausgang gehen. Schon auf dem Flughafen fiel mir auf, wie sauber hier alles war. Zuerst dachte ich, der Boden wäre nass, so sehr glänzte er. Hinter der Schiebetür standen viele Leute und warteten. Ich sah eine Frau mit einem Schild, auf dem mein Name stand. Ich ging auf sie zu und stellte mich vor.

„My name is Bergen", sagte die Frau mit den kurzen, blonden Haaren und reichte mir die Hand. „I am your social worker."

Sie ging vor mir, als wir den Flughafen Richtung Parkplatz verließen. Es war nicht leicht, den Anschluss zu behalten. Es gab so viel zu sehen, meine Aufmerksamkeit wurde ständig abgelenkt. Überall leuchtete oder blinkte irgendetwas, und ich wünschte, ich könnte verstehen, was auf all diesen Anzeigentafeln, Monitoren und Leuchtschildern geschrieben stand. Meine Blicke waren überall, nur nicht auf dem Boden. Und so übersah ich die Treppe, die nach unten führte – und fiel hin. Frau Bergen half mir wieder auf die Beine.

Als wir an ihrem Wagen waren, stellte ich fest, dass in diesem Land auch die Autos glänzten. Frau Bergen brachte mich in ein ehemaliges Hotel am Stadtrand, das zu einem Heim umfunktioniert worden war. Sie erklärte mir, wo sich der Supermarkt befand, gab mir etwas Taschengeld und zeigte mir ihr Büro, wo ich am nächsten Morgen erscheinen sollte. Dann führte sie mich zu meinem Zimmer und ließ mich allein.

In dem Raum standen ein Einzelbett, ein kleiner Tisch und ein Stuhl. Es gab ein großes Fenster, davor fuhr die S-Bahn lang. Die ersten Stunden in meinem neuen Zimmer verbrachte ich damit, die vorbeifahrenden Züge zu beobachten. Ich war fasziniert von ihrer Geschwindigkeit. Bald würde auch ich ganz selbstverständlich damit fahren. Ich würde ein Teil dieser Gesellschaft werden, einen Job haben und ein eigenes Einkommen. Ich würde irgendwann nicht mehr der Ausländer sein, der Fremde, der ich jetzt war. Irgendwann – nur: wann? Auf einmal überfiel mich eine große Traurigkeit. Ich vermisste meine Freunde. Ich nahm das Brot, das Parwin mir eingepackt hatte, und während ich kaute, stiegen mir die Tränen in die Augen. Ich hätte jetzt gern zusammen mit ihnen gegessen.

Am nächsten Morgen ging ich zum Büro der Sozialarbeiterin. Ich war viel zu früh, erst in einer Stunde begann ihre Sprechzeit. Aber ich war so aufgeregt, dass es mich nicht mehr in meinem Zimmer hielt. Ich konnte kaum abwarten, Frau Bergen zu fragen, ob ich die Grundschule besuchen dürfte. Parwin hatte mir erzählt, dass es in Deutschland auch eine Abendschule für erwachsene Analphabeten gebe. Sie sagte, ich sollte mich danach erkundigen, sobald ich in Deutschland angekommen wäre. Sie sagte auch, und das nicht nur einmal, dass ich unbedingt einen Arzt aufsuchen sollte. Aber ich fand das mit der Schule wichtiger und beschloss, mich zunächst darauf zu konzentrieren.

Als Frau Bergen mich vor dem Büro warten sah, lächelte sie und begrüßte mich freundlich. Sie kochte uns Kaffee und brachte einige Formulare. Ich sollte mich zunächst polizeilich anmelden. Dann sprach sie von sich aus das Thema

Sprachkurs an. Ich dachte, sie wüsste über mich Bescheid und dass mir meine Akte – so wie beim Flüchtlingshilfswerk in Ankara – vorausgeeilt war. Doch Frau Bergen, so wurde mir schnell klar, wusste nicht, dass ich noch nie eine ordentliche Schule besucht hatte. Als ich ihr es erzählte, zog sie die Brauen hoch. Wahrscheinlich hielt sie mich für einen Schulschwänzer, einen Taugenichts. Ich fragte sie, ob ich neben dem Sprachkurs auch eine Abendschule besuchen dürfe. Sie schaute auf das Formular, das vor ihr lag, dann wieder auf mich, schließlich sagte sie: „Ein Sonderfall!"

Das war das erste deutsche Wort, das ich lernte, Sonderfall.

An meinem achtzehnten Geburtstag, genau eine Woche nach meiner Ankunft in Deutschland, bekam ich die Bestätigung, dass ich für einen Deutschkurs eingeschrieben war. Doch wegen der Weihnachtsferien musste ich drei Wochen warten, bis ich anfangen konnte. Ich verbrachte die Ferien alleine im Heim und ging viel spazieren. Es wurde zwar sehr früh dunkel, aber die Stadt war geschmückt mit vielen Lichtern und Weihnachtsbäumen. Es sah ganz so aus, als wäre ich zu der schönsten Zeit des Jahres nach Deutschland gekommen.

Ich zählte die Tage, bis ich endlich mit meinem Sprachkurs beginnen konnte. Von meinem Taschengeld kaufte ich mir einen Rucksack und viele Dinge, die ich meiner Meinung nach in der Schule brauchte: bunte Filzstifte, Kugelschreiber, Bleistifte, einen Radiergummi, einen Bleistiftspitzer, eine Federmappe und Malhefte mit farbenfrohen Deckblättern. Als Frau Bergen die Sachen sah, fragte sie mich erstaunt: „Warum hast du Malhefte und Buntstifte gekauft? Eine Sprachschule ist doch keine Grundschule!"

Mir war die Situation peinlich. Ich sagte ihr, dass ich diese Sachen rein privat nutzen möchte und nicht in der

Sprachschule. Ich ahnte, dass es seltsam war, dass sich ein Achtzehnjähriger über farbige Stifte und Radiergummis freut und sich stundenlang damit beschäftigen kann. Ich ahnte auch langsam, dass ich Bilder malte, wie kleine Kinder sie malten, aber nicht Erwachsene. Als mir das bewusst wurde, versteckte ich meine Zeichnungen und malte heimlich. Ich malte immer, wenn ich mich einsam fühlte. Und ich malte oft.

Unterricht war jeden Nachmittag von Montag bis Freitag. Ich freute mich jeden Morgen auf den Sprachkurs und kam dort sehr gut voran. Meine beiden Deutschlehrer waren begeistert von meinen Fortschritten. Nach knapp vier Wochen redete ich langsam und verstand auch schon einiges. Mit meiner Sozialarbeiterin sprach ich nur noch auf Deutsch. Sie war fasziniert von meiner Selbstdisziplin und von meiner Freude an der deutschen Sprache und schenkte mir einen kleinen gebrauchten Fernseher für mein Zimmer. Durch das Fernsehen lernte ich die Sprache noch schneller.

Eines Tages zeigte ich Frau Bergen stolz mein erstes Zeugnis.

„Du bist klug, Cyrus", sagte sie anerkennend, „du bist begabt und sehr lernfähig, du hast einen starken Willen. Man muss Eltern, die ihre Kinder nicht in die Schule schicken, hart bestrafen. Sie gehören ins Gefängnis."

Mir schossen die Tränen in die Augen. Als Frau Bergen das sah, entschuldigte sie sich sofort für das, was sie gesagt hatte.

„Was ist mit deinen Eltern?", fragte sie besorgt. „Sind sie gestorben?"

Ich begann, ihr – so gut es auf Deutsch ging – meine Lebensgeschichte zu erzählen. Ich musste ohnehin irgendwann mit jemandem reden. Ich musste etwas gegen mein Stottern tun und gegen mein Einnässen. Ich musste mich jemandem anvertrauen und das erklären. Auch meine körperlichen Schäden brauchten bald eine Therapie. Doch darüber wollte ich noch nicht sprechen. Ich wollte die Behandlung meiner inneren Verletzungen so weit wie möglich hinauszögern. Meine Priorität war erst mal die Schule. Ich hatte so lange darauf gewartet, endlich lernen zu können. Ich wollte nun keine Sekunde vom Unterricht verpassen. Also ließ ich, als ich mit meiner Sozialarbeiterin über meine Erlebnisse in den Lagern und an der Front sprach, die grausame Folter weg. Auch die ganze Problematik meines Einnässens verschwieg ich – ich schämte mich dafür immer noch sehr. Aber selbst die abgeschwächte Variante meiner Lebensgeschichte rührte Frau Bergen zutiefst. Sie nahm ihre Brille ab und tupfte sich mit einem Taschentuch erst die Stirn, dann die Augenwinkel ab. Sie war sprachlos.

Zwei Tage später gab sie mir den Namen einer Ärztin, die mein Stottern behandeln würde. Sie hatte auch schon einen Termin für mich vereinbart. Außerdem hatte sie mich für die Abendschule angemeldet. Sie meinte, meine Deutsch-kenntnisse seien inzwischen gut genug, um dort mitzukom-men. Und sie hatte recht. Ich hatte keine Probleme, den In-halten zu folgen. Ich liebte es, lernen zu können. Ich saugte alles auf wie ein Schwamm, der zum ersten Mal im Wasser ist. Meine Mitschüler waren vorwiegend Türkinnen und Türken. Unsere Lehrbücher waren für erwachsene Analpha-beten konzipiert. Von da an bestand mein Tag nur noch aus Schule und Hausarbeiten: Morgens bereitete ich mich auf den Unterricht vor, nachmittags hatte ich meinen Sprach-kurs, abends die Abendschule. Die Grundstufe des Sprach-kurses schloss ich schließlich mit der Note eins ab. Auch die Behandlung bei meiner Logopädin war erfolgreich. Nach nur sechs Monaten stotterte ich so gut wie gar nicht mehr. In der Oberstufe meines Sprachkurses freundete ich mich schließlich auch mit einigen Mitschülern an, etwa mit Hanna, einer US-Amerikanerin mit japanischen Wurzeln. Sie nannte mich „Mr. Dictionary", weil ich jede Vokabel aus dem Deutschen für sie ins Englische übersetzen konnte. Irgendwann nannten mich alle so. Ich war jetzt „Mr. Dictionary".

Eine Woche nach meinem neunzehnten Geburtstag – ich war gerade ein Jahr und zwei Wochen in Deutschland –, beendete ich die Oberstufe in der Sprachschule mit den Noten sehr gut bis gut. Damit war ich Klassenbester. Auch in der Abendschule war ich der mit den besten Noten. Immer, wenn ich Zeugnisse bekam, dachte ich an meine Familie. Wie gern hätte ich meine Freude mit ihnen geteilt. Wie gern hätte ich gehört, dass sie stolz auf mich sind.

Da ich die deutsche Sprache nun gut beherrschte, versuchte ich, mit Hilfe des UNHCR und anderer Organisationen nach meinen Familienangehörigen zu suchen. Nach einer fünfmonatigen Recherche fand ich heraus, dass mein Bruder Darius in Australien lebte. Ich schickte ihm einen Brief. Drei Wochen später erhielt ich eine Antwort.

Auch Darius war die Flucht aus dem Gefängnis gelungen. Auch er ist über die Türkei geflohen. Auch er war im Büro der UNHCR in Ankara. Vier Monate hatte er in Ankara auf den Bescheid von der Botschaft gewartet, dann bekam er Asyl. Zwei Jahre nach seiner Ankunft in Australien durfte er in Melbourne an der Universität sein bereits im Iran begonnenes Studium der Zahnmedizin fortführen.

Darius hatte Kontakt zu einigen seiner Freunde und ehemaligen Kommilitonen im Iran und – zu Tante Simin. Sie lebte immer noch in Teheran. Von Tante Simin wusste er, was mit meinem Vater geschehen war. Kurz nach unserer Festnahme, so erzählte er mir bei unserem ersten Telefonat, wurde er verhaftet und wegen seiner Mitgliedschaft in der

Partei des Schahs, der Rastakhiz, mit vielen anderen Mitgliedern dieser Partei ohne jegliches Gerichtsurteil erschossen. Von Tante Simin wusste er auch, dass unsere Fabrik sowie der gesamte Grundbesitz meiner Eltern und Großeltern seit der Revolution im Besitz des islamischen Regimes waren. Von unserer Schwester wusste er nichts. Ebenso von Großmutter. Ihr Leichnam wurde nie gefunden, die reservierte Grabstelle neben ihrem verstorbenen Ehemann ist leer geblieben. Auch über Onkel Ariel gab es keine Informationen. Niemand von Darius' Kontaktleuten hatte in Erfahrung bringen können, was mit dem Leichnam meines Onkels geschah oder was sie mit seiner Frau und den Zwillingen gemacht haben.

Darius erzählte mir alles, was er wusste – und was er nicht wusste. Er war glaubwürdig, und ich vertraute ihm. Endlich hatte ich Antworten auf Fragen, die ich mir seit Jahrzehnten gestellt hatte. Doch bei der Person, die mir am wichtigsten war, hatte ich das Gefühl, dass Darius mehr wusste, als er mir sagen wollte: Immer wenn ich ihn nach Mutter fragte, antwortete er ausweichend. Es gehe ihr gut, sagte er dann. Und dass sie auch bald den Iran verlassen könne. Anfangs glaubte ich ihm das. Ich wollte es glauben.

1993 bekam ich plötzlich starke Bauchschmerzen und wurde in ein Krankenhaus eingeliefert. Die Ärzte waren ratlos, als sie die Röntgenaufnahmen sahen. Sie tippten auf Darmkrebs, und ich wurde sofort operiert. Nach der OP konnte man ein Karzinom zwar ausschließen, aber vielmehr als vorher wussten die Ärzte auch nicht. Ich wurde in ein anderes Krankenhaus verlegt. Auch dort konnte man die Ursache der Schmerzen nicht feststellen. Man fand aber entzündete Stellen und merkwürdige Flecken in meinem Darm. Der Professor, der mich behandelte, war ein älterer, freundlicher Herr. Ich hatte Vertrauen zu ihm, und eines Tages entschied ich mich, ihm von meiner Folter zu erzählen. Bisher hatte ich mich das nicht getraut. Ich schämte mich zu sehr. Ich bat den Professor, ihn alleine sprechen zu dürfen. Der Arzt schickte seine Mitarbeiter aus dem Zimmer und nickte mir aufmunternd zu. Schließlich erzählte ich, was sie im Gefängnis mit mir gemacht hatten. Der Professor konnte nicht glauben, dass man einem Menschen, noch dazu einem Kind, so etwas antun konnte. Er war sichtlich bestürzt.

Gleich am nächsten Tag wurde ich erneut operiert, und man entfernte die Entzündungsherde aus meinem Darm. Ich wurde insgesamt dreimal in den folgenden zwei Jahren operiert. Doch es sollte noch ein paar weitere Jahre dauern, bis ich tatsächlich gesund war. Neben den OPs und der Behandlung beendete ich auch die Abendschule erfolgreich und wurde anschließend in einem Abendgymnasium angemeldet. Auch dort machte ich schnell Fortschritte. Ich konnte sogar eine Klasse überspringen. Ich wollte immer noch Physik studieren. Den Wunsch hatte ich nicht aufgegeben.

Eines frühen Morgens brach ich im Hausflur mit unerträglichen Kieferschmerzen bewusstlos zusammen. Eine Putzfrau fand mich und sorgte dafür, dass ich in ein Krankenhaus kam. Dieses Mal ließ ich keine Zeit verstreichen und erzählte dem behandelnden Arzt sofort von meiner Vergangenheit und dass man mir mit einer Werkzeugzange die Zähne herausgerissen hatte. Am nächsten Tag wurde ich in eine Klinik für Kieferchirurgie verlegt. Wieder waren die Ärzte ratlos, als sie meine Röntgenaufnahmen sahen. Vier Wurzeln meiner Backenzähne steckten noch tief im Kiefer und waren zum Teil mit dem Knochen verwachsen. Diese Stellen würden sich immer wieder entzünden und verur-

sachten dann die extrem starken Schmerzen, erklärte mir
der Kieferchirurg. In zwei Operationen wurden alle vier
Zahnwurzeln aus meinem Kiefer herausgeholt. Danach war
ich endlich schmerzfrei. Sechs Monate später bekam ich
Kronen und Brücken als Zahnersatz.

Zehn Jahre nach meiner Ankunft in Deutschland hatte ich
mein Abitur in der Tasche. Mit der Gesamtnote 1,5 bewarb
ich mich an fünf großen Universitäten in Deutschland. Ich
war meinem Ziel, endlich Physik studieren zu dürfen, einen
großen Schritt näher gekommen und freute mich sehr. Doch
als ich die Bewerbungen rausgeschickt hatte, fühlte ich auf
einmal eine große Leere. Bisher hatte ich eisern an meinem
Ziel und an meinen Träumen gearbeitet. Ich hatte gelernt.
Ich hatte Prüfungen geschrieben. Doch jetzt gab es für mich
nichts zu tun. Ich wusste nicht, was ich mit meiner Zeit anfangen sollte. Freunde hatte ich nicht. Ich war immer der
Außenseiter. Ich war immer anders als die anderen. Ich war
verschlossen und verschwiegen. Ich wollte niemanden mit
meiner Vergangenheit und meinen Problemen belasten. Ich
war einsam. Ich war es immer gewesen. Doch jetzt, da ich
nicht mehr lernen musste, wurde es mir schmerzlich bewusst. Darius schlug mir vor, für einige Wochen zu ihm
nach Australien zu kommen. Ich konnte mir das teure Ticket aber nicht leisten. Ich wollte auch nicht, dass er meine
Reise bezahlt. Er hatte selbst kaum Geld und arbeitete am
Wochenende, um sein Studium zu finanzieren. Doch ich
hätte ihn gern getroffen. Immer mehr hatte ich das Gefühl,
dass er mir etwas über unsere Mutter verheimlichte. Ständig
wich er aus und wechselte das Thema, sobald er nur das
Wort „Mutter" hörte. Manchmal beendete er einfach das
Telefonat und legte auf. Ich wusste, dass ich die Wahrheit
nicht per Telefon oder Brief in Erfahrung bringen konnte.
Ich musste ihn treffen und ihm in die Augen sehen. Außer-

dem wollte ich auch endlich erfahren, wie es ihm nach jener letzten Nacht, in der unsere Familie auseinandergerissen wurde, ergangen war. Bisher hatte er nicht darüber sprechen können.

Doch es sollte noch eine Weile dauern, bis ich Darius endlich wiedersehen konnte.

Eines Tages war ein Einschreiben in der Post. Es war die Zusage zu meinem Physikstudium. Ich konnte es nicht fassen: Ich hatte einen Studienplatz in Physik. Mein Traum war in Erfüllung gegangen! Das musste ich doch feiern! Aber ich wusste nicht, mit wem ich meine Freude teilen sollte. Freunde hatte ich nicht. So blieb mir nichts anderes übrig, als allein zu feiern. Da zu einer richtigen Feier zumindest ein bisschen Alkohol gehört, ging ich in einen Supermarkt und kaufte mir zum ersten Mal in meinem Leben eine Flasche Bier. In meinem Zimmer machte ich sie auf und nahm vorsichtig einen Schluck. Es schmeckte mir nicht. Ich goss das Bier in den Abfluss. So feierte ich meinen Erfolg in meiner Einsamkeit ohne Freunde – und ohne Bier.

Ich rief meinen Bruder in Australien an. Er freute sich für mich. Auch er hatte gute Neuigkeiten: Er hatte sein letztes Semester in Zahnmedizin erfolgreich abgeschlossen und inzwischen einen achtzehnmonatigen Vertrag mit einer Zahnklinik in Melbourne in der Tasche. Ich gratulierte ihm und am Ende wünschten wir uns gegenseitig „Alles Gute!"

Einige Monate später bekam ich ein kleines Zimmer in einem Studentenwohnheim. Der erste Studientag war ein Orientierungstag. Uns wurde erklärt, wie das Studium ablaufen werde, welche Scheine und Leistungen wir zu erbringen und welche Praktika wir zu absolvieren hätten. Dann wurden uns das Labor und die Bibliothek gezeigt sowie die Vorlesungssäle und Seminarräume. Am Abend lief ich zu

Fuß vom Campus zurück nach Hause und war einfach nur glücklich. Ich fühlte mich von Gott gesegnet. Ich dankte ihm für alles, was ich erreicht hatte. Ich war fast zu Hause, da sah ich eine schöne, alte Kirche. Ich ging hinein, aber niemand war dort. Ich fühlte mich wohl in dem Gebäude und auf eine seltsame Art beschützt. Ich warf etwas Geld in eine Dose für die Kollekte, kniete mich nieder und zündete vierundzwanzig Kerzen an. Fünfzehn waren für meine jugendlichen Kameraden, die ihr Leben in den Minenfeldern gelassen hatten. Eine war für meine Großmutter, eine für Onkel Ariel, eine für meine Mutter, eine für meinen Vater, eine für meine Schwester und drei für Tante Roya und ihre Zwillinge. Eine letzte Kerze zündete ich für Gott an. Trotz allem, was ich in meinem Leben durchmachen musste, trotz all der Zweifel und Krisen habe ich nie aufgehört, an Gott zu glauben. Als Gefangener entwickelt man eine eigene Strategie, um zu überleben. Man fängt an, an etwas zu glauben, auch wenn man ungläubig ist. Man versucht, sich ein Ziel zu setzen und es anzusteuern. Der Glaube stärkt die Seele, er gibt einem die Kraft, durchzuhalten. Ohne meinen Glauben an Gott wäre ich nie so weit gekommen. Nur diesem unerschütterlichen Glauben ist zu verdanken, dass ich mich elf Jahre, nachdem ich nach Deutschland kam – ohne Geld und ohne Schulbildung –, an einer großen Universität einschreiben konnte und somit einer meiner größten Wünsche in Erfüllung ging.

Ich saß auf dem nackten Boden der Kirche und schaute den Kerzen dabei zu, wie sie langsam herunterbrannten. Währenddessen bat ich Gott, mir weiterhin beizustehen und mir zu helfen, meine Mutter und meine Schwester zu finden.

Von diesem Tage an ging ich immer in diese Kirche, wenn ich mich einsam fühlte oder traurig war. Es beruhigte mich, einfach dazusitzen, meine Kerzen anzuzünden und ihnen dabei zuzusehen, wie sie immer kleiner werden.

Wenn mich Kommilitonen in die Kirche gehen sahen, fragten sie mich, ob ich Christ sei. Ich antwortete ihnen, dass mein Vater ein Muslim und meine Mutter eine Jüdin war. Ich wusste aber nicht, was ich selbst war. Obwohl ich seit Jahren in Freiheit lebte, machten Religionen mir immer noch Angst. Die Religionen waren schuld, dass meine Familie auseinandergerissen wurde. Wie konnte ich da jemals eine Religion praktizieren? Vom Christentum wusste ich zudem nicht viel. Aber ich wusste, dass die Christen oft für Minderheiten und Rechtlose eintraten und sich weltweit für die Bekämpfung der Armut engagierten. Und ich wusste, was Weihnachten und Ostern bedeutete, ich mochte diese Feste. Aber ich wollte nicht an eine Religion glauben, ich glaubte an Gott.

An der Universität lernte ich zielstrebig und fleißig. An den Wochenenden arbeitete ich in einem Lager. So finanzierte ich mir mein Studium und sparte etwas Geld für eine Reise nach Australien zu Darius. Als ich genug Geld zur Seite gelegt hatte, kaufte ich mir endlich das Ticket.

Ich war fünf Jahre alt, als Darius mich zum letzten Mal gesehen hatte. Jetzt war ich dreißig. Keiner von uns kannte mehr den anderen. Ich wusste nicht, wie Darius aussah. Zwar hatten wir uns per Post Passbilder geschickt, aber das war inzwischen auch schon wieder zehn Jahre her. Würden wir uns überhaupt erkennen? Als ich auf dem Flughafen in Melbourne ankam, stellte ich mich mit meinem Koffer in eine Ecke, in der auch andere Passagiere auf jemanden warteten. Nach etwa zehn Minuten kam ein Mann mit einem Strauß Blumen in der Hand auf mich zu: „Bist du Cyrus?"

An seiner Stimme erkannte ich ihn sofort wieder. Es war tatsächlich Darius – ein Mitglied meiner Familie und doch zugleich ein völlig fremder Mensch. Wir umarmten uns, er stellte mir seine Frau vor, dann ging er einen Schritt zurück und betrachtete mich von Kopf bis Fuß: „Als Kind hattest du grüne Augen. Sie sind aber jetzt viel dunkler. Wie kommt das?"

„Das Leben war all diese Jahre so hart gewesen, dass sich sogar meine Augenfarbe verändert hat", antwortete ich.

Er schaute mich kurz an und schwieg. Er wusste, dass ich nicht nur seinetwegen nach Australien gekommen war. Ich wollte, dass er mir alles erzählte, was er über unsere Mutter und unsere Schwester wusste. Ich wollte endlich die Wahrheit erfahren. Doch ich musste mich noch gedulden.

Zwei Wochen lang mimte Darius den perfekten Reiseleiter. Wir sahen uns Melbourne an und verschiedene Nationalparks. Ich sah Koalas und Kängurus. Wir verbrachten die ganzen Tage zusammen und die Abende. Doch bei aller physischen Nähe: Ich kam nicht an ihn heran.

Nach etwa zwei Wochen fuhr mich Darius in seinem Auto nach Philip Island. Die Insel liegt 120 Kilometer südöstlich von Melbourne. Eine 640 Meter lange Betonbrücke verbindet sie mit dem Festland. Es war kurz vor Sonnenuntergang. Wir stellten das Auto ab und gingen Richtung Küste. Ein paar hundert Menschen standen dort schon. Sie alle schienen auf etwas zu warten. Ich schaute Darius fragend an, doch der blickte ebenfalls wie die anderen starr geradeaus aufs Meer. Ich tat es ihm nach. Nach einer Weile tauchten plötzlich kleine Köpfe aus den Fluten auf. Es waren Pinguine. Ein Raunen ging durch die Menge. Immer mehr Pinguine erschienen an der Oberfläche und schienen ebenfalls auf irgendetwas zu warten. Inzwischen war es dunkel geworden und Scheinwerfer leuchteten den Strand mit fahlem Licht aus. Als hätten die Tiere nur auf die passende Beleuchtung für ihren großen Auftritt gewartet, das Rampenlicht sozusagen, formierten sich die ersten zu Gruppen und watschelten   gemeinsam über den Strand. Immer mehr schlossen sich an. Wir sahen ein paar hundert Pinguine, wie sie über den Sand huschten und ihre Nester suchten.

„Das sind Zwergpinguine. Sie werden maximal 33 Zentimeter groß", erklärte mir Darius, wieder ganz in seinem Element als Reiseführer. „Sie haben am Morgen alle ihre Nester verlassen und seitdem bis zu fünfzig Kilometer im Wasser zurückgelegt. Die abendliche Rückkehr gehört zu den meistbesuchten Attraktionen Australiens. Etwa eine halbe Million Touristen kommen jährlich her, um die Pinguinparade zu sehen."

Ich schaute Darius von der Seite an. Irgendetwas sagte mir, dass er mich nicht nur hergeführt hatte, damit wir watschelnden Pinguinen hinterher guckten.

„Alle diese Pinguine haben in ihren Nestern hungrige Küken, die jeden Abend gefüttert werden müssen", fuhr Darius fort, „aber manchmal werden Pinguine im Meer von den Haien oder Robben getötet und gefressen. Dann bleiben die Küken im Nest zurück. Das ist das Gesetz der Natur. Man hat es zu respektieren und zu akzeptieren."

Er schwieg kurz, dann sah er mich an: „Du und ich, wir werden unsere Mutter auch nie wiedersehen können."

Ich starrte ihn an, als verstünde ich nicht, was er sagte, als spräche er in einer Sprache, die ich nicht gut beherrschte und mir deshalb jedes Wort noch einmal einzeln wiederholen müsste, um langsam hinter den Sinn des Satzes zu kommen. Es dauerte eine Weile, bis ich verstand. Mutter war tot. Seit meinem fünften Lebensjahr bestand mein Leben nur noch aus der Hoffnung, meine Mutter und meine Geschwister wiederzusehen. Jahrelang hatte ich mich danach gesehnt, wieder eine Familie zu haben. All diese Hoffnung war in diesem Moment zerstört worden. Sie verschwand wie ein Duft, der sich rasch in der Luft auflöst.

Meine Knie wurden weich, ich musste mich hinsetzen. Wir beide konnten weder sprechen noch uns fortbewegen.

Wir starrten stumm aufs Meer und schauten den Pinguinen zu, die es geschafft hatten, nicht von Haien oder Robben gefressen zu werden und zu ihren Familien zurückkehren konnten. Es war kalt, doch wir spürten die Kälte nicht. Wir weinten. Wir trauerten. Irgendwann standen wir auf und gingen über einen Holzsteg zurück zum Parkplatz.

Am nächsten Tag erzählte mir Darius, was mit unserer Mutter passiert war. Nach jener Nacht, in der unsere Familie auseinandergerissen wurde, hatte man sie in ein Frauengefängnis gebracht. 1988, neun Jahre später, wurde sie von Unbekannten freigekauft. Dabei spielte ihre beste Freundin Simin eine große Rolle. Bei ihr war einiges an Gold und Bargeld aus unserem Familienbesitz deponiert worden, was fast komplett für die Kaution verwendet wurde. Als meine Mutter frei war, hatte sie nichts mehr. Die Villa und die Fabrik gehörten nicht mehr ihr. Sie hatte ihre Kinder und das Dach über dem Kopf verloren. Und niemand wusste, was ihr in den neun Jahren im Gefängnis körperlich und seelisch widerfahren war. „Sie war nicht mehr der Mensch, der sie einmal gewesen ist", hatte Simin erzählt. „Es schien, als hätte die Seele ihren Körper bereits verlassen und nur Haut und Knochen wären übrig geblieben."

Trotz ihrer Körperschwäche machte sie sich sofort auf die Suche nach ihren Kindern. Nach einem Monat Recherche und der Zahlung von Unsummen an Schmiergeld hatte sie den Aufenthaltsort von Darius in Erfahrung gebracht. Er saß in einem Teheraner Gefängnis, in dem Besucher zu bestimmten Zeiten erlaubt waren. Man sah den Gefangenen hinter einer Glasscheibe und sprach über Telefonhörer miteinander. Als Darius nach neun Jahren zum ersten Mal seiner Mutter gegenübersaß, konnte er es kaum fassen. Er sagte, es war der schönste Tag seines Lebens.

An einem islamischen Feiertag gab es die Möglichkeit, die Gefangenen persönlich zu treffen, ohne dass man wie üblich eine Sicherheitsscheibe zwischen sich hatte. Meine Mutter nutzte die Gelegenheit, um heimlich mit Darius die Kleidung zu tauschen. Er bekam ihr schwarzes Frauengewand und sie zog die männliche Sträflingskleidung über. Sie hatte sich schon zu Hause den Kopf kahl geschoren und mischte sich nach Ende der Besuchszeit unbemerkt unter die anderen Gefangenen – während Darius mit dem Besucherausweis und in Mutters Kleidung nach neun Jahren das Gefängnis verließ. Tante Simin wartete draußen auf ihn und brachte ihn erst in Sicherheit, dann über Schlepper ins Ausland.

Schnell flog der Betrug auf. Meine Mutter wurde in eine Einzelzelle gesperrt. Niemand durfte sie besuchen. Sogar Tante Simin traute sich nicht mehr, nach ihr zu fragen. Fünf Monate später wurde meine geliebte Mutter Soraya von einem islamischen Gericht wegen Beihilfe zur Flucht zum Tode verurteilt. Das Urteil wurde kurz darauf an einem frühen Morgen im Teheraner Frauengefängnishof vollstreckt. Sie wurde erschossen, es wurden zehn Kugeln auf sie abgefeuert. Das weiß man so genau, weil Tante Simin, als sie den Leichnam unserer Mutter forderte, um ihn zu beerdigen, für jeden einzelnen Schuss 100 Dollar zahlen musste, für den letzten, den Kopfschuss, sogar 200 Dollar. 1100 US-Dollar kostete die Leiche meiner Mutter, berechnet nach dem allgemeingültigen Kostenschlüssel für die sterblichen Überreste zum Tode Verurteilter. Auf diese Art machten die Islamisten, die zu Beginn ihrer Revolution die Leichen noch heimlich beseitigten, damit die Öffentlichkeit möglichst nichts davon erfuhr, nun ein gewinnbringendes Geschäft aus ihren Toten.

Keiner weiß genau, was mit Mutter in den fünf Monaten Haft geschehen ist. Die Verletzungen an ihrem Körper wiesen darauf hin, dass sie mehrfach gefoltert wurde, bevor man sie erschoss. Der Leichnam meiner Mutter wurde ohne Trauerfeier auf dem jüdischen Friedhof in der Nähe ihres Vaters begraben.

Nachdem mir mein Bruder das alles erzählt hatte, brach ich meinen Aufenthalt in Australien zwei Wochen früher als geplant und gegen den Willen von Darius ab und flog wieder nach Deutschland. Dort zog ich mich noch mehr als je zuvor in meine eigene Welt zurück. Ich wusste nicht, wie ich mit meiner Trauer umgehen sollte. Langsam verlor ich meine Kraft und einen großen Teil der mir verbliebenen Lebenslust. Ich spürte keinen Mut mehr in mir. Mein Überlebenswille, auf den ich mich immer verlassen konnte, schwand. Ich vernachlässigte nun auch mein Studium und brach es irgendwann endgültig ab. Ohne Studium hatte ich auch kein Anrecht auf ein Zimmer im Studentenwohnheim. Ich landete auf der Straße. Nachts lief ich die Autobahnen entlang, ohne Ziel und ohne Sinn. Zweimal versuchte ich, mir das Leben zu nehmen. Jedes Mal zur Weihnachtszeit. Jedes Mal wurde ich rechtzeitig gefunden.

Da ich den Kontakt zu Darius abgebrochen und er seit über einem Jahr nichts mehr von mir gehört hatte, kam er nach Deutschland, um mich zu suchen. Als er mich endlich fand, konnte er nicht glauben, wie schlecht es mir ging. Er machte sich schwere Vorwürfe, bereute es, mir die Wahrheit über das Schicksal unserer Mutter erzählt zu haben. Zwei Wochen blieb er und kümmerte sich rührend um mich. Er fand für mich eine Wohnung und brachte mich zu einer Neurologin, bei der ich eine Therapie begann. Sie behandelte mich nicht nur medikamentös, wir führten auch viele Gespräche. Dabei ging es irgendwann auch um ein sehr altes Problem, das ich endlich einmal ansprach: mein Einnässen. Das war seit meiner Flucht und meiner Ankunft in Deutschland natürlich sehr viel besser geworden, da ich nicht mehr in Situationen kam, in denen ich anderen schutzlos ausgeliefert war. Auch fühlte ich mich sicher. Dennoch war es nie ganz weg gegangen. Im Rahmen der Therapie bekam ich es nun immer besser in den Griff. Zwar trage ich bis heute Vorlagen, aber diese eigentlich nur noch zur Sicherheit.

Durch die Behandlung bei der Neurologin ging es mir schließlich bald so weit wieder gut, dass ich ein normales Leben führen und den Alltag bewältigen konnte. Ohne mich vorher zu informieren, hatte Darius für mich eine dauerhafte Aufenthaltserlaubnis in Australien beantragt. Knapp fünf Wochen nach seiner Abreise bekam ich eine Einladung der australischen Botschaft in Berlin. Darius wollte mich zu sich holen, damit er sich um mich kümmern konnte. Ich dankte ihm für seine Fürsorge, lehnte aber ab. Ich wollte nicht nach Australien. Ich hatte keine guten Erinnerungen an dieses Land, in dem ich erfahren musste, was mit meiner Mutter geschehen war. Außerdem hatte ich so hart dafür gearbeitet, die deutsche Sprache zu beherrschen und studieren zu können. Ich hatte seit meinem fünften Lebensjahr von einem Zuhause geträumt. Deutschland war nun mein neues Zuhause.

Eines Tages erfand ich eine Art Eigentherapie. Ich fing an, meine Lebensgeschichte niederzuschreiben. Ich schrieb mit der Hand, einen Computer hatte ich nicht. Innerhalb von vierzehn Monaten waren etwa vierhundert Seiten fertig. Die Erinnerungen auf Papier zu bringen tat gut, aber auch sehr weh. Ich hielt den Schmerz, den die Reisen in meine düstere Vergangenheit verursachten, tapfer aus – doch als ich bei der Szene war, in der Omid auf dem Minenfeld sein Leben verlor, ging es nicht mehr. Ich konnte das nicht beschreiben, ich fand keine Worte dafür. In meiner Verzweiflung zerriss ich das ganze Manuskript, alles, was ich bisher geschrieben hatte.

Ich fing dann wieder an zu malen. Tag und Nacht zeichnete ich. Meistens malte ich Sonne und Wolken, Vögel und Fische, Flüsse und Ozeane, Blumen und Bäume. Ich malte Schmetterlinge, Pfaue, Regenfälle, Klatschmohnfelder, rote Ahornbäume im Herbst, lachende und fröhliche Kinder, Mütter, die mit ihren Kindern im Park einen Spaziergang machten. Ich malte auch Menschen aus der Steinzeit. Ich liebte ihre Lebensweise, alles spielte sich draußen ab – ohne jegliche Barrieren, Zäune, Grenzen. Ich mochte die Steinzeitmenschen, weil sie so frei und ursprünglich lebten.

Doch auch das Malen brachte mich nicht weiter. Schließlich zerriss ich auch alle meine Bilder. Ich hatte in diesen Bildern nach meiner verlorenen Kindheit und Jugend gesucht, nach einem Gefühl von Geborgenheit und Sicherheit, das ich zuletzt mit fünf Jahren erfuhr. Doch es half nicht, wenn ich malte wie ein Kind. Ich konnte dadurch die verlorene Zeit nicht zurückgewinnen.

Ich fing erneut mit dem Schreiben an. Als ich bei der Szene angelangt war, in der Omid sein Leben verlor, fasste ich mich diesmal einfach kurz. In zwei Sätzen notierte ich, was auf dem Minenfeld passierte. Nachdem ich diese Hürde genommen hatte, konnte ich weiterschreiben. Doch zehn Monate später, kurz bevor das Manuskript fertig war, vernichtete ich es ebenfalls. Ich hatte an dem Abend „Das Leben ist schön" im Fernsehen gesehen. In dem italienischen Film von Roberto Benigni, der auch die Hauptrolle spielt, versucht ein Vater im Konzentrationslager der Nazis, seinen Sohn vor der grauenvollen Realität zu bewahren, indem er ihm erzählt, dass es sich hierbei um ein kompliziertes Spiel handele. Wenn sie alle Regeln genau einhalten, würden sie am Ende einen Panzer gewinnen. Der Vater versucht alles, um seinem Sohn den Aufenthalt im Lager so angenehm wie möglich zu gestalten. Als er sich eines Tages als Frau verkleidet, um unerkannt in die Frauenabteilung zu seiner Frau

Dora zu gelangen, wird er ertappt und erschossen. Der kleine Sohn ahnt davon nichts, hält sich weiterhin an die Instruktionen des Vaters, um das Spiel zu gewinnen – und als er schließlich von einem amerikanischen Panzerfahrer in dem verlassenen Lager aufgelesen wird, wähnt er sich tatsächlich in dem Glauben, das Spiel gewonnen zu haben. Kurz darauf findet das Kind auch seine Mutter wieder. Der Film endet mit seinen Worten: „Dies ist meine Geschichte, dies ist das Opfer, welches mein Vater erbracht hat, dies war sein Geschenk an mich."

Der Film hatte mich total aufgewühlt und mich in meine eigene Kindheit zurückversetzt. Ich war berührt und durcheinander. Ich war traurig und wütend. Schließlich dachte ich, dass solche Geschichten zu hart sind, als dass man sie jemandem zumuten könnte. Auch meine Geschichte wäre zu hart. Wer sollte das lesen? Wer sollte sich freiwillig damit auseinandersetzen? Ich wollte es niemandem zumuten.

Jahre später, an einem sonnigen Frühlingstag, begann ich in einem Park ganz in meiner Nähe, mich mit dem Walken anzufreunden. Bald entdeckte ich das Laufen als Mittel zur Selbstfindung und als Regulativ für meine Psyche. Einige Monate nach dem Beginn meiner Lauftherapie gewann ich wieder Mut. Meine Energie und mein Lebenswillen kehrten zurück. Ich war wieder bereit, mich allen Widrigkeiten des Lebens zu stellen und mein Schicksal in die Hand zu nehmen. Ich fühlte mich stark genug, alle Hindernisse und Barrieren, die das Leben mir in den Weg legte, zu durchbrechen. Ich nahm mein Studium wieder auf. Ich fand ein paar Freunde unter meinen Kommilitonen, mit denen ich viel Zeit verbrachte und mich über die Studieninhalte austauschte. Und ich entwickelte sogar eine eigene Theorie, an der ich arbeitete. Außerdem hatte ich wieder die Kraft, nach meiner Schwester zu suchen. Ich setzte sämtliche Hebel in

Bewegung, kontaktierte Hilfsorganisationen wie das Deutsche Rote Kreuz, den DRK Suchdienst oder den International Tracing Service und schrieb verschiedene Institutionen an, darunter den UNHCR in Genf, Nürnberg und in Wien, die Menschenrechtsabteilung der Vereinten Nationen, das Auswärtige Amt in Berlin, die Genfer Flüchtlingskonvention oder Amnesty International. Doch von meiner Schwester fehlte weiterhin jede Spur.

An einem schönen Apriltag im Park fragte ich mich, wie solche Schicksale wie die meiner Familie an die Öffentlichkeit gelangen sollten, wenn die Opfer und Zeitzeugen alle schwiegen und glaubten, sie könnten sie den anderen nicht zumuten. Ich fragte mich, warum ich meine Geschichte nicht endlich öffentlich machte und die Welt darüber informierte, was im Iran mit Kindern geschehen ist. Schließlich war das jahrelang meine Mission, die meinen Lebenswillen nährte: Ich wollte die Stimme sein für all die Kinder, die in den Minenfeldern ihr Leben verloren hatten. Ich wollte mich einsetzen dafür, dass so etwas nicht noch einmal geschieht. Und jetzt konnte ich es endlich. Mir fiel ein, was die Friedensnobelpreisträgerin Aung San Suu Kyi, die seit 1989 in Birma unter Hausarrest lebte, einmal gesagt hat: „Diejenigen, die das Glück haben, in einer Gesellschaft zu leben, in der sie ihre vollen politischen Rechte wahrnehmen können, können sich darum bemühen, ihren weniger begünstigten Brüdern und Schwestern an anderen Orten unseres aufgewühlten Planeten zu helfen." Worauf wartete ich noch?

Zurück zu Hause setzte ich mich sofort an den Schreibtisch. Zum dritten Mal begann ich damit, meine Erlebnisse aufs Papier zu bringen. Ein Jahr später war das Manuskript fertig. Ich übersetzte das Buch ins Englische und schickte es an Darius, 400 eng beschriebene Seiten. Nachdem er sie gelesen hatte, besorgte er sich ein Flugticket nach München. Doch wenige Tage später rief er mich an, um mir mitzuteilen, dass er kurzfristig von „Ärzte ohne Grenzen" für einen Einsatz auf den Philippinen angefragt wurde und deswegen nicht nach München kommen könne. 2007 und 2009 war er bereits für diese private, unabhängige Hilfsorganisation mit anderen Ärzteteams und Chirurgen für jeweils drei Monate in Indien und Laos gewesen und hatte dort in abgelegenen Gebieten Kinder und Jugendliche behandelt, die unter Krankheiten wie Hasenscharten litten. Er rief mich an, um sich zu entschuldigen. Aber im Sommer 2011 würde er mich auf jeden Fall besuchen. Ich fragte ihn, warum er sich so oft für solche Einsätze bereit erklärte.

„Das ist meine Art von innerer Befreiung", antwortete er. „Du schreibst oder malst, um die schlechten Erinnerungen an deine Vergangenheit zu verarbeiten. Ich dagegen versuche, kranken und armen Menschen, vor allem aber Kindern, zu helfen. So hat jeder seine eigene Art, die Vergangenheit zu bewältigen."

„Du hast mir nie erzählt, was du im Gefängnis erlebt hast", sagte ich. „Warum erzählst du mir nicht, was du durchgemacht hast? Vielleicht fühlst du dich danach besser. Und wer kann dich besser verstehen als ich?"

Darius schwieg. Wie immer, wenn ich ihn auf seine Vergangenheit ansprach. Dann wechselte er geschickt das Thema und sprach von seinem Einsatz auf den Philippinen. Zwei Jahre zuvor war dort der Konflikt zwischen der philippinischen Regierung und der Moro-Islamischen-Befreiungsfront wieder aufgeflammt, und mehr als 750 000 Menschen wurden vertrieben. Darius wollte sich vor allem um Kinder und Frauen kümmern, die unter den schweren Folgen von Verletzungen und Gewalt litten – und, wie bei seinen Einsätzen zuvor in Indien, um missgebildete Mädchen, die so gut wie keine medizinische Hilfe bekamen.

„Die jungen Frauen, die unter Missbildungen leiden, werden niemals verheiratet. Das heißt, sie haben keine Chance auf eine eigene Familie und damit auf eine soziale Absicherung. Mit einer Operation kann ich ihre Zukunft positiv beeinflussen und ihnen Hoffnung machen." Er machte eine kurze Pause. „Weißt du, was der Friedennobelpreisträger Albert Schweitzer einmal gesagt hat? Man kann nicht die gesamte Welt retten, aber man kann einzelnen Menschen Hoffnungen machen."

Als ich aufgelegt hatte, dachte ich noch stundenlang über seine Worte nach. Ich war erstaunt über seine Ideologie und seine Einstellung. Ich bewunderte Darius für sein Engagement. Ich war stolz auf meinen Bruder.

Am 15. September 2010 flog Darius gemeinsam mit einer neuseeländischen Kieferchirurgin auf die Philippinen. Nach ihrer Ankunft in Manila wurden sie in einem abgelegenen Landstrich in die Wälder geschickt. Mit Hilfe der dortigen Dorfbewohner bauten sie eine mobile Krankenstation auf und begannen schließlich mit der Arbeit. Sie waren zwei Wochen im Land, als sie mitten in der Nacht von islamischen Rebellen als Geiseln genommen und verschleppt wurden. Solche Geiselnahmen sind nicht selten, meistens trifft es Touristen, und in der Regel kommen die Opfer nach der Zahlung eines Lösegelds wieder frei. Auch die Geiselnehmer meines Bruders forderten ein Lösegeld. Doch bei der Geldübergabe am 10. Oktober 2010 kam es zwischen den Rebellen und den philippinischen Polizeibeamten zu einem Schusswechsel. Mein Bruder und seine Kollegin wurden als Schutzschild missbraucht. Eine Kugel traf die Neuseeländerin ins Bein, eine andere meinen Bruder in den Bauch. Die Rebellen ließen die beiden verletzten Geiseln liegen und flüchteten. Auch zwei Polizeibeamte wurden verletzt. Auf dem Weg ins Krankenhaus erlag Darius seinen inneren Ver-

letzungen. Sein Leichnam wurde nach Melbourne über-
führt.

Ich stürzte mich in die Arbeit. Meine ganze Kraft und Energie wendete ich dafür auf, mein Buch zu veröffentlichen. Ich
schrieb einen Brief, den ich an mehrere Verlage schickte. In
dem Schreiben erzählte ich kurz meine Lebensgeschichte
und bat darum, mein Manuskript zu verlegen. Die ersten
dreißig Seiten des Buches legte ich den Briefen bei. Als ich
sie abgeschickt hatte, wurde mir erst bewusst, was ich da
getan hatte. Es war mein erster Schritt in die Öffentlichkeit.
Menschen, denen ich noch nie begegnet bin, würden meine
Briefe öffnen und lesen. Der Gedanke beunruhigte mich.
Nicht einmal meine Freunde kannten meine Geschichte. Sie
alle glaubten, meine Familie wäre noch im Iran und ich
würde sie irgendwann besuchen. Ich hatte ihnen bisher
nicht die Wahrheit sagen können. Doch hatten sie nicht ein
Recht darauf, meine Geschichte zu kennen, bevor ein Verlag
sie veröffentlichen würde? Es war langsam an der Zeit, ihnen zu sagen, wer ich bin.

Am Abend war ich mit Paul verabredet. Wir wollten eine
gemeinsame Projektarbeit besprechen. Ich packte meine
Unterlagen mit den letzten Laborergebnissen ein – und eine
Kopie meines Briefes an die Verlage.

Paul wohnte mit seiner Frau und der kleinen Tochter in
einer gemütlichen Wohnung in Schwabing. Ich war gern bei
ihnen und immer herzlich willkommen. Ich hatte manchmal
sogar das Gefühl, Teil der Familie zu sein. Paul war in der
Küche verschwunden, um Tee für uns zu kochen. Ich setzte
mich an den Tisch im Wohnzimmer, der wie immer schon
okkupiert war von sämtlichen Plüschtieren seiner Tochter.
Ich lächelte bei deren Anblick. Von mir aus können Kinder
gar nicht genug Spielsachen haben – und auch nicht genug
Freiraum, um sich zu entfalten und die Welt der Erwachse-

nen ordentlich auf den Kopf zu stellen. Ich packte den Brief aus und legte ihn auf seinen Platz. Aus dem Bad hörte ich das Lachen seiner Tochter. Pauls Frau machte die Kleine gerade fertig für die Nachtruhe.

„Was ist das?", fragte Paul, als er mit zwei dampfenden Tassen in den Händen zurückkam und das Schreiben sah.

„Lies!", sagte ich knapp, während ich mit einem dankenden Blick die Tasse Tee in Empfang nahm. Paul setzte sich, schob eine Stoffmaus seiner Tochter beiseite, um Platz zu machen für seine Teetasse, und beugte sich über das Schreiben. Ich war aufgeregt. Ich hielt die Tasse mit beiden Händen umklammert, als könnte ich mich tatsächlich an ihr festhalten und sah über ihrem Rand hinweg Paul dabei zu, wie er gerade erfuhr, wer sein Freund, der ihm gegenübersaß, wirklich war.

Als er fertig war, ließ sich Paul nach hinten in den Stuhl fallen. Er nahm seine Brille ab und rieb sich die Augen. Dann schaute er mich lange an, ohne etwas zu sagen.

„Mir fehlen die Worte, Cyrus, warum hast du uns nie davon erzählt?"

„Auch mir haben die Wort gefehlt", sagte ich, „ich habe lange gebraucht, bis ich sie fand."

Paul nickte.

„Darf ich es lesen?"

Ich hatte gehofft, dass er fragt. „Natürlich."

Paul schaute mich an und ich spürte, wie aufgewühlt er war. Er schien tausend Fragen zu haben, war aber noch nicht in der Lage, sie zu formulieren. Dann stellte er ausgerechnet die, auf die ich keine Antwort wusste: „Wann wird das Buch erscheinen?"

In dem Moment kam Lisa, Pauls Tochter, in das Wohnzimmer gerannt und kletterte auf den Schoß ihres Vaters. Die letzten Worte hatte sie aufgeschnappt und fragte neugierig: „Ein Buch, was für ein Buch?"

„Cyrus hat ein Buch geschrieben", klärte Paul seine Tochter auf.

„Ein Buch für Kinder?", die Kleine wurde hellhörig.

Ich überlegte kurz. Eigentlich stimmte es. Ja, es war ein Buch für Kinder, aber kein Kinderbuch. Nur, wie sollte ich das einer Vierjährigen erklären?

„Mit Geschichten?", fragte Lisa weiter.

Ich nickte.

„Dann erzähl mir eine Geschichte, bitte!", bat Lisa. Im nächsten Moment hatte ich ihre kleine Hand in meiner und wurde ins Kinderzimmer gezogen. Ich sollte mich in ihrem Bett neben sie legen. Doch ohne ihren Plüschhasen konnte sie nicht einschlafen. Während sie durch das Zimmer lief und das Tier suchte, fragte ich sie:

„Sag mal, Lisa, weißt du, wie deine Tante und dein Onkel mit Nachnamen heißen?"

„Das fragst du immer, Cyrus! Langsam musst du doch wissen, wie die heißen. Ich sag es dir doch jedes Mal. Kannst du es dir nicht endlich mal merken?"

Ich lächelte. Mir war gar nicht bewusst gewesen, dass ich ständig danach fragte. Es war wohl ein Tick von mir.

Lisa hopste auf das Bett und schmiegte ihren kleinen, warmen Körper an mich.

„Jetzt erzähl mir eine Geschichte aus deinem Buch!", forderte sie.

Ich dachte nach. Was sollte ich ihr nur erzählen? Meine Geschichten waren nichts für kleine vierjährige Mädchen. Aber ich könnte ihr von Schirin erzählen, die immer nur Barbiepuppen malte. Oder vom Klatschmohnfeld. Aber wie hätte ich den Regen der Klatschmohnblätter erklären können, ohne den brutalen Milizenführer zu erwähnen?

Doch dann wusste ich, was ich Lisa zu erzählen hatte.

„Das ist die Geschichte vom stolzen Fuchs und dem eitlen Raben", begann ich und Lisa schaute mich aus großen

Augen erwartungsvoll an. Dann erzählte ich die Geschichte, die meine Großmutter mir so oft erzählt hatte. Ich erzählte Lisa, wie der Fuchs den Raben traf und wie er ihn umschmeichelte und dann überlistete. Ich beschrieb den Wald und was dort alles blühte und grünte. Ich ließ den Käse so lecker duften, dass nicht nur dem Fuchs, sondern auch Lisa und mir das Wasser im Mund zusammenlief. Ich verwickelte den Fuchs und den Raben in ein Gespräch, das weit über das hinausging, was meine Großmutter mir davon erzählt hatte. Die ganze Familiengeschichte des Raben kam zur Sprache, sämtliche hochmusikalische Ahnen wurden lobend erwähnt und detailliert beschrieben. Ich versuchte sogar, den singenden Vater des Vogels zu imitieren. Am Ende schnappte sich der Fuchs wieder den Käse und der Rabe schaute ihm lange, lange hinterher.

Damit hatte die Geschichte ein Ende gefunden. Und das Kind, es schlief.

Danksagung

Ich danke mit diesem Buch all meinen Kameraden, mit denen ich gemeinsam dem Krieg entfliehen konnte, und denen, die leider nicht überlebt haben. Sehr viel verdanke ich den drei Kameraden aus dem Jugendgefängnis, die die Außenwelt über mich informieren konnten und mir so die Flucht ermöglichten. Genauso danke ich den kurdischen Familien aus dem Iran und der Türkei und meinen drei Mitflüchtlingen, auf deren Unterstützung ich angewiesen war.

Meine besondere Anerkennung gilt allen Ärzten, Professoren, Sozialarbeitern, Freunden und allen anderen Personen, die mich unterstützt haben. Ohne Ihre Mithilfe und Ihren Beistand auf diesem schweren Weg wäre ich mit Sicherheit heute nicht da, wo ich angekommen bin. Ich danke Ihnen allen von ganzem Herzen.

Für die Umsetzung meiner Erlebnisse zu diesem Buch, bedanke ich mich ganz herzlich bei der gesamten Belegschaft des Verlages Herder, insbesondere bei Herrn Dr. N. für sein weit über das normale Maß hinausgehende Engagement und seine überaus menschliche Art.

Ausdrücklich bedanke ich mich hiermit bei der deutschen Bundesregierung, der ich meine Rettung und meine neue Staatsbürgerschaft verdanke. Leider wird Deutschland heute im Ausland sehr häufig nur mit den Verbrechen der Nazis in Verbindung gebracht, ich möchte den Lesern das Gesicht Deutschlands vermitteln, das ich persönlich kennengelernt habe. Viele dieser guten Maßnahmen der Bundesregierung geschehen im Verborgenen und werden selten öffentlich, daher sehe ich es als meine Pflicht an, dies hier zu erwähnen und ein positiveres Bild von Deutschland zu vermitteln. Die Bundesrepublik hat sich sowohl in der Vergangenheit als auch heute noch für Minderheiten eingesetzt, für rechtlose, vertriebene und inhaftierte Juden, wie ich auch einer war, und ihnen die Chance gegeben, in Freiheit zu leben.

Für die große außergewöhnliche Unterstützung dieses Projektes bedanke ich mich bei allen Beteiligten von ganzem Herzen.